臺灣歷史與文化 研究輯刊

初 編

第 11 冊

日治初期「臨時臺灣兵站電信部」之研究
（1895～1896）

吳 政 憲 著

花木蘭文化出版社

國家圖書館出版品預行編目資料

日治初期「臨時臺灣兵站電信部」之研究（1895～1896）／
吳政憲 著 — 初版 — 新北市：花木蘭文化出版社，2013〔民
102〕
目 4+216 面；19×26 公分
（台灣歷史與文化研究輯刊 初編：第 11 冊）
ISBN：978-986-322-264-4（精裝）
1. 軍事通訊　2. 臺灣
733.08　　　　　　　　　　　　　　　　　　102002947

ISBN-978-986-322-264-4

9 789863 222644

台灣歷史與文化研究輯刊
初　編　第十一冊　　　　　　　ISBN：978-986-322-264-4

日治初期「臨時臺灣兵站電信部」之研究
（1895～1896）

作　　者　吳政憲
總 編 輯　杜潔祥
出　　版　花木蘭文化出版社
發 行 所　花木蘭文化出版社
發 行 人　高小娟
聯絡地址　235 新北市中和區中安街七二號十三樓
　　　　　電話：02-2923-1455／傳真：02-2923-1452
網　　址　http://www.huamulan.tw 信箱 sut81518@gmail.com
印　　刷　普羅文化出版廣告事業
初　　版　2013 年 3 月
定　　價　初編　30 冊（精裝）新台幣 60,000 元　　　版權所有·請勿翻印

本書為 100 年度國科會專題研究計畫成果

NSC 100-2410-H-005-027

日治初期「臨時臺灣兵站電信部」之研究

（1895～1896）

吳政憲　著

作者簡介

吳政憲，現任國立中興大學歷史系副教授，研究專長為日治時期臺灣電力與通訊，著有《通訊與社會：日治時期臺灣「警察專用電話」系統的建立（1895-1945）》（2011）、《臺灣來電——近代能源開發之路》（2005）、《繁星點點：近代臺灣電燈發展（1895-1945）》（1999）等書。

提　　要

　　這是一群被日治時期臺灣史研究遺忘的專業電訊團隊，共有 98 名通信技手，他們在日本平均經過 10 年的專業養成與歷練，隨軍隊登陸臺灣，提供等同「隱形武裝」的電訊服務，在公共衛生堪虞情況下，飽受瘧疾之苦；勞動條件長期處於快節奏、高負荷，罹患腦神經衰弱。因為參與最艱苦的階段，使得這個團隊在登陸第二年就所剩無幾，也因為這群技手的「貢獻」，加予臺灣住民與抗日運動更大的苦難。本書在極為有限的史料下，紀錄這群技手的身影與故事，並增補日治臺灣電訊史研究最前端的一段「空白」。

目次

第一章　緒　論…………………………………………… 1
　第一節　研究目的……………………………………… 1
　第二節　方法取向……………………………………… 12
　第三節　章節安排……………………………………… 15
第二章　臨時臺灣兵站電信部……………………… 17
　第一節　清季電報建置的基礎……………………… 17
　第二節　日軍登陸後電報的運作…………………… 20
　小　結………………………………………………… 50
第三章　通信技手之分析…………………………… 53
　第一節　電訊人材培育的背景……………………… 54
　第二節　十項參數的分析…………………………… 63
　第三節　薪資結構面的考察………………………… 92
　小　結………………………………………………… 105
第四章　通信技手群像……………………………… 107
　第一節　通信技手的類型…………………………… 107
　第二節　罹患疾病的類型…………………………… 142
　小　結………………………………………………… 148

第五章　電報系統軟、硬體與軔體的標準化⋯⋯⋯ 151
　第一節　硬體：建物與設備⋯⋯⋯⋯⋯⋯⋯⋯⋯ 151
　第二節　軟體：制度與編制⋯⋯⋯⋯⋯⋯⋯⋯⋯ 157
　第三節　軔體：人力與文化⋯⋯⋯⋯⋯⋯⋯⋯⋯ 167
　小　　結⋯⋯⋯⋯⋯⋯⋯⋯⋯⋯⋯⋯⋯⋯⋯⋯ 177

結　論⋯⋯⋯⋯⋯⋯⋯⋯⋯⋯⋯⋯⋯⋯⋯⋯⋯⋯⋯ 179

附錄　臨時臺灣兵站電信部通信技手一覽表⋯⋯⋯ 183

徵引書目⋯⋯⋯⋯⋯⋯⋯⋯⋯⋯⋯⋯⋯⋯⋯⋯⋯⋯ 213

表　次

　表 1　領臺初期北臺灣人口調查（部分）⋯⋯⋯⋯ 26
　表 2　兵站電信部與野戰電信隊之建築與通信技手
　　　　姓名暨人數⋯⋯⋯⋯⋯⋯⋯⋯⋯⋯⋯⋯⋯ 37
　表 3　「獨立野戰電信隊」臨時編制表⋯⋯⋯⋯⋯ 39
　表 4　「野戰電信隊」開設據點（1895 年 6 月）⋯ 39
　表 5　近衛師團電報通信紀要（部分）⋯⋯⋯⋯⋯ 40
　表 6　兵站電信部各電信通信所開設時間與參與人
　　　　員⋯⋯⋯⋯⋯⋯⋯⋯⋯⋯⋯⋯⋯⋯⋯⋯⋯ 44
　表 7　野戰時期電報線統計⋯⋯⋯⋯⋯⋯⋯⋯⋯⋯ 50
　表 8　通信技手的籍貫（出身）統計⋯⋯⋯⋯⋯⋯ 76
　表 9　通信技手進入職場時間統計表⋯⋯⋯⋯⋯⋯ 77
　表 10　通信技手抵臺前工作年資⋯⋯⋯⋯⋯⋯⋯⋯ 78
　表 11　通信技手抵臺前經歷⋯⋯⋯⋯⋯⋯⋯⋯⋯⋯ 79
　表 12　通信技手抵臺後經歷⋯⋯⋯⋯⋯⋯⋯⋯⋯⋯ 81
　表 13　通信技手抵達（離開）臺灣之年齡⋯⋯⋯⋯ 85
　表 14　通信技手離退原因一覽表⋯⋯⋯⋯⋯⋯⋯⋯ 86
　表 15　通信技手在臺服務年資統計表⋯⋯⋯⋯⋯⋯ 88
　表 16　通信技手獎懲記錄⋯⋯⋯⋯⋯⋯⋯⋯⋯⋯⋯ 89
　表 17　通信技手家庭成員狀況⋯⋯⋯⋯⋯⋯⋯⋯⋯ 91
　表 18　通信技手薪資俸等（金額）⋯⋯⋯⋯⋯⋯⋯ 95
　表 19　郵便電信書記人數與薪俸結構（1898 年度）102
　表 20　日治前期通信書記、通信書記補與雇員人數
　　　　表⋯⋯⋯⋯⋯⋯⋯⋯⋯⋯⋯⋯⋯⋯⋯⋯⋯ 104
　表 21　國用電信線與警察電話線規格標準比較表⋯ 156
　表 22　全臺各局郵便電信書記編制數（1896 年 7 月）
　　　　⋯⋯⋯⋯⋯⋯⋯⋯⋯⋯⋯⋯⋯⋯⋯⋯⋯⋯ 159

表 23　臺灣總督府郵便電信局長俸等 ················· 160

表 24　臺灣總督府一、二等郵便電信局長職務規程
　　　暨支局規程 ············· 162

表 25　臺灣各郵便電信局略號修訂前後比較表
　　　（1896 年 12 月）··········· 165

表 26　美國電報員人數及男、女性別比（1870～1960
　　　年）················· 171

表 27　「臺灣總督府電氣通信技術傳習生」入學考試
　　　與畢業考試科目表 ··········· 173

圖　次

圖 1　日治初期「歐文」電報書原件 ··········· 12

圖 2　日治時期臺灣電報與社會研究取向示意圖 ····· 14

圖 3　能久親王為通信技手增加月俸公文 ········ 33

圖 4　臺北城防備「土匪」來襲防守實況照片 ······· 42

圖 5　臺灣野戰電報線路圖 ·············· 49

圖 6　大津一郎薪俸改敘文件 ············· 58

圖 7　市川三作之恩給證書 ·············· 61

圖 8　郵便電信書記薪俸與人數結構（1898 年度）·98

圖 9　日治前期通信書記、通信書記補與雇員人數
　　　圖 ················· 104

圖 10　日治初期三等局長繳納保證金證明 ··········· 113

圖 11　宮野昇太郎探勘所繪地圖 ··········· 117

圖 12　通信技手白井由美治中學校修習科目證明書 127

圖 13　篠田馬太郎年輕時照片 ··········· 131

圖 14　通信技手速水經憲照片 ··········· 140

圖 15　福原庸次因瘧疾所提辭呈 ··········· 145

圖 16　小寺鉎次郎醫師診斷書 ··········· 148

圖 17　日治時期一、二、三等郵便電信局建物外觀 153

圖 18　電報收發相關原件保存箱規格與樣式 ······· 163

圖 19　臺南局轄區內各局電報略號表 ········· 164

圖 20　日治時期電報用紙（送達紙）········· 176

第一章 緒 論

第一節 研究目的

　　「臨時臺灣兵站電信部」（以下簡稱兵站電信部）是一個附屬軍隊的後勤單位，並為 1895 年登陸臺灣的近衛師團、第二師團等軍隊提供第一線的電訊服務，負責各部隊指揮中心所在地（即所謂「兵站」）收發電報業務。明治維新後的日本政府，也引進當時最新的電報設備，並支援戰爭的需求，提供部隊與指揮體系之間，組織間水平或垂直訊息交換的需求。

　　另一個提供電訊建置的後勤單位是「獨立野戰電信隊」（以下稱野戰電信隊），同樣隸屬軍方指揮，其任務是跟隨軍隊在點與點之間建置、修復與維護電報線路，但不適合做為一個獨立的研究題目，原因有三。

　　首先，野戰電信隊將線路建置好之後，新的節點需開設「電信通信所」（以下簡稱通信所），而通信所的運作即有兵站電信部所屬通信技手接手，故兵站電信部才是野戰電報運作的主體單位。其次，兵站電信部有 62 名通信技手，野戰電信隊有 36 名通信技手，合計 98 名。這 98 名通信技手在 1895 年 5 月底開始到 1896 年 3 月底止，提供軍隊所需的通訊需求，但依人數配置來看，兵站電信部是主要單位。最末，兩個單位的人員會彼此流動，有業務上的連動關係，同樣隸屬軍隊指揮，但野戰電信隊負責的是「建置」，兵站電信部才是「運作」的主角。基於上述，本書以兵站電信部為主體，試圖重新發掘 98 名通信技手的故事與身影，藉以補充「明治二十七、八年戰爭」研究的一段空白。

　　兵站電信部在臺灣史研究上的「空白」可分為「文本上的空白」與「當事人記憶上的空白」兩方面。文本空白的表徵即為史料徵引上的貧乏。98 名通信技手的姓名初見於 1897 年 10 月印行的《臺灣野戰郵便電信署史》（以下簡稱《署史》），這是距離事件發生時間最接近的文本。這個文本是一本記錄野戰通信技手的「專書」，但也僅此於一本專書，餘無其它。《署史》只有 98 名通信技手的姓名，而且姓名與《臺灣總督府公文類纂》參照後，發現部分人名的錯誤。其次，《署史》提及通信技手的事蹟不到 20 名，而通信技手有 98 名，顯然不夠詳盡，無法一窺全貌。但《署史》的內容在 1918 年藤井恭敬編纂的《臺灣郵政史》中被完全引用。〔註1〕1919 年 6 月，同樣的內容又刊載於《臺灣通信協會雜誌》第 13 號（頁 21～35）。基於上述，《署史》的文本被複製，但內容的深廣度卻沒有增加。

　　另外，兵站電信部的存續時間為 1895 年 6 月到 1896 年 3 月底，而《臺灣新報》在 1896 年創刊，《臺灣日日新報》在 1898 年問世。對於想透過報刊史料來掌握兵站電信部的研究而言，事實發生的時間與史料記錄的時間是不重疊的，對於關注此一課題的研究者而言，史料除了「空白」之外，還兼有侷限性。

　　對於參與過的當事人而言，擔任通信技手的回憶也發生斑駁的現象。例如 1912 年，日本恩給局要求曾經是野戰電信隊員之一的石井得壽進一步說明 1895 年抵臺時的服務單位、搭乘船舶的名稱、隨行部隊長姓名與提供證明文書等細節。石井得壽答稱搭乘的船舶為陸軍用船，船名為「志賀浦丸」。同船指揮官為「陸軍工兵中尉小須田某」，另有一名工兵少尉，但姓名他已「忘記了」。所屬單位為「獨立野戰電信隊」。並補充除了擔任陸軍省雇員有「任命辭書」外，其它抵臺後的命令都是口頭或電報，沒有正式可供參考的書類。〔註2〕

　　電報這項通訊工具本身就有研究意義。在西方的研究中，電報是通訊工具演化史上的「耆老」，大盛於 19 世紀，被稱為「維多利亞女王的 Internet」；接著應用於商業之促進，又被稱為「貿易的侍女」，交易成功的關鍵，帶動商

〔註1〕 該書第三章關於電信部分，幾與《臺灣野戰郵便電信署史》文本相同，請參閱：藤井恭敬，《臺灣郵政史》（臺北：臺灣總督府民政部通信局，1918 年 2 月發行），頁 247～278。

〔註2〕《臺灣總督府公文類纂》永久保存，第 2092 冊，第 10 號，大正 2 年 2 月 1 日，〈宜蘭廳石井得壽恩給証書送付〉，頁 168。

業「資訊化」組織的出現，全球化的圖像藉由電報而展現，與今日網際網路的「dot coms」具有相同意涵。〔註3〕但因為電報「耆老」的身份，較難吸引研究者的「青睞」，不若電話可傳遞「聲音表情」，電報只能以書面的形式呈現，就研究主題的多樣性與變化性而言，相對枯燥而單調。

電報的歷史研究並不因它是通訊工具演化史中的「新舊」程度而有差異，因為歷史研究會將電報與社會互動的過程進行探討。

1910 年代日本有電報據點 5,325 處，電話據點 2,620 處。臺灣電報據點 165 處，電話 123 處。日本土地面積約為臺灣 10 倍，但電訊據點卻是臺灣的 20～30 倍，顯示日本電訊與社會結合的深度。論者也指出電報據點最多，普及程度最高，對於商業各種細節的聯繫，電報利用價值最大。〔註4〕顯示探討電訊與社會的主題時，技術世代的新舊並不是重點，而是能否闡釋探討主題在歷史發生時間點的社會意義。電報雖是「舊的」通訊工具，但在整個日治時期，無論臺灣或日本，電報都是最主要的社會通訊工具。

電報是全世界最早統一的標準通訊系統，連結各大洲的實體影響，不下於現今網際網路中「虛擬影響眞實」的程度。〔註5〕其次，就技術應用層面而言，通訊技術的引進先後不是關鍵，而在於如何發揮最大效用。每一種新的通訊技術，都不斷提高對時間與空間的壓縮，從電報、電話、行動電話到網際網路皆然，且擴散的週期愈來愈短，電報盛行超過 100 年，電話縮短為近 100 年，行動電話不到 50 年，網際網路快速發展則起於 1990 年代。日治時期也不例外，當時包含電報在內，通訊工具應用具有「實益極大化，人力負擔重」的特色，電報只是其中觀察的一個側記。在類比通訊工具的時代裡，「電訊設備是硬體、規章制度是軟體，人力資源是軔體」，三者完美的結合，才能達到預期目的。而學界對於通訊工具的論述，側重數據的「從無到有」，忽略其營運風險與難度，即便是系統機構最簡單的電報，在日治初始就充滿挑戰。「電報」距今已遠，但對於當時的運作細節與史料處理的細緻度，或容補充及拓展

〔註3〕 西方研究已將電報定義為「老的」通訊工具，請參閱：Alison Adam, "Women as Knowledge Workers: From the Telegraph to the Computer," In *Work and Life in the Global Economy: A Gendered Analysis of Service Work*, ed.Debra Howcroft and Helen Richardson, 16, 21-22.NY: Palgrave Macmillan, 2010.

〔註4〕 水間位彥，〈本島通信事業の立體的側面概觀〉，《臺灣通信協會雜誌》第 1 號，1918 年 6 月，頁 18。

〔註5〕 〔德〕彼德‧博夏德（Peter Borscheid）著、佟文斌等譯，《為什麼我們越來越快》（北京：中國人民大學出版社，2009 年 9 月第 1 次印刷），頁 75～76。

的空間，對於電訊設施的學術研究取向若能「質量並重」，將必相得益彰。

一、電報與電話的研究差別

論者以為電報的失敗是因為產業特性的緣故，因為電報是「勞力密集型產業」，不利與電話競爭，1945 年後日趨沒落。〔註6〕但本書嘗試補充如下觀點：（1）電報勞力密集的特性是因為電報切入市場時間早於電話，雖然倚賴高度的人力資源投入，而且衍生出更多的業務規程與管理組織，但就長距離傳送訊息的能力而言，與電話的通訊能力是旗鼓相當的；（2）電話因技術的演進與操作上的便利，雖然逐漸取代電報，但電話系統的建置雖然省去電報系統的高勞力密集程度，但硬體設備的投資金額不下於人力資源的訓練與維持，系統性風險也隨著系統複雜化而升高；相對於電報系統較為簡單，維修上也比較容易進行。單從電話與電報而論，未必有科技線性發展而取代的既定思維，而要視該項技術引進的時間點與社會環境；（3）電報因為編碼與解碼，且發送與接收的後段都以書面方式呈現，故在臺灣電報歷史的發展中，多半與郵務部門結合，而不是獨立發展。臺灣的發展模式與日本趨近，一項技術的擴散經驗中，不必然以歐美地區經驗或研究為標準化的理解方式，而非英語系或亞洲地區的電報發展經驗，有時間差與社會文化的變數，需以史料為實證基礎，不一定急於尋找涵蓋性寬廣的解釋，而是如何細膩處理紛繁的史料。

電報與發明人摩爾斯（Samuel Morse）劃上等號，但與電燈等於愛迪生一般，他們分別利用亨利（Joseph Henry）與史旺（Swan）發明的設備與概念進行標準化，1837 年摩爾斯利用電報機加上文字的記錄方式，確定了實用性與作業標準。〔註7〕電報先在英國、法國應用於商業，美國則遲於 1844 年才有實際應用，電話則在 1876 年問世，發明時間約晚電報近 40 年。日本的電報於 1870 年代逐步擴散，「西南戰爭」已開始於軍隊中使用，陸軍省也有自行培訓的技術人員，並透過上海連接歐洲。1910 年完成朝鮮、日本、臺灣、滿洲與樺太（庫頁島）日本帝國及其殖民地區域間之聯繫。〔註8〕

〔註6〕〔美〕Ithiel de Sola Pool 主編，《電話的社會影響》（北京：中國人民大學出版社，2008 年 4 月第一版第一次印刷），頁 173。

〔註7〕Brain Winston, *Media Technology and Society: A History from the Telegraph to the Internet*. NY: Routledge, 2000, 26.

〔註8〕奧村喜和男，《電信電話法論》（東京：克明堂書店，1928 年 4 月發行），頁 74

　　德國（普魯士）是另一個電報應用大國，1849 年即有電報線 2 千多公里，1860 年起加速發展，據點擴充最速，1866 年線路長度 15,270 公里，電信局 538 處。德國電報線初始也是沿著鐵路線建置，逐步克服設備、地理條件、技術各方面問題，一開始使用的是行政與機關與軍事用途，這一點與日治初期臺灣相同。一開始電報從業人員因制度不備、事務未熟，而產生許多變數，這一點與臺灣也相似。〔註9〕但德國早於日本明治維新以前，電報的「標準化」就已完成，日本引進的是一個發展相對成熟的電報系統，加上自身二十餘年經驗累積，才能在登陸臺灣後快速建置通訊系統。

　　臺灣的電報自清季已有相當基礎，並非日本所引進，從臺北到安平之間接有電報線的局部據點與線路建置，不過多爲洋行在商業用途使用。〔註 10〕社會開放度雖略不足，但其成果爲臺灣總督府所延續，配合清末檔案史料，可以佐證電報在臺灣歷史上發展的「連續性」。且清末的電報已連往對岸，續通上海，也有連接國際電報網的機制，而日本領臺後加以擴充，並強化與日本電報系統之連結。

　　電報亦爲重要「軍事科技」，美國的南北戰爭、普法戰爭等都有電報運用的蹤跡。日本明治維新以來，向海外戰地派遣電報人員已是常態，在甲午戰爭、日俄戰爭都有實例，「數百名從業人員在戰地發揮本職學能，功績顯揚」。〔註11〕1895 年 5 月近衛師團從澳底登陸時即配置「野戰電信隊」，經過總督府 50 年的經營，到戰後初期仍爲臺灣本島主要對內、對外的資訊連結形式。電報在臺灣資訊全球化的發展階段上，具有重要意義，似可透過歷史研究的學術形式加以突顯。

　　日本領臺的「臺灣戰役」也是依賴電報聯絡部隊的最新狀況，並下達指令，甚至因電報線被切斷而停止行動，等待電報線搶修，這在《近衛師團軍醫部征臺衛生彙報》接近日誌式的記錄中，常可發現要求各部隊維持電報線的暢通，謂電報線是「軍隊行進的命脈」、「師團的命脈」（頁 228），且全書可

〔註 9〕　時吉殘月，〈趣味としての電信（九）〉，《臺灣遞信協會雜誌》第 28 號，頁 8、10～11、13、22。

〔註 10〕　柴山愛藏，《臺灣之交通》（臺北：臺灣交通研究，1925 年 11 月發行），頁 416 ～418。

〔註 11〕　瀧千代多，〈遞信事業社會的位置〉，《臺灣通信協會雜誌》第 17 號，1919 年 10 月，頁 3。

輕易看出部隊的指揮及資訊的往來，幾乎都是透過電報來完成。〔註12〕故對臺灣島內而言，電報既是內部的主要通訊工具，也是連接國際的多數選項。

電報還提供了日治初期軍隊轉移到警察過渡（各地軍政轉為民政）期間的通訊需求，加上電報具有「準公文書」的效力，廣泛應用於各級行政機關之間，兼提供社會相對低廉通訊成本，故為臺灣島內中、長途以及海外資訊傳遞的主要選項。其次，在公文書類也能看到電報的影響力，《臺灣總督府公文類纂》中的「電報送達紙」即占不少比例，電報襄助帝國統治的深廣度，可見一斑。

二、電訊與社會研究缺少歷史學的視角

這類研究多以社會學參與較多，很少以歷史學的視野切入，更少關注戰鬥期間電務職員所扮演的角色，多半預設社會秩序是無虞的條件下，但軍事武裝行動往往與電訊系統的建置是互為表裡，當日本、美國的電報系統在商業利益與資本主義運作下蓬勃發展時，臺灣則從「臺灣戰役」繼而「掃蕩土匪、游擊隊」的區域武裝行動，約到 1902 年告一段落。接著 1910～1914 年間有「五年理蕃計畫」，1937～1945 年又進入太平洋戰爭時期「國家總動員」體制。故日本領臺 50 年中，有 20 年都處於規模不一的武裝行動中，對於研究臺灣資（通）訊歷史而言，這正是一個特殊的際遇，總督府透過各種通訊技術系統化的施行，強化統治的基礎。

三、國內外關於電報的研究概況

目前關於獨立電報研究的論題較少，將電訊工具整合研究者較多。關於戰爭時期的電報研究更少，關於承平時期商業、社會與公共部門的電報研究較多。

（一）國外研究部分

西方對於電報的研究是將其視為獨立「產業部門」（Industrial Section），置於資訊科技與通訊技術的大框架下，從性別、技術演化、身體技術、知識經濟等多面向切入，成果豐碩，時間跨度大，已為顯學，並擁有強大的「話語權」。但國內學術研究仍將資（通）訊產業視為研究的邊陲，不若政治、軍

〔註12〕《近衛師團軍醫部征臺衛生彙報》（藏於國立臺灣圖書館，無版權頁），頁 168。

事與政策受到重視，這不是臺灣史料的侷限，若得強化，並與西方研究成果互為參照，將能提供跨領域交流與落實本土研究的建構。西方的電訊研究著重解釋、輕忽史料，甚至有全部引用二手史料成篇者；〔註13〕但西方研究的多樣性，又為國內研究所不及。其次，電訊研究在地域上仍有國別的框架，西方研究多以英、美等地區之歷史經驗，罕見有針對東亞地區之研究，原因似為東亞地區引進電訊設備時間較晚，且經濟規模較小。但這並不表示後進國家之電訊發展無足記述，西方的電訊史研究，似不應有全面的參考與適用性。

　　國內的電訊研究多視為整體研究的「附屬品」或「背景敘述」，對於電訊從無到有的「正面肯定」，以及極為詳瞻的「記錄」。事實上，西方的研究多能對電訊的歷史進行「反面論述」，雖然實證性低，但批判性強，啟發性高。

　　西方的電訊研究還有一個研究時段分布不均的問題，研究時段多數落於19世紀中葉電報出現以前，對應日治時期的電報發展期，在西方已是電報的沒落期，故在時間上能對應參照的學術作品不多。其次是時間跨度超越百年以上、解釋性強的作品，這類作品中的電報只占一小部分，重點特別在於性別與科技，與歷史研究有別。

1、電報為附屬或比重極微

　　Brain Winston 在 2000 年的出版的專書中，以電報到網際網路為研究主題，時間跨度大，解釋觀點多。全書主要以電話、收音機及網際網路為主，在 350 頁中，電報只占 10 頁（頁 19～29），比重偏低。[1]法國學者派特里斯‧費里奇（Patrice Flichy）在《現代訊息交流史》（北京：中國人民大學，2008年 4 月初版）從技術與公共領域及私人生活切入，以詮釋方法性見長，但題材包含無線通訊與電報、電話、廣播等，雖然史料較為薄弱，但卻點出了通訊方式影響社會心理的聯結，對本文的研究觀點，多有啟發。

2、臺灣電報的運用順序恰與西方經驗相反

　　根據 David Mercer 研究電報應用順序指出，電報於 1850 年率先於英國為

〔註13〕該篇全引用二手史料，請參閱：Alison Adam, "Women as Knowledge Workers: From the Telegraph to the Computer," In *Work and Life in the Global Economy*: *A Gendered Analysis of Service Work*, ed.Debra Howcroft and Helen Richardson, 15-32.NY: Palgrave Macmillan, 2010.

1　Brain Winston, *Media Technology and Society:A History from the Telegraph to the Internet*（NY, Routledge, 2000），19-29.

鐵路調度使用，繼而加拿大、法國等陸續普及，美國引進較晚，但成長速度驚人。繼而電報又被應用於平面報紙與政治衝突的報導，因為這是讀者關心且事關報紙銷售量的主題。〔註 14〕但西方研究的「主題」正好是臺灣電報發展的「末題」，日治時期電報應用的順序正好與西方國家相反，先是用於軍事，繼而行政管理、交通運輸，最末才是商業。同書還提及電報在殖民政策落實上，除了在全球貿易中調度原料、商品與市場供需外，也能更快指揮軍隊，電報線也是殖民母國對殖民地彰顯控制主權的「符號提示者」。〔註 15〕

現今社會處於「資訊溢出」的科技過渡使用狀態，回顧電報則可定義為「適度」的科技運用，特別在商業。電報可使商業經營者第一個知道市場價格與狀態，據以調整以求獲利的極大化。〔註 16〕但西方電訊研究者未顧及一個問題，當競爭者同時擁有電報的選項時，這個優勢就需加入其它因素才能在商業經營上脫穎而出。因此電報或對社會整體有益，但對個別部門的競爭者而言，通訊工具運用的優勢是均等而非絕對的。

通訊技術本身是中性，但實際上中性的位置並不存在，電報在美國南北戰爭可以扮演和平的信使，也可以在日治臺灣提升軍事行動的效能，這是臺灣電報歷史的特殊時空環境使然，也是臺灣電報應用的特色。

4、電報、報紙（公共領域）與政治

Zhou Yougming 以 20 世紀末的電報及 1990 年代興起的網際網路兩者結合為一個研究課題，其理由是兩者都為中國帶來商業利益與不斷擴大的市場，不同時空統治中國之政權也都想控制這項新科技對於政治的影響力，將資訊科技侷限在商業經濟與全球化市場發展，不同時空的兩種科技與兩個政權，卻有相同的歷史情境。而中國以個人取代公民的思維方式，與資訊帶來公民社會是相衝突的。〔註 18〕這種以政治科學的概念，巧妙將相隔 140 年的兩種資訊科技加以結合，在研究選題上頗具創意。但也必須指出網路的「虛擬公民社會」在電報盛行的時期是否同樣存在？論者又接著指出，中國近百年國家主義的興起，既靠資訊科技的傳播，也帶來的個人主義的崛起（可在自由

〔註 14〕David Mercer, *The Telephone: The Life Story of a Technology*（Westport: Greenwood Press, 2006）, 16-17.

〔註 15〕Ibid., 21.

〔註 16〕Ibid., 22.

〔註 18〕Zhou Yougming, *Historicizing Online Politics: Telegraphy, the Internet, and Political Participation in China*（Stanford: Stanford University Press, 2006）, 6-7.

在虛擬空間中發表意見，提供有別於平面媒體的虛擬公共領域），需要資訊科技，卻又將其視爲「複雜怪獸」。資訊科技管理與否，如刀之兩刃。

　　Zhou Yougming 專書重點在第一章與第二章，第一章指出由於李鴻章的態度較爲開明，1880～1890 年代初期，中國已建立跨省的電報網，甚至遠到新疆、越南等地，並透過上海、福建等地與世界電報網相連。而各線電報設置目的多基於商業，也有利於軍隊調動者，動機與用途各異。電報經營上委託專業經理人，免去政府管理之低效率，而當時能得到電報服務的多爲高級官員、買辦、地主、外商與社會菁英，較少提供一般人通訊選擇。〔註 19〕第二章則指出自 1880 年代電報網建置完成後，《申報》消息來源出自電報的比重升高，且會在報紙上形成一種政治輿論，由於《申報》在各地派遣駐點人員（包含淡水），在中法戰爭時，得以從最接近事件發生地點傳送一手訊息，並在幾天內刊出。由於電報的運用，使得《申報》在市場上具備競爭優勢。而在甲午戰爭、割讓臺灣與臺灣民主國成立的事件上，頻繁的電報讓《申報》得以向讀者拼湊出一幅事件發展的立體圖像。加上近 43% 報紙在上海發刊，電報的應用刺激報紙銷量大增。〔註 20〕Zhou Yougming 的研究側重電報與政治，對本文研究多有啓發，如電報在《臺灣日日新報》運作上的角色，以及「海底電纜期成同盟會」因缺乏連接日本的電纜卻又以電報在島內形成輿論等。但該專書在解釋上未必符合史料的支撐，且史料引用不及歷史學專書的寬廣。

5、電報與性別議題

　　Thomas C.Jepsen 以性別及電報技術，技術行動者與勞動職場爲研究主軸。其研究指出美國的電報發展始於 1840 年代的鄉村地區，並開始僱用女性擔任電報員工作，認爲「她們」表現會比「他們」好，電報員與遞送人出現「兄妹檔」，妹妹擔任電報員，哥哥負責遞送。接著電報被用於控制火車調度，英國則將電報於 1970 年置於國家管理之下運作，加拿大則民間運用電報的程度高於政府機關。而在 19 紀後期非歐洲的世界其它地區，電報引進用於殖民，德國與法國陸續開發自身的電報系統，不再仰賴英國技術與人力，線路則繞過英國影響力較大地區，以海底電纜建置跨國的電報線。而在電報線通過的伊斯蘭地區，亦有女性電報員的存在，雖然法律明文禁止，但發展依舊。明治維新初期也雇用女子電報員，但在臺灣情況如何？有待進一

〔註 19〕Ibid., 34-35.
〔註 20〕Ibid., 45-49, 57.

步探討。英國將電報技術與人力輸出視爲國力的延伸，〔註 21〕清季電報網也多由英國人提供技術與經驗，日治時期則朝向另一個階段的發展。

作者也指出西方主要國家電報發展的高峰爲 1900 年代，接著被快速成長的電話所取代，但摩爾斯標準規格的電報設備仍持續使用到 1970 年代才被電傳設備取代。電傳設備可以用傳眞的方式將大量文件自動傳送，也讓電報員這個持續近 130 年的職業逐漸走入歷史。〔註 22〕但當西方發展到高峰時，臺灣電報尙在攀登屬於自己的高峰，電話則尙在萌芽階段，臺灣電報與電話引進時間的「滯後性」，讓兩種通訊工具同步成長，有別於西方的歷史經驗。

日治時期臺灣對於女性擔任電報從業員的討論約於 1910 年代後期，當時認爲女性的忍耐力較男性薄弱，無法擔任「繁線」電報收發工作，且待遇不如男性。餘如當女性進入純男性的電報作業空間後，座席與進出動線的安排，都是新的議題。〔註 23〕但性別的差異，女性稍早就進入電話接線生的職場，但對於電報領域，女性的議題較晚出現。故就西方的電報研究焦點而言，女性在日治時期電報領域的出現很晚，不易有對話的交集。

臺灣總督府通信局在 1907 年錄用 5 名女子雇員，擔任匯兌與儲蓄計算事務，而非電報員。多數女性在通信局下，是擔任電話接線生，與電報關係較少。〔註 24〕1902 年東京郵便電信局也是將女性分配到匯兌記帳的業務，發現其缺勤少，且工作「小心翼翼」，薪資較男性低等優點，但亦未有從事電報員的工作。〔註 25〕無論民間公司或官署，對女性走入職場的肯定，多在於女性常於「複雜計算可以敏捷且正確」，而不是其它方面的技能。〔註 26〕

對於女性擔任電報員的觀點，在於政策，更在於文化如何看待女性走入職場的友善度，即便有論者提倡，仍有生涯發展的制約因素。例如女性從事電話接線生，可能生涯進路不如選擇護士或產婆。綜言之，這個議題在日治臺灣是多面向的議題，但現實數據中，女性從事電報員業務的，少之又少，

〔註 21〕 Thomas C.Jepsen *My Sisters Telegraphic*: *Women in theTelegraph Office, 1846-1950*（Ohio: Ohio University Press, 2000），4-10.

〔註 22〕 Ibid., 11.

〔註 23〕 AB 生，〈女子電信技術員の適否を論ず〉，《臺灣通信協會雜誌》第 8 號，1919 年 1 月，頁 4～5。

〔註 24〕 藤井恭敬，《臺灣郵政史》（臺北：臺灣總督府民政部通信局，1918 年 2 月發行），頁 288。

〔註 25〕 〈女子事務員採用の成績〉，《讀賣新聞》第 8869 號，明治 35 年 3 月 3 日，3 版。

〔註 26〕 〈女事務員の成績〉，《讀賣新聞》第 10562 號，明治 39 年 11 月 4 日，3 版。

不若西方發展經驗中，女性電報員最高占 1/4。

　　上述研究對於電報與政治、社會文化、國家、殖民地、性別、商業發展進行選擇性的比較，對亞洲地區的電報發展著墨較少，仍是以西方經驗為基底的學術研究成果，通訊技術的研究仍以國家為邊界。儘管如此，其研究方法與詮釋方式則頗有啟發，但也有其無法涵蓋的面向。臺灣電報與社會的研究，可以提供不同的參照與歷史經驗。

6、日本學界對電報的研究

　　日文的研究著作側重在電話而非電報，吉見俊哉《「聲」の資本主義》未論及電報，但對電話著墨甚多，其貢獻在於提出電訊設施研究解釋角度，如通訊設施是國家對國民身體的監視、管理與規律的訓練，國家對國民管理的「裝置」，通訊手段上的「活用」等。〔註27〕

　　吉見俊哉的研究視野宏觀，時間跨度大，重在貫通思考並提供後續深入研究的基礎。由於吉見俊哉的專書並不是以電報為探討主軸，而且全書提出很多啟發性觀點，任一部分都能不斷精研，任一部分的不夠深入同樣難免，歷史學重現事實與考證的部分，並不是從資訊社會學研究電話的重點，故其觀念與解釋或容比較。這是一本「論多於述」的學術專書，而且學科屬性接近吉田俊哉服務的「社會情報研究所」，與歷史學的論述特性有別，但也突顯通訊研究跨領域的特性，不是某一學科所獨有。

　　藤井信幸《通信と地域社會》（東京：日本經濟評論社，2005），該書第三章對日本電話產業有所著墨，也未觸及電報系統。

　　加州大學柏克萊分校社會學系 Fischer 教授 America Calling：A Social History Of The Telephone To 1940 為最，該書已經由吉田俊哉等譯為日文專書，書名為《電話するアメリカ》（東京：NTT 出版株式會社，2000），該書以社會學理論出發，將政策融入電話傳播的考察過程，並兼及電話普及、大眾心理等課題，不僅有趣，更以學術格式為基礎，提高了研究的層次，對於本研究課題，亦有相當啟發與參考性。吉田俊哉與藤井信幸為日本學界研究通訊與社會的代表學者，且有多本專書之研究成果，獨對電報論述較少，電報與電話得到的關注不成比例，足為本計畫強化之重點。在參酌國外學者研究成果時，亦須立足臺灣之史料，突顯臺灣電報發展的時代特徵。

〔註27〕吉見俊哉，《「聲」の資本主義》（東京都：講談社，1995 年 5 月第一刷），頁145～148。

圖 1　日治初期「歐文」電報書原件

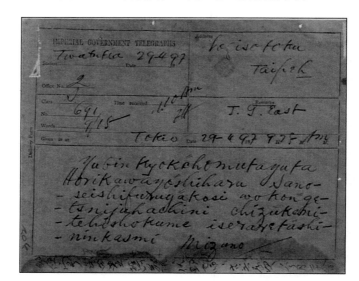

說明：兵站通信部技手在修技校時，就已學習「歐文電報」，故抵臺
　　　能在最短時間進入狀況。

資料來源：《臺灣總督府公文類纂》乙種永久保存（進退追加），第 223
　　　　　冊，第 52 號，明治 30 年 4 月 29 日，〈牟田豐外三名〔堀
　　　　　川義治、佐野正師、古谷孝治〕非職〉，頁 302。

（二）國內研究方面

通論性的有歷年《臺灣省通志稿》，志書體例龐大，無暇對電報系統著墨
過多，且當時對於通訊與社會此一新領域的課題，亦未有意識或觀點出現。

前人研究雖無直接觸及本主題，但若無前人研究之貢獻，本書研究亦難
以進行，是故在前人研究基礎上，秉持實證的態度，前人研究有則徵引，無
亦不須勉強攀附。掌握第一手史料訊息的歸納與整理，配合前人之研究成果，
期能對日治時期臺灣電報與社會的研究，有所增益。

第二節　方法取向

本書既限於前述史料的侷限，且意在突顯日治初期電報研究最前端的
「空白」，故史料僅以《臺灣總督府公文類纂》為核心，研究方法以歷史學
研究法為主，期對史料有寬廣面的搜集，系統性的閱讀與周詳的思維，並以
實證性的方式進行。

　　本書雖僅以兵站電信部為主體，但對整體電報與社會的研究取向，提出如「圖2」所示的研究架構。擬以「一個核心、四個邊界」為主軸。一個發展核心為「法規章程」及「通訊政策」，四個邊界分別為落於垂直向的「統治政策」到「社會心理」之間升降，水平向則介於「人力」到「物質」之間移動。依據史料，可再細分如下的四個邊界。

圖2　日治時期臺灣電報與社會研究取向示意圖

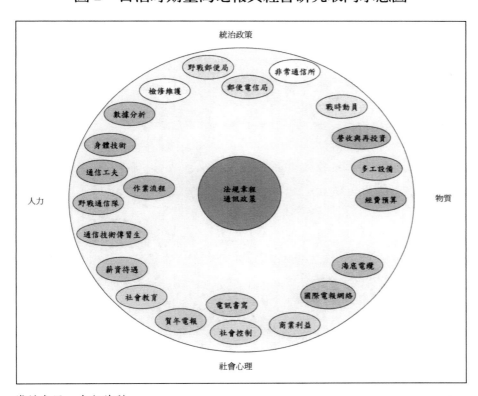

資料來源：自行繪製。

（一）統治政策

　　電報如何從野戰電信隊、臨時兵站電信部，過渡到郵便電信局。在近衛師團登陸為期近一年的戰鬥中，電報扮演什麼角色？實際應用情況為何？帶來什麼好處？實際上有何困難？而1896～1897年郵便電信局相關章程陸續發布後，民政局如何接收野戰時期遺留之設備、組織與人才？後續到1902年地方秩序稍歇之間，區域性的武裝行動仍在進行，民政局提供「非常通信所」持續滿足軍方的通訊需求，而這個實體的非常通信所如何轉化為一種制度而

非組織，涉及民政與軍政之間彼此的協調、退讓，這一段為期不長，卻是郵便電信局的前身與基礎，在歷史研究轉折點上，十分關鍵。

（二）社會心理

當電訊建設成為一種象徵社會進步程度的數據指標時，指標本身就是社會心理的投射。電報看似與商業利益、價格市場波動最有關聯，但更與資訊的形式控制社會心理，延伸到教科書、考試科目與時代書寫的方式。日治時期如何認識電訊這項新技術？接納到什麼程度？是否認為資訊愈充足愈好？史料中對臺灣的電訊發展多所「歌頌」，對電訊發展的副作用、特別是對電報從業者身心的影響，較少論述。這部分從 98 名通信技手的經歷中，可以看到追求資訊交換速度不斷提升所獲得的益處，以及所需付出的代價。

（三）物　質

這是看似容易卻在史料中不易找到的部分，由於電報是在西方發明擴散的新技術，引進日本與臺灣後，如何進行日文、英文（歐文）與中文的標準化編碼？由於電報是以傳送字元數多寡為收費標準，為了增加傳送的速率與降低成本，電報系統產生很多內容「略語」與機關單位「略號」，電報雖以看不見的電子信號傳送，但發送兩端都是紙本，在傳送內容的程序上，如何對應紙本上的眾多欄位，這有一個臺灣電訊發展上「在地化」的過程。這個「在地化」的初始就是從兵站電信部。他們擁有的設備如何？如何在基本的硬體設備下達成任務？

（四）人　力

電報是硬體與軟體的結合，但人力資源的部分較為隱性，易受忽略。日治初期日本的電訊事業快速擴張，在人力的供應上缺乏基層技術人員，也缺乏操作電報機械的事務員，兩者都需要經過特殊的理論與實務訓練，這種電訊人力不足的情況在近衛師團登陸時就已發生。故當野戰電信隊建置的人力、設備一併移轉給郵便局時，當時尚兵站電信部在職的通信技手是否留任？動向為何？這可從《文官職員錄》與《公文類纂》中交互參照，追蹤比較。技手（含）以下的基層技術人員很少得到研究者關注，但沒有第一線人員的身體技術配合，電訊系統的效能無由顯現。

98 名通信技手無法全部在《臺灣總督府公文類纂》找得史料，但 2/3 是有的。但也發現也些通信技手的史料是包含在另一位技手的史料中，如曾任

兵站電信部的通信技手大津一郎的履歷書，是與同時升任三等局長的 17 位局長的履歷書放在一起，其中同樣是兵站電信部技手的白井由美治、高原萬三郎等人之履歷書也在其中，若不留心而未系統性閱讀，可能就與史料擦身而過。

第三節　章節安排

本書根據所搜集史料閱讀與分析後，除緒論外，計分四章。

第二章　臨時臺灣兵站電信部的運作

探討清末劉銘傳等人所建置的電報系統，包含用途、細節與規格。以及清末臺灣海關報告中提及電報系統的記錄。接著是兵站電信部的出現，扮演戰爭中的何種角色？組織架構爲何？以及兵站電信部雙重隸屬的關係。另外包含通信技手的在戰鬥序列中的定位與配置，這個單位雖然只存在一年的時間，但其貢獻，遭遇困難及如何克服，所屬人員動向的追蹤。這一年的時間雖然短暫，卻是「領臺戰役」關鍵的一年。

第三章　通信技手的分析

日本明治維新後成立工部，所屬的修技校成爲培育近代電報人材的教育單位。職務名稱由工部技手到隨著工部轉型爲遞信省，修技校也更名爲東京郵便電信學校，是日本最正統的電訊人力培育單位。在時間上，1870～1880年代是日本電報建置的初始階段，98 名通信技手在日本是經過如何的養成過程？具有了什麼豐富的專業實務經驗？

《臺灣總督府公文類纂》可覓得 70 位通信技手的人事履歷資料，雖然詳簡不一，但占 98 名通信技手的 71%，扣除戰（病）死 6 名後，比率更高達 76%。加以歸納後，應有一定的分析信度。

根據通信技手的籍貫（出身）、進入職場的平均年齡、抵臺前的工作年資、抵臺前的工作經歷、抵臺後的經歷、抵達（離開）臺灣之年齡、離退原因、在臺服務年資、獎懲記錄與家庭成員概況等十個項目進行探討。由於兵站電信部的通信技手被稱爲「古參」，因此十項分析的探討，能突顯 98 名通信技手「古參」的程度，進而瞭解「臺灣戰役」之所以順利鎮壓抗日運動，通訊效能上的優勢，實爲關鍵。

第四章　通信技手群像

　　電訊雖由線路與設備構成系統，當時人稱爲「電柱」；但系統從建置到運作，更需仰賴基層人員的投入，當時人力資源稱爲「人柱」。「電柱」固然重要，但「人柱」尤爲緊要，顯見對人力的重視。〔註28〕故本章還原多數通信技手的生涯故事，並細分爲數類加以探討。

第五章　電報系統軟、硬體與韌體的標準化

　　通信技手是人力資源，是電報系統運作的「韌體」，扮演軟體與硬體之間的橋樑角色。就硬體而言，他們的工作環境爲何？基本工作設備爲何？電報系統的收發要有那些基本規格？電報機械室與作業室的配備爲何？就軟體（制度）而言，電報雖傳送電子訊號，卻爲了達到稽考與效率的目的，產生龐大的電報相關原件的保存、計算、記錄、除錯與收藏的工作，這些龐大的書類工作，是運用電報、追求資訊交換速度不斷提高下的產物。通信技手如何適應圍繞電報軟、硬體的發展趨勢，將是本章的探討重心。

　　本書因以日治初期有限史料爲基礎，研究主題爲以日本人爲主「臨時臺灣兵站電信部」98 名技手的故事。在客觀上這群技手們的貢獻愈大，臺灣住民所受的壓迫也愈大，抗日運動傷亡也愈慘重。故史觀的問題與取向，感謝審查者的寶貴指導與建議，並儘量注意與修改，若仍有未盡周密或過於主觀之處，仍由作者負責。

〔註28〕　〈遞郵人物評論〉，《臺灣遞信協會雜誌》第 45 期，1923 年 4 月，頁 69。

第二章　臨時臺灣兵站電信部的運作

　　臺灣的電報建設非日本首創，清季劉銘傳倡議下即有陸線從臺北連接到安平、打狗，淡水連接到福州，安平連接到澎湖。並設有電報學堂，且開放公眾電報業務。而日軍抵臺後，多利用清季遺留的設施（包含鐵路），並在此基礎上持續提昇硬體。另一方面，清季臺灣海關報告也提到電報系統妥善率的問題，由於電報在歐美發展已久，摩斯電碼的作業方式到日治中期皆未改變，故從技術觀點而言，兩者有延續性。基於上述，探討日治初期的電報及兵站電信部的表現，不宜忽略清季已有的基礎。

第一節　清季電報建置的基礎

　　清代倡議臺灣建置電報的史料中提到：「臺灣南北道路袤長，聲息易於阻滯，沿途雖設有驛站，文報究未能迅速。……准於臺地，安設電線，……由府城至旗後（打狗）地方，先行起辦，再次推及別處，將來可按段安設，便於往來。緊要文法，固瞬息可通，即商民遞通音信，亦可隨時隨地，藉以傳達云。」後經劉銘傳與上海外商協議建置，總經費約三萬兩。〔註1〕

　　另一個清代在臺灣引進電報的時空背景是受到「牡丹社」事件的刺激，清朝有感 1874 年「牡丹社事件」中缺乏與臺灣電訊聯繫的管道，故將淡水、基隆、臺北與臺南安平電報陸線 573 公里，並於新竹、彰化與嘉義設立電報據點。海底電纜則在沈葆禎倡議下，於 1887 年建置淡水到福州附近川石山間 170 浬電纜（沈葆禎原倡議臺南到馬尾之海底電纜，劉銘傳改爲淡水到川石

〔註1〕　〈臺灣郵政史〉，《臺灣通信協會雜誌》第 10 號，1919 年 3 月，頁 8～9。

山），並於同年 10 月啓用。接著續建安平到澎湖間 53 浬電纜，並在英國技師監督下完成。連接到川石山的線路成爲臺灣加入世界電報網的重要標誌。南部線路最初考量軍事價值，商用者少，臺南海關報告中提到臺北到臺南陸路每年夏季暴風雨常斷絕，若此線能連接到中國，對南臺灣利益很大。〔註2〕

1886 年度淡水海關報告已提到將建設臺北到臺南陸線電報，安平到澎湖的海底電纜線，並有基隆與淡水兩條分線。〔註3〕

臺北到淡水電報於 1887 年 5 月開放商務運用，隔月臺北又連接到基隆。同年 7 月連接淡水到福州尖石山（Sharp Peak，位於閩江口附近）海底電纜開始敷設。同一時間，安平到澎湖的較短海底電纜也建置完成。報告中也提到從安平經澎湖，最終連接到廈門的海底電纜已經放棄。〔註4〕

1887 年淡水到大陸海底電纜完成，1888 年淡水到臺南陸線完成，安平、打狗與臺南間線路於 1887 年 11 月動工。電訊硬體建置不易，但妥善率的維持同樣困難。在劉銘傳銳意推動下，硬體陸續完成，但運作不能無礙，連接大陸的電報每日只能傳兩封電報到香港，硬體效能仰賴固定人力配置與人力效能的發揮。這份打狗海關報告還提到打狗到安平線路於 1877 年完成，長度約 48.3 公里（30 哩），但「經常故障」，需修繕並設定。報告中還提到如果淡水可以布建海底電纜經澎湖，不僅能確保臺灣南、北的即時通訊，透過淡水到福州的海底電纜，卻能確保臺灣與大陸間的直接通訊。〔註5〕 這是以打狗（南臺灣）海關的立場對電報線路的觀察。從上所述可以歸納出，清代臺灣的電報設施中，還欠缺連接南北的第二線路，以及澎湖到對岸的海底電纜。

1888 年的打狗海關報告更提告連往大陸的電報線可供商人更快掌握產地與市場的訊息，包含往返橫濱船舶進出與航程時間的掌握，並預估電訊的發展將來還能產生更大的利益，另一年度報告中還提到，日本對臺灣糖的需求，「幾乎是無限制的」。但因電報的故障，造成商人顯著的不方便。另外，電線故障的原因有時也發生於島內被部分動亂人士切斷。〔註6〕 這裡可以看出電線

〔註2〕〈臺灣郵政史〉，《臺灣通信協會雜誌》第 10 號，1919 年 3 月，頁 9。
〔註3〕《清末臺灣海關歷年資料》（1882～1895）（臺北：中央研究院臺灣史研究所籌備處，1997 年 6 月出版），淡水海關 1886 年度報告，頁總 717。
〔註4〕《清末臺灣海關歷年資料》（1882～1895），淡水海關 1887 年度報告，頁總 751。
〔註5〕《清末臺灣海關歷年資料》（1882～1895），打狗海關 1889 年度報告，頁總 850。
〔註6〕《清末臺灣海關歷年資料》（1882～1895），打狗海關 1888 年度報告，頁總 809；打狗海關 1889 年度報告，頁總 847。

的妥善率不易維持，以及打狗糖業貿易不受該地無直接電報線連往福州影響，仍能透過連往淡水，淡水再聯接福州的間接方式利用電訊來擴大商業經營的新模式，包含打狗與橫濱之間這條主要的糖業貿易航線。

1888 年 1 月開始架設南北電報線路，並於同年 3 月完成，基隆到臺南約 386 公里（240 哩），並設臺北、新竹、彰化與嘉義四局。電報局業務歸布政使司管轄，臺北設電報總局，司報生（通信技手）除臺南四名、嘉義一名外，餘基隆、淡水、新竹、彰化、安平、打狗與澎湖各二名，依技術分一到三等，一等月俸 25 兩，二等 20 兩與三等 12 兩。〔註 7〕

清季臺灣電報中文用字以四碼組成一個中文字，總共選了 9,651 字，這個編碼方式「官民共依」，發收兩端解碼需備有「電報新書」，以供參照。電報依種類分為四等，一等為撫臺衙門發送之電報，二等為其它行政機關發送之電報，三等為緊急電報，四等為普通電報。其中一、二等電報免徵費用，並於總局置書辦 2～3 人，徵收費用每日清結，各局扣除局務費用繳交總局。與中國間電報往返定期扣除費用結算，手續簡便。但 1892 年起至領臺以前，電報收支無法相償。〔註 8〕這種初期收支無法平衡的局面，臺灣總督府亦面臨同樣情況。

日本史料指出，清代電報陸線由沿途汛兵保護，彼等享高俸，但電報線路卻常故障，原因是未能嚴賞罰，政府雖屢次戒敕，仍難收實效。遂改為沿途總管（技師長），由各地配置工夫負責修繕。但無法禁絕線路被竊取，風雨造成電桿傾倒，損失電報所帶來的益處。線路多與道路並行，但雜草繁茂，往來不便。或因放火焚草不慎波及電桿，地方人民未能認識電報設備的價值與意義。直到 1892 年 6 月始由直隸總督李鴻章奏請制定罰則。〔註 9〕

當時電報使用者多為英、德商人與上海中國商人，一般民眾使用極少，電報據點共有臺北、臺南等八個，設備遜於日治中期的二等郵便電信局。但劉銘傳啟動臺灣近代郵政制度，得到正面的歷史評價。〔註 10〕

1888 年在臺北大稻埕建昌街設電報學堂，專擇培育電信技手，招聘數名外籍教師，學生多由福建、上海或福建船政學堂招致，授予英語及「泰西之

〔註 7〕〈臺灣郵政史〉，《臺灣通信協會雜誌》第 10 號，1919 年 3 月，頁 10～11。
〔註 8〕〈臺灣郵政史〉，《臺灣通信協會雜誌》第 10 號，1919 年 3 月，頁 12～13。
〔註 9〕〈臺灣郵政史〉，《臺灣通信協會雜誌》第 10 號，1919 年 3 月，頁 13～14。
〔註 10〕電信掛同人，〈電信由來記〉，《臺灣遞信協會雜誌》第 160 期，1935 年 7 月號，頁 5～6。

－19－

學」，約有 18 人入學，爲臺灣電信技術培育之始。〔註11〕1890 年淡水海關報告提到電報學堂（Telegraph School）訓練雇員，並於該年 9 月開辦。〔註12〕兩種史料指出電報學堂開辦時間點不同，但皆於電報硬體建置完成之後。這一點與日治初期情況不同，日治初期兵站電信部所需的電報人力是直接由日本引進有實務經驗與技術的人才擔任。

根據日治初期記錄顯示，清代電報線的建置，皆倚賴英國人力與技術。各電報局通信技手每日分三班執勤，第一班爲上午八時至下午三時，第二班爲下午三時到晚間十一時，第三班爲晚間十一時到翌日上午八時。通信機皆爲摩爾斯電報機，電池爲「レクランシシー電池」，電桿直徑 12.7 公分（五寸），材質爲杉木，長度 7.27 公尺（四間），腕木架設以「ブラケット」在電桿上打釘。電桿未注礬，只以「コールタール」在電桿根部塗抹，礙子品質優於日本製品，電桿仰賴中國內地供應。發送電報者以英、德兩國在臺商人爲主，並與茶、糖等銷售相關之中國人之間通訊爲主，中國人使用電報亦多，皆爲上流商賈。中國人用漢語電報，歐洲人概用英語電報。〔註13〕

無論清代或日治，臺灣陸路電報線都需面臨地理環境與天候的考驗，根據 1897 年記錄顯示，「臺灣道路，未至完備，每遇風雨，阻礙道路。……信件遲達，往往所不能免也。原臺中地方，河川甚多，如大甲、濁水、大安等大溪，流域不定，涸水過溪，亦及里餘（按：1 里爲 3.927 公里）。以故一日有雨，氾濫洪漲，杜絕交通，數十餘日。」〔註14〕在這樣的地理條件，電報不易確保長距離最快傳遞訊息的目的。

第二節　日軍登陸後電報的運作

1895 年 4 月「馬關條約」簽約完成，同年 5 月臺灣總督樺山資紀與李經芳於海上辦理交割手續，劉永福「抗皇命並煽動土人，講究防禦之策」。近衛師團陸軍中將北白川宮能久親王率部隊於 5 月 30 日登陸。這時第一批的野戰電信隊附屬於近衛師團，停泊於基隆外海，其中半數與近衛師團於澳底登陸，半數留於船舶上，待攻占基隆後才登陸。6 月 1 日，先行登陸的野戰電信隊尾

〔註11〕〈臺灣郵政史〉，《臺灣通信協會雜誌》第 10 號，1919 年 3 月，頁 11。
〔註12〕《清末臺灣海關歷年資料》（1882～1895），淡水海關 1890 年度報告，頁總 871。
〔註13〕臺灣總督府民政局通信部，《臺灣野戰郵便電信署史》，頁 73～74。
〔註14〕〈臺灣交通〉，《臺灣協會會報》第 14 號，1899 年 11 月，頁 78。

隨步兵第二聯隊及衛生隊之後，抵達頂雙溪。3 日，野戰電信隊在雨中進駐基隆。6 日，開設基隆電信通信所，這是日治時期臺灣第一個開設的重要電信通信所。〔註15〕

部隊抵達頂雙溪前，已經歷在瑞芳的戰鬥，越過三貂嶺的「道路急峻，路幅狹小，車馬難通」，故到頂雙溪時，「兵卒疲甚」，只能照預定編成半數人員攻擊基隆。〔註16〕

根據 1895 年淡水海關記錄顯示，6 月 2 日就接近基隆約 5 哩處，隔日占領基隆（6 日開所），未遭到太多抵抗。而在後續的衝突中，據某村鎮所述，有 200 名非武裝士兵遭射殺，並從他們身上取走超過 1 萬元。〔註17〕

6 月 6 日，據報臺北約有「賊兵」五千人，往淡水退卻，未遭遇太多抵抗。14 日，全軍主力才在臺北完成結。〔註18〕

日軍在 6 月 7 日黎明進入臺北（8 日開所），像「救星般受到歡迎，每一戶掛上日本旗，上書『有德的日本帝國』，從前混亂的秩序立即停止。」9 日占領淡水（16 日開所），同日中午日本國旗在淡水海關升起，原中國海關人員撤離，外國人社群則較不受影響。〔註19〕

由於各所電線與設備多遭「匪賊」破壞，6 月 16 日架設臺北到淡水間電線，17 日與福州清朝電報局通訊成功，並得原清朝臺北電報局洋員韓森之助，恢復電報系統常態運作，韓森則持續爲總督府服務。〔註20〕

1895 年 6 月 23 日，近衛師團因野戰電信隊分爲南、北兩支，緊急向總督府請求支援通信手補助員「若干」，人夫 100 名與工夫 4 名。能久親王希望撥補滿足南部分隊的通訊需求，北部已開設各通信所，也希望有通信員撥補，以進行業務移交。同日，就有五名通信技手被編入野戰電信隊。〔註21〕

〔註15〕臺灣總督府民政局通信部，《臺灣野戰郵便電信署史》，頁 39。
〔註16〕臺灣憲兵隊，《臺灣憲兵隊史》（臺北：三協社，1932 年 1 月發行），頁 2～3。
〔註17〕《清末臺灣海關歷年資料》（1882～1895），淡水海關 1895 年度報告，頁總1087。
〔註18〕臺灣憲兵隊，《臺灣憲兵隊史》（臺北：三協社，1932 年 1 月發行），頁 3。
〔註19〕《清末臺灣海關歷年資料》（1882～1895），淡水海關 1895 年度報告，頁總1088。
〔註20〕電信掛同人，〈電信由來記〉，《臺灣遞信協會雜誌》第 160 期，1935 年 7 月號，頁 6。
〔註21〕《臺灣總督府公文類纂》永久保存（追加），第 51 冊，第 15 號，明治 28 年 6月 23 日，〈野戰電信隊附屬人員近衛師團申請〉，頁 183～184。

在基隆所內安裝電訊設備，由於史料中並未明確記錄安裝的設備是電話或電報機，但卻在安裝後突然與臺北接通，臺北方面問：「貴所是誰說話？」基隆所反問：「貴所是誰在說話？」雙方對答內容如下：

答：這裡是臺北府。

問：貴所離基隆路程多遠？

答：沿鐵路而進約 20 哩。

問：足下姓名為何？

答：我是通信事務員韓森（ハンセン），現在中國兵『遁竄』，無反抗貴軍者。請告知足下司令官，此地知府及其它官衙遭劫掠或焚燬，聞敗兵在各處放火云。〔註22〕

這應該是日治初期第一通知道臺北城內秩序狀況的通訊，但無法確定是以電話或電報機在交換訊息。但可以確定的是，在日軍進城以前，已透過電訊設備知悉臺北的初步狀況。6 月 8 日，近衛師團進入臺北（同日開設臺北所），電信隊開始修復通往淡水電報線，並於同月 16 日架設完成（同時開設淡水所）。當時能傳遞訊息的地區，僅限於臺北附近。〔註23〕

6 月 9 日，阪井大佐指揮一支隊從臺北出發，23 日抵新竹，該隊「兵力寡少，且無後援」，「賊兵」在鐵路沿線出沒，攻擊微弱守備隊或切斷電線，企圖阻斷與臺北之聯繫。阪井支隊擊退進攻新竹攻勢，26 日澀谷少佐率部抵新竹，確保占領新竹的戰果（7 月 10 日開所）。〔註24〕

從基隆到新竹，兵站電信部的電信通信所當在占領該城鎮後的當天或數天內即完成開所工作，並同時架設所與所之間的電報線路，只有新竹占領與開所時間相隔較長。

6 月 17 日，聘請先前通話的外國人韓森擔任雇員，韓森自行出資部分，辦理淡水到福州一般電報拍發。當時兩地電報費率依兩間收發量相減，手續單純簡便，但費率高低不一。例如東方擴張電信會社發往臺灣電報每通 24 錢，日本領臺後調漲為 32 錢；但發往臺灣費率還是 24 錢。這種差別費率違反「萬國電信條約」，經總督府請遞信省與東方擴張電信會社交涉，於 1896 年 5 月 15 日統一費率。〔註25〕

〔註22〕臺灣總督府民政局通信部，《臺灣野戰郵便電信署史》，頁40。
〔註23〕臺灣總督府民政局通信部，《臺灣野戰郵便電信署史》，頁41。
〔註24〕臺灣憲兵隊，《臺灣憲兵隊史》（臺北：三協社，1932 年 1 月發行），頁 4。
〔註25〕臺灣總督府民政局通信部，《臺灣野戰郵便電信署史》，頁41。

　　日軍是以寬廣正面南下，有沿著鐵路沿線往新竹的主力，另有左、右翼保障主力的安全。例如 7 月主力持續南下，另有第二旅團長山根信成率所部在大料崁溪沿岸進行「掃蕩」，沿龍潭、大溪前進，8 月 1 日抵新埔街，確保兵站沿線安全。同月 3 日，近衛師團主力於新竹集結，海線（右翼）由川村少將領軍抵中港、後龍，山線仍是山根信成所部，抵頭份。15 日攻擊苗栗（12 月 28 日開所）。21 日，山根支隊抵大甲，23 日川村支隊抵苑裡街（9 月 11 日開所）。根據偵察回報，敵軍主力集結彰化八卦山，並構築防禦工事，數目約有 12 營，並利大肚溪阻擋日軍前進。〔註26〕

　　彰化是當時臺灣「惡疫最流行之地」，整個八月有一萬餘人在彰化（8 月 31 日開所），由於臺灣瘧疾等風土病研究的不充分，「罹病者續出，野戰醫院收容一千名病患尚告不足，市中到處充斥患者的慘況。」到 9 月下旬，全師團健康者不超過 1/5。編制 270 人的步兵中隊，多者剩下 120 人，少者僅餘 30 人。山根少將、中岡中佐與緒方參謀皆成了「不歸之客」。根據日方史料解釋，能久親王不顧自身危險，慰問傷員，節省日用品以頒傷者。〔註27〕而隨軍的通信技手，過的是相同的生活環境，罹病者亦在不少。

　　1895 年 7 月開始戰線拉長，但只開設新竹所與大湖口所，8 月只開設通宵所與彰化所，二個月內只開設四所。開所的占領的間隔拉長，原因是新竹到彰化的的抵抗加大，電訊人力的供應有時間差。因為史料顯示，8 月抵臺的通信技手最多，但同月開設的電信通信所卻不多。

　　9 月 1 日，日本任命陸軍中將高島鞆之助任臺灣副總督，並指揮近衛師團等，受命儘速平定南臺灣。同月下旬，南進面隊「賊兵」七千餘，劉永福部 1.2～1.3 萬人，合計約 2 萬人。至此部隊分為三股合圍臺南，主力持續南進，混成第四旅團在嘉義布袋嘴登陸，第二師團由屏東枋寮登陸，海上艦隊則砲擊安平。10 月 8 日，占領嘉義，11 日登陸布袋嘴，登陸前發現「賊兵」旗幟，以「艇砲小銃」掩護登陸，登陸後因「賊兵」縱火，致海岸濃煙四起，加上對地形陌生，「屢受逆襲之苦」，加上曳船不耐風浪，兵士改乘小船划槳登岸，小船則無法再返回母船，所有部隊及輜重登陸則在到 15 日才完成（布袋嘴所 10 月 17 日開所）。〔註28〕

〔註26〕臺灣憲兵隊，《臺灣憲兵隊史》（臺北：三協社，1932 年 1 月發行），頁 6～7。
〔註27〕臺灣憲兵隊，《臺灣憲兵隊史》（臺北：三協社，1932 年 1 月發行），頁 7。
〔註28〕臺灣憲兵隊，《臺灣憲兵隊史》（臺北：三協社，1932 年 1 月發行），頁 9～10。

10 月上旬，與劉永福部隔曾文溪相望，渡河後與之接戰數小時，另一支由佐佐木大佐帶領的海岸支隊前進至蕭壠街，當地道路險惡，約有近 8 平方公里的檳榔樹與竹林交錯，甘蔗繁茂，十幾公尺外無法目視，此地形為「賊兵」巧妙運用，日軍在交戰中失去統一指揮，同月 21 日戰鬥才告一段落。〔註29〕

第二師團由乃木中將率領，10 月 11 日在枋寮外海投錨，上午 7 點 30 分開始登陸，「天氣清朗，風平浪靜」，上午 9 點 30 分完成登陸作業（枋寮所 12 月 15 日開所）。登陸後即將臺南到恒春間電線切斷，12 日主路沿海岸往東港，並在該地將輜重登陸上岸。14 日主力抵下淡水溪，續往鳳山前進；海軍則砲擊打狗砲台，砲臺「沉默」，後遭陸戰隊占領，虜獲多數兵器彈藥與船舶。16 日抵鳳山，附近不見「賊影」，並於當地宿營。〔註30〕

10 月 22 日晚上九時，臺南城內英國傳教士及信徒共 19 名代表臺南市民往第二師團步哨線接近，表示劉永福已從安平搭船離臺，城內處於無秩序狀態，請求日軍儘速入城維護秩序。山口少將率一支隊先行入城，其餘部隊仍對臺南維持包圍態勢，師團長於 26 日率部進入臺南。第二師團負責大肚溪以南警備任務，一部份派往恒春。〔註31〕

能久親王與多數通信技手一樣，從嘉義南進臺南途中罹患瘧疾，10 月 28 日病勢加劇，遂不治。〔註32〕能久親王生前曾謂：「臺地散兵意外頑固的抵抗，加之惡疫逞威，使我兵力為之折損。」〔註33〕

隨著臺南的占領，臺灣有秩序的抵抗運動暫告段落，日本大本營的運作也於 1895 年 11 月結束，「臺灣征討」軍務終結，陸海軍恢復常態。〔註34〕

日本《讀賣新聞》也關注「臺灣戰役」的進行狀況，其特派員河東銓於 1895 年 10 月抵臺北，同樣記錄到家戶懸掛日本國旗（日章旗）並歡迎日軍的景象。而從臺北城北門進入後，北門街日本商店眾多，也有旅舍廣告看板，餐飲業的繁榮，供應日本人生活之所需。〔註35〕同一時間的其它地區仍在進

〔註29〕臺灣憲兵隊，《臺灣憲兵隊史》（臺北：三協社，1932 年 1 月發行），頁 10～11。
〔註30〕臺灣憲兵隊，《臺灣憲兵隊史》（臺北：三協社，1932 年 1 月發行），頁 11～12。
〔註31〕臺灣憲兵隊，《臺灣憲兵隊史》（臺北：三協社，1932 年 1 月發行），頁 12～13。
〔註32〕臺灣憲兵隊，《臺灣憲兵隊史》（臺北：三協社，1932 年 1 月發行），頁 13。
〔註33〕〈故北白川宮殿下の御令旨〉，《讀賣新聞》第 6564 號，明治 28 年 11 月 7 日，2 版。
〔註34〕〈大本營閉鎖の期〉，《讀賣新聞》第 6562 號，明治 28 年 11 月 5 日，2 版。
〔註35〕河東銓，〈臺灣南征錄〉，《讀賣新聞》第 6564 號，明治 28 年 11 月 7 日，2 版。

行戰鬥，與臺北相比，呈現一種差異的現象。

河東銓搭乘醫護船返回日本，船上載運的是「臺灣戰役」的傷兵與遺體，他在甲板上看見醫官爲遺體處理私人財物，也看見醫官倒牛奶給傷患，且依傷重程度，給予不同的配膳。他說：船上種種，非讀者所想像。〔註36〕對於交戰雙方基層的人員而言，戰爭的傷害與耗損，是相同的。

殉職的第二旅團長山根信成少將成爲能久親王以外，「臺灣戰役」死亡將士之最高軍階，例年有「招魂祭」，謂其「各捧其身命，爲軍國盡瘁，爲本島貢獻，其忠勇義烈之勳績，已爲聖詔所褒及。」〔註37〕他們會不斷在國家儀式中被提及、傳誦與記憶。但對基層的人員而言，沒有名子；即便留名，不見事蹟。

一、電報組織與指揮的協調

兵站電信部在戰鬥時便開放一般電報，其貢獻在於當時的環境「兵馬倥傯」，無法有標準化的硬體與工作環境，只能使用臺灣人家屋充爲電報據點，土地環境、公共衛生與人身安全，都受到威脅。常是「右手按鍵，左手持銃」，甚至缺乏建物可供使用，由通信技手直接在農田中開所。復因軍情常有變化，無固定上班時間，晝夜輪流執勤，經「瘴煙彈雨，砲火洗禮」，開啓日治時期臺灣電報事業的創始。時人於 1930 年代回顧這段歷史，「悲愴慘慘，對當時參與者滿腔敬意」。〔註38〕

日本引進電報初期培育基層技術人力的單位以工部的修技校爲主（後來的遞信省官吏練習所、東京郵便電信學校），畢業後以十等技手見習任用，見習一個程度後才正式擔任十等技手。後來擔任總督府通信技師的杉山鈺太郎就是畢業自該校，其於 1899 年抵臺，遇有斷訊需外出修復，「東奔西走」。〔註39〕這是初期抵臺通信技手所具備「內外兼修」的能力，而愈到後期，隨著分工的確立，「內外分流」日益明顯。

他們「內外兼修」，具備外勤工務與內勤業務之經驗，推升了臺灣統治的

〔註36〕河東銓，〈北歸漫錄（一）〉，《讀賣新聞》第 6566 號，明治 28 年 11 月 9 日，2 版。

〔註37〕〈昨日招魂祭〉，《臺灣日日新報》第 3934 號，年份無法辨識，2 版。

〔註38〕電信掛同人，〈電信由來記〉，《臺灣遞信協會雜誌》第 160 期，1935 年 7 月號，頁 6。

〔註39〕〈遞郵人物評論〉，《臺灣遞信協會雜誌》第 45 期，1923 年 4 月，頁 69～70。

「軟實力」。只是他們多數服務年資不長，時間早於多數日治時期史料出現的時間，1896年4月1日臺灣總督府郵便電信制度實施以前，《臺灣日日新報》，各項統計要覽、職員錄多尚未出版。史料既寡，得到的關注就少，不易歸納98名通信技手在臺灣服務的立體圖像。

甲午戰爭中的「臺灣戰役」，軍人的「功績」得到重視，「世人視爲偉功，加以嘆賞」。但建置蘇澳到恆春、長達746公里（190里），開設通信所50處的通信技手。這群技手的貢獻在於提供軍隊行動所需的即時訊息，開放民眾電報服務，《署史》一書謂其：「功績豈鮮？」〔註40〕

（一）調查鐵路及既有電報設施狀況

1895年6月6日，遞信省小山保政技師以近三個月時間，實地調查基隆到新竹既有鐵路，詳細距離、橋樑材質（跨距）、車站海拔與沿途城鎮人口數（請參「表1」）。根據〈臺灣鐵道實查報告〉顯示，基隆到新竹鐵路共通過73座大小不一、材質各異的橋樑。八輛機車頭只有三輛可用，客車二十輛只有六輛可用，貨車二十二輛只有十一輛可用。〔註41〕無論是人流、物流或沿著鐵路架設電報線，都不容易。

表1　領臺初期北臺灣人口調查（部分）

城　鎮　名	人口數（人）	戶　　數	平均每戶人口數
基隆	5000	800	6.3
水返腳（汐止）	2290	480	4.8
臺北	39120	8220	4.8
海山口（新莊）	2710	644	4.2
桃仔園	2384	364	6.5
中壢	1120	370	3.0
大湖口	178	75	2.4
新竹	8033	2925	2.7
計	60835	13878	4.4

說明：調查開始時間爲1895年6月6日，報告提出時間爲同年9月30日。

資料來源：《臺灣總督府公文類纂》乙種永久保存，第39冊，第13號，明治28年10月26日，〈鐵道線路實查報告〉，頁68。

〔註40〕臺灣總督府民政局通信部，《臺灣野戰郵便電信署史》，頁63。
〔註41〕《臺灣總督府公文類纂》乙種永久保存，第39冊，第13號，明治28年10月26日，〈鐵道線路實查報告〉，頁63～68。

領臺第一份的電信報告即由通信技手（當時他們身份是陸軍省雇員）九里金太郎撰寫的，時間爲 1895 年 6 月 13 日，報告中指出臺北電信局有五部電信機，淡水、新竹與臺北城內各一線，基隆二線，除基隆二線外，「悉數不通」，淡水線有近二公里的電桿遭到「根本性破壞」，只能由野戰電信隊建築隊派人暫時修復，預計要 4～5 天。新竹線也將派建築隊前往修復。當時有基隆、臺北、淡水、新竹、彰化、嘉義、臺南、安平、打狗、媽宮等 10 個據點，各據點有局長一人，通信書記共 35 名，遞送人（配達人）25 人。〔註 42〕

1895 年 6 月下旬，總督府鐵道技手葛山虎一調查中壢到頭亭溪（桃園楊梅）區域鐵路與電報現況，發現「大湖口居民逃竄，民屋無一人居至，盡罹兵災之酷至極，電信線路遭破壞。」大湖口到新竹縣沿線「電信線路全遭破壞。」而總督府人員在操作鐵路運輸時，還遭到「襲擊」，工作環境並不安全。〔註 43〕

（二）電報軍政與民政的雙重隸屬

1895 年 6～7 月間，總督府直轄電信通信所有「雙重隸屬」關係。軍務方面由總督府陸軍局工兵部長兒玉大佐指揮，民政方面由民政局通信部長牧朴眞指揮；各電信通信所之技手皆爲「高級古參者」（資深經歷者），故能對通信所諸般業務進行指揮與監督。〔註 44〕日治初期論者常指出臺灣電報發展的困境在於人力，無法培養並留住資深技優的電報人材，這與俸給、局等設計、整體人力資源結構調整有關。〔註 45〕這類討論從日治初期到中期很多，因與本書主題無直接相關，宜另文探討。但至少說明通信技手的技術、業務熟練度對於電報系統的運作，至爲重要。然而，這群 1895～1896 年抵臺的通信技手究竟達到如何「古參」的程度，未有史料加以進一步說明。這群資深的通信技手又如何在各通信所進行諸般業務的指揮與監督，亦幾近空白。反而留下更多疑點，吸引研究者進一步去探究。

〔註 42〕《臺灣總督府公文類纂》乙種永久保存，第 41 冊，第 34 號，明治 28 年 6 月 13 日，〈電信二關スル情況通信局長へ通知〉，頁 180～181。

〔註 43〕《臺灣總督府公文類纂》乙種永久保存，第 39 冊，第 11 號，明治 28 年 6 月 28 日，〈中壢、頭亭溪間鐵道及電信偵察報告〉，頁 52～54、59。

〔註 44〕臺灣總督府民政局通信部，《臺灣野戰郵便電信署史》，頁 43。

〔註 45〕遊霧隱士，〈三等局制度に就て〉，《臺灣通信協會雜誌》第 6 號，1918 年 11 月，頁 6～13。

（三）野戰電信隊、兵站電信部與鐵道部的權責分工

1896 年 6 月以前，基隆到總督府，總督府到桃園（桃仔園）之間電報線路皆爲總督府「直轄線」，由陸軍局工兵部掌理。桃園以南經中壢、太湖口到新竹間由「獨立野戰電信隊」掌理，桃園到中壢之間的小桃仔爲其責任區域之分界。此外臨時臺灣兵站電信部與鐵道部協議分掌軍事與民政電報，分別指揮。1895 年 7 月 8 日陸軍局長與民政局長約定，軍事通訊由工兵部長指揮，民政通訊由遞信部長指揮。各電信通信所長由技手中擇「高級古參」者擔任指揮監督。此後一直到 1896 年 6 月之間，主要及初次線路的建置，如 1895 年 7 月，臺北到新竹電報線由獨立野戰電信隊技長佐藤中尉指揮架設。但後續的工作（巡視、維護與更新），則由工兵部與兵站電信部陸續交接給鐵道部。〔註46〕

7 月 12 日，鑑於電報不通影響各地部隊指揮，陸軍工兵部長指示若遇電報不通時，從最近之通信所改以火車與人力遞信方式，將訊息傳達到最近的通信所進行收發。〔註47〕

7 月 31 日，當時陸軍局工兵部就指出：「軍用電報爲軍事上通訊最快速且不可欠缺之物」，近來發現發送內容多使用多餘的贅語繁禮，如「御屆」、「敬愛的仁兄」等，增加電報內容與收發時間，造成軍事電報的遲滯，須非常留意。〔註48〕

8 月 23 日，通信建置與組織管理統一由總督府陸軍局電信部、陸軍工兵大尉三村友藝綜理，協助者有總督府雇員古川五郎，與通信技手小寺銓次郎、山內貞彥等。而最早只有古川五郎、九里金太郎等 9 名通信技手抵臺，分散在總督府（後名稱臺北通信所）、臺北鐵道、基隆、淡水、海山口、桃仔園、中壢等各電信通信所從事業務工作。當時人員少，電報數多，諸事未備。直到 1895 年 8 月更多通信技手抵臺，才擴增電信通信所，派遣熟練的通信技手到各據點，「軍事通信面目煥然一新」。同月 25 日三村友藝晉升少佐，31 日總督府電信部副官、工兵少尉佐藤信壽到任。9 月 1 日設立「臨時兵站電信部」，由陸軍工部大尉高松寬剛提理，副官爲工兵大尉石山三造、工兵少尉勝井藤

〔註46〕臺灣總督府鐵道部，《臺灣鐵道史》上卷二（上）（臺北：該部，1910 年 9 月發行），頁 307～309、311。

〔註47〕臺灣總督府民政局通信部，《臺灣野戰郵便電信署史》，頁 43。

〔註48〕臺灣總督府民政局通信部，《臺灣野戰郵便電信署史》，頁 43～44。

卿。〔註49〕

　　9月開始，總督府以「臨時臺灣兵站電信部」這個組織陸續接收雇員古川五郎與各通信技手、建築技手與工夫等，但在組織上並存「陸軍局電信部」與「兵站電信部」。〔註50〕

　　9月3日「風雨甚為暴烈」，臺北到新竹電桿傾倒134支，淡水河到後龍間傾倒與斷線頗多，後龍溪沿線約 2 公里電桿、電線都沒入沙中而流失。進行修復時因無法搬運，只能以人力攜帶材料進行緊急修繕。〔註51〕

　　9月3日，由總督府陸軍局郵便部長遞信書記官土居通豫兼理總督府陸軍局電信部業務。10月4日，陸軍電信部提理三村友藝負責指揮野戰與兵站電信部職員，並兼代工兵部長，負責南進。其職務由電信部提理兒玉大佐代理、副官佐藤信壽與技術掛古川五郎於本部留守。〔註52〕

（四）土居通豫抵臺過程

　　土居通豫在自述中提到：「明治二十八年乙未，予官遞信，奉軍事郵便之職，兼陸軍電信提理，從戎赴臺灣。」9 月 3 日從東京出發，5 日到神戶，6 日「上午六時起，盥漱喫飯束裝，到運輸通信部。船將發，神社人員誦送別詩，樂隊奏曲，眾舉杯祝將軍萬歲。」同日上午 10 點解纜，「送者在岸舉帽，再唱將軍萬歲。」船長是美國人，沿途海象不定，「夜半就寢室，頗淨潔，唯覺暑溽。」〔註53〕這裡已顯示出日本人對於南國臺灣氣候條件基本上是不適應的。

　　土居通豫除了是行政官員外，也是詩人與語言學家，此行自謂：「將軍旗色壓南洋，勦賊原當富籌策，用兵自是類文章。書生我亦參帷幄，決皆鵬程萬里長。」〔註54〕日本領有臺灣的時空氛圍，與西方殖民類同，有一種先天的「使命感」與帶領「落後地區」進行「文明開化」的任務。

　　土居通豫搭乘的「橫濱丸」於六日出發，遇風浪則於航線鄰近島嶼港口

〔註49〕臺灣總督府民政局通信部，《臺灣野戰郵便電信署史》，頁 45。
〔註50〕臺灣總督府民政局通信部，《臺灣野戰郵便電信署史》，頁 46。
〔註51〕臺灣總督府民政局通信部，《臺灣野戰郵便電信署史》，頁 46。
〔註52〕臺灣總督府民政局通信部，《臺灣野戰郵便電信署史》，頁 46。
〔註53〕土居香國，〈征臺航海日乘〉，《臺灣通信協會雜誌》第 18 號，1919 年 11 月，頁 22。
〔註54〕土居香國，〈征臺航海日乘〉，《臺灣通信協會雜誌》第 18 號，1919 年 11 月，頁 22。

停泊，在船上「終日無聊在喫煙室」，或「入室而臥，轉發船暈」，或「白天上甲板散步，夜與諸公會喫煙室，有鬪骨牌者，有圍碁者，有讀書者，相話者，十時就寢。」11 日上甲板，「雨甚益，煙霧四塞，不辨呎尺，而船不知過何處。下午煙霧稍開，望陸於右舷，山岳起伏，山凹之處有稻田，潦水處處成瀑布。赤川事務長曰：『是臺灣也』。」同日進基隆港，「港口右方巉巖奇峭，左方島嶼突兀，風景極佳。軍艦濟遠號（按：北洋艦隊被俘船舶）泊焉，吹喇叭作禮，文武諸官來迎將軍。……隨軍軍移小船上陸。」〔註 55〕此次航程總計五天，這也是通信技手抵臺的唯一航線，在多位通信技手「履歷書」中，都有清楚記錄離港與登陸基隆的時間。透過土居通豫的自述，應能略見梗概。

土居通豫登岸後，乘火車到臺北，在火車上又見到另一番殖民意象，「見車道與人道不別，常鳴汽笛警戒行人，軌道高低屈曲，甚覺危險。掌車之夫等降盪車（按：推車），予觀之不覺失笑。過隧道而田園大開，村落之狀，髣髴乎內地，草樹森林繁茂，多不知其名者。男皆辨髮，女皆纏足，家屋船車皆所謂支那風也。見溪中怪物浮頭，諦視則水牛也。」在抵達臺北並謁見樺山資紀總督後，當晚在官舍，「此夜電信吏九里金太郎、古川五郎來訪。」〔註 56〕兩名請見的「電信吏」都是日治初期很重要的電訊人員，應有助土居通豫瞭解 6 月進入臺北後至 9 月的電訊運作概況，其中九里金太郎就是98 名通信技手中，第一波抵臺的通信技手。

9 月 18 日，臺北到新竹間電報線改建完成，因氣候炎熱造成工夫「罹病者眾」，加上材料搬運困難，道路險惡，建置之難不易言明，透過建築技手排除各種困難進行，連同先前臺北到淡水、臺北到基隆之間線路均改建完成。11 月 28 日，臺中到彰化間電報依「國用線」標準改建完成。〔註 57〕

9 月 16 日，野戰電信隊一分為二，一半附屬近衛師團由彰化經嘉義往南部前進，參與的有通信技手市川三作等。混成第四旅團從布袋嘴登陸，並建設與嘉義、臺南聯繫之電報線。第二野戰電信隊附屬第二師團，將東港、鳳

〔註 55〕土居香國，〈征臺航海日乘〉，《臺灣通信協會雜誌》第 18 號，1919 年 11 月，頁 23。
〔註 56〕土居香國，〈征臺航海日乘〉，《臺灣通信協會雜誌》第 18 號，1919 年 11 月，頁 23。
〔註 57〕臺灣總督府民政局通信部，《臺灣野戰郵便電信署史》，頁 46～47、54。

山及大湖街線路連接到臺南，參與的有通信技手小倉銀次郎。當時大部分兵站電信部都在北斗以北配置，小部分在南臺灣，由東港登陸，隨第二野戰電信隊後方建立兵站線路聯繫。〔註 58〕

　　10 月 9 日，兵站電信部提理高松少佐，要求電報內容數字下需以括號重覆數字內容，括號內外數字需一致，以免出錯，並傳達命令到各通信所。〔註 59〕數字在軍情緊急中居關鍵位置，如部動指定的出發或到達某地的時間、器材人員的調動、數量等，居電報內容中的關鍵位置。

　　10 月 2 日，「南進軍司令部職員中」電信部只有少佐三村友藝與雇員一人；總督府職員表中，電信部則只有少尉佐藤信壽與雇員古川五郎等三人。但軍醫部編制人數最多，有 71 人。〔註 60〕

二、通信技手的活動

（一）大臺北地區核心電報網的建置

　　1895 年 12 月 31 日，基隆瑞芳附近「匪賊蜂起」，為滿足「討伐隊」通訊需求，以兵站式材料規格將線路延伸 35 公里到瑞芳，並開設二個通信所。這項工作由副官工兵少尉勝井藤卿、部分電信部人員搭乘火車往基隆出發，途經松山（錫口）附近，受前方「匪賊」所阻，「飛丸（彈丸）雨注」，火車無法前進，返回臺北。當晚臺北城外「匪賊蜂起」，將臺北到淡水電報線切斷，電信部派士兵 10 人，工夫與軍役若干掩護通信技手，到城外檢查並修繕線路。晚間「匪賊」結合於臺北城東南方，一部分接近東門」「放銃」，城中戒嚴。1896 年 1 月 1 日，臺北到基隆電報線搶通，除臺北到新竹電報線外，通往其它地點電報線悉被切斷，總督府文職人員亦需協助守城，淡水所長大濱砂遣所員西鄉直介冒險到臺北通報，臺北方面派憲兵數人掩護，所員土屋鏡五郎與軍夫二人沿淡水電報線檢視修繕，行至淡水江頭砲臺附近發現電線切斷處，因環境安全無法掌握，無法進行修繕而返回臺北。1 月 5 日，副官工兵少尉勝井藤卿與通信技手西鄉直介、建築技手大角信一等，隨淡水「討伐隊」經士林（八芝蘭）到關渡，並於下午在淡水河畔架設通信機，五時得

〔註 58〕臺灣總督府民政局通信部，《臺灣野戰郵便電信署史》，頁 47。
〔註 59〕臺灣總督府民政局通信部，《臺灣野戰郵便電信署史》，頁 48。
〔註 60〕《臺灣總督府公文類纂》乙種永久保存，第 33 冊，第 6 號，明治 28 年 10 月
　　　　2 日，〈南進軍職員〉，頁 39、41～43。

與臺北方面通訊。〔註61〕

　　1月2日上午，松山附近通往基隆電報線又遭切斷，副官工兵少尉勝井藤卿與通信技手西鄉直介隨「討伐隊」到錫口進行修繕，發現松山市街遭縱火破壞，「餘火未熄」，無法進入市區。同日中午於錫口附近農田中緊急架設錫口通信所，並通報原先位於市區的錫口所裁撤。負責的是技手西鄉直介，他在當日中午開始架設，並於下午五時啟用。電信機原計畫裝於軍隊占領的農田小屋，但西鄉直介接近小屋時，窗口忽伸出銃器，竹林中也有狙擊者，不得已只好在農田中架設。返回臺北後西鄉直介才發現衣服遭射穿兩處，險象環生。〔註62〕

　　當時也參與守城的戶川為吉回憶，12月27日接獲情報顯示，北部「匪首」簡大獅及文山堡陳秋菊鑑於臺北守備薄弱，準備發動攻擊。於是臺北郵便局郵便部同仁被任務編組，「腰掛日本刀，腳穿草鞋，晝夜守備」。1月1日「土匪」由古亭庄附近接近東門，他們在事務室內都還受到發銃流彈波及，幸宜蘭駐軍由基隆上岸增援才解除危機。〔註63〕

（二）基隆到宜蘭之電報線

　　1896年1月7日，開始架設基隆到瑞芳之間野戰電線工程，8日完成，隨即再進行瑞芳到宜蘭間電線架設，12日建置到貂嶺（瑞芳一處山谷），14日到頂雙溪（雙溪），並於該地設立電信通信所。從瑞芳到頂雙溪之間，「崎嶇嶙行，行路窄隘，灌木茂盛，土質黏濕，砂石礦砢」，電桿建置困難，且每逢降雨，「河流漲溢，材料搬運之困難，莫以名狀」，建置進度難期快速。1月20日，工兵大尉石山三造與建築技手石津彥之進，建置從蘇澳到利澤簡之電報線，24日抵宜蘭；29日再由工兵少尉勝井藤卿從基隆開始建置，接通蘇澳到基隆之電報線，27日開設頭圍所。〔註64〕

（三）臺灣至福建海底電纜

　　英國是最早敷設英倫海峽間電報線的國家，時間是1848年。日治初期日本雖領有臺灣，但日本在亞洲水域間的海底電纜系統猶如一家「小型私人公

〔註61〕臺灣總督府民政局通信部，《臺灣野戰郵便電信署史》，頁57～60。
〔註62〕臺灣總督府民政局通信部，《臺灣野戰郵便電信署史》（臺北：該部，1897年10月印行），頁59。
〔註63〕戶川為吉，〈今昔の感〉，《臺灣遞信協會雜誌》第48期，1923年7月，頁50。
〔註64〕臺灣總督府民政局通信部，《臺灣野戰郵便電信署史》，頁60～61。

司」的規模。〔註 65〕對於海底電纜的營運經驗，相當陌生。

圖 3　能久親王為通信技手增加月俸公文

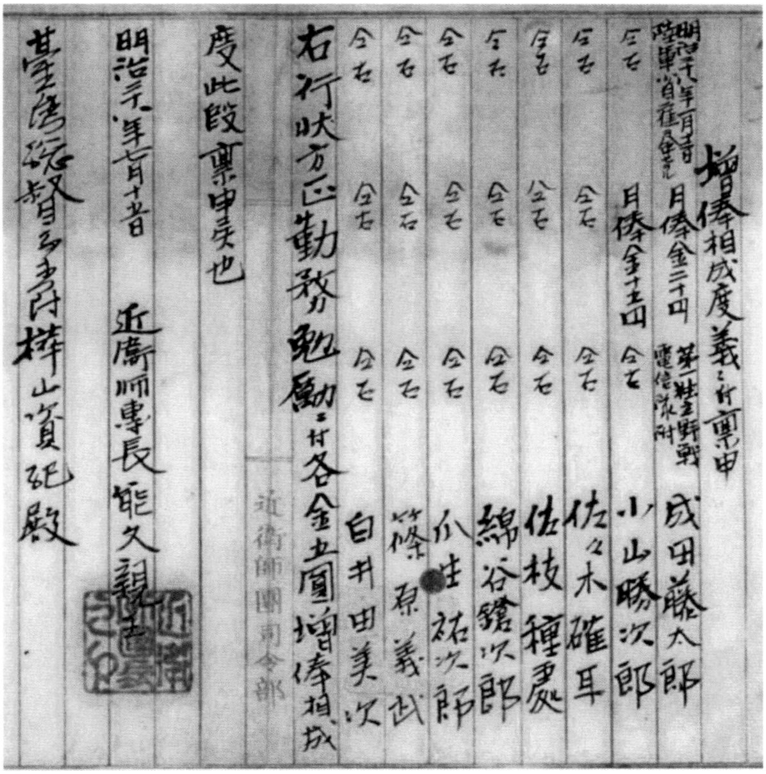
增俸相成度義ニ付稟申
明治廿八年八月十日 陸軍省 月俸金二十四 第一野戰電信隊附 成田藤太郎
仝右 月俸金十五円 仝右 小山勝次郎
仝右 仝右 仝右 佐々木確耳
仝右 仝右 仝右 佐枝種處
仝右 仝右 仝右 綿谷鐐次郎
仝右 仝右 仝右 篠原義武
仝右 仝右 仝右 白井田美次
右行吠方正勤務勉勵ニ付各金五圓増俸相成
度此段稟申候也
明治廿八年七月十八日 近衛師團長 能久親王
臺灣總督子爵樺山資紀殿

說明：戰鬥時期的 1895 年 8 月，能久親王爲通信技手增加月俸。但 1896 年後即進入另一個發展階段，到 1898 年，薪資進入相對調整期。

資料來源：《臺灣總督府公文類纂》乙種永久保存（進退），第 47 冊，第 79 號，明治 28 年 8 月 18 日，〈成田藤太郎外七名增給〉，頁 195。

清代就有淡水連接到福州的海底電纜，是領臺初期唯一能與日本通訊的海底電纜，透過清朝建置海底電纜連接尖石山，再續傳到日本，完成臺灣近衛師團與日本大本營之間的資訊往返。而早於 1870 年代，列強在中國就爭設「水線」（海底電纜），丹麥（丁抹國）大北電報公司從海參崴經日本長崎再

〔註 65〕無外，〈本邦外國電信線將來の希望〉，《臺灣通信協會雜誌》第 3 號，1918 年 8 月，頁 12。

連接上海，後來又連接至香港。〔註66〕故臺灣透過尖石山這個電報據點，可以連接到亞洲水域的國際電報網，甚至通往歐洲，其重要性在此。

1895年8月15日，淡水到福州電報故障，戰鬥中之軍報無法透過該線聯繫東京大本營及陸軍省等。總督府派古川五郎赴淡水與外國人韓森相商，他們將庫存的海底電纜線進行測試，但無法發現故障原因。後發現故障原因是海底電纜在登陸尖石山段。〔註67〕

淡水局到福州通信局最為「慎重周密」，因日本需要福州局續傳電報，態度上非常懇切有禮，但福州局的應對往往「粗暴過激」，雖要求數小時仍不予回應，總督府通信技手感到業務執行非常困難。〔註68〕

10月13日，臺灣（基隆電信通信所）到福州海底電纜電報不通，由兵站電信部副官工兵少尉勝井藤卿及淡水電信通信所長大濱砂，並雇請前文提及的洋員韓森，前往福州調查。查明該線係1887年敷設，並於1888年3月距淡水30哩處故障，原因為電線接線部「漸次緩弛，海潮侵入」。此後到三年運作正常，1890年7月距尖石山21哩處故障，原因是尖石山海岸夏秋之交，電纜隨海潮擺盪，與牡蠣貝產生「撞觸」。1892年8月距尖石山56哩處又發生故障。大濱砂等三人赴福州調查，同年10月19日返臺。而在故障這段期間，資訊傳遞的急迫性未因此稍減，故由基隆運輸通信部每日派通信船往返福州一次，傳遞兩邊收發電報訊息，也顯示日本對於資訊傳遞速度的認識與重視。10月25日，連接福州海底電纜啟用。故障期間，各通信電信所若有海外電報，則由基隆電信通信所彙整，封皮書寫「尖石山行電報」，並於每日下午五時前送達基隆所，再由通信船送往位於尖石山的「東方擴張電信會社電信局」；船舶回程時再將該局發往臺灣之電報攜回。〔註69〕

11月29日，電信部副官佐藤信壽與技術掛古川五郎、通信技手土屋鏡五郎及洋員韓森到福州督促海底電纜修理及協議電報費率計算。總督府與清朝福州電報局及福州東方擴張電信會社分別協議事項如下：（1）發往福州電報每日上午需依電報書類格式向總督府電信部報告；（2）通往福州海底電纜每月正式測試一次，並將測試結果告知對方；（3）清朝各電報局與臺灣各電信

〔註66〕宋路霞，《百年家族：盛宣懷》（臺北：立緒文化公司，2010年12月初版三刷），頁34～35。

〔註67〕臺灣總督府民政局通信部，《臺灣野戰郵便電信署史》，頁44。

〔註68〕臺灣總督府民政局通信部，《臺灣野戰郵便電信署史》，頁44～45。

〔註69〕臺灣總督府民政局通信部，《臺灣野戰郵便電信署史》，頁49～50。

通信所之間電報應以英語、法語或中國語（支那語）爲主；（4）福州電報局向來使用過多電池，造成與臺灣連結端之電位差，應與淡水電信通信所使用電壓（流）相匹配，以免造成傳輸上的困擾。古川五郎一行還拜會位於尖石山東方擴張電信會社電信局長，協議該公司所屬海底電纜工程船修複淡水與澎湖至臺灣本島間之海底電纜，得該公司之允諾。12 月 4 日，淡水到福州間海底電纜修復完成。〔註70〕

　　1896 年 1 月 10 日，鑑於淡水所辦理到福州電報較爲不便，停止淡水所「續傳」（中繼）角色，改由臺北所直接辦理收發。〔註71〕

　　1896 年 5 月統計 1896 年度歲入時，臺灣海外電報收入 16 萬 4,185 圓，全數列爲歲出，支付大北電信會社。〔註72〕在日本尚未建立與臺灣直接相連海底電纜期間，這條唯一的海底電纜必須維持清朝時期暢通的狀態，臺灣才能與日本進行電訊的交換，通信技手大濱砂在交涉中間扮演重要的角色。

（四）臺灣至澎湖海底電纜

　　10 月 20 日，澎湖島連接馬公之海底電纜建置工程，由建築手瀧山勉與士官（軍曹）鉤某等工夫搭船前往澎湖進行。11 月 1 日，瀧山勉一行至井仔按實地調查，並在一石造家屋中將電纜牽引上岸，安置通信機與電池，並能與臺南安平之間進行通訊。〔註73〕

　　11 月 2 日起，技術掛古川五郎巡視各電信通信所，同月 9 日至安平，適海底電纜爲「賊兵切斷」，海水滲入，電線「呈水氣現象」，無法使用。〔註74〕

　　12 月 6 日，尖石山東方擴張電信會社所屬工程船於距澎湖 23 哩處將海底電纜勾起，並逐段檢修。9 日發現距澎湖 20 哩、22 哩兩處電纜發生故障，因澎湖附近海域浪高，該公司要求總督府電信部提供小型船舶與人力若干支援。12 月 20 日，安平到澎湖間電纜修復完成，這條電纜在日軍占領澎湖初期曾被切斷，修復後長度從 52 海哩略增到 53 海哩，並將海底中受珊瑚蟲所蝕電纜切除並以新線更換。〔註75〕

〔註70〕臺灣總督府民政局通信部，《臺灣野戰郵便電信署史》，頁 54～56。
〔註71〕臺灣總督府民政局通信部，《臺灣野戰郵便電信署史》，頁 60。
〔註72〕《臺灣總督府公文類纂》甲種永久保存，第 68 冊，第 3 號，明治 29 年 5 月 13 日，〈郵便電信ニ關スル收入引繼及〔丁抹國〕大北部電信會社ノ所得支出方遞信大臣內訓〉，頁 18。
〔註73〕臺灣總督府民政局通信部，《臺灣野戰郵便電信署史》，頁 51。
〔註74〕臺灣總督府民政局通信部，《臺灣野戰郵便電信署史》，頁 51。
〔註75〕臺灣總督府民政局通信部，《臺灣野戰郵便電信署史》，頁 56～57。

（五）辦理公眾電報

戰鬥還在進行時，即開放辦理公眾電報業務。初始於 1895 年 11 月 12 日擬訂公眾電報章程，25 日樺山資紀總督發布臺灣電報依日本遞信省規定為之，同日陸軍局電信部要求各電信通信所辦理一般公眾電報，報告書格式依遞信省規定，並提交兵站電信部。電報費用依遞信省規定費率，但官方電報免費。免費與收費電報依收發號區別並整理。同日，陸軍局電信部與同局郵便部長協議，電報之遞送以野戰郵便局行之，區域則以各兵站管轄區域為限。〔註76〕

12 月 1 日，臺北、基隆與淡水三電信通信所開放公眾電報業務。1896 年 2 月 1 日，開放新竹、彰化、嘉義、臺南、安平、打狗與馬公等七所開辦公眾電報業務。〔註77〕

（六）人員素質

當時通信技手需能處理三種語言的編碼與解碼，三種語言指中文（漢語）、日文與英文，若再加上標點符號與略語、數字與暗語等，必須具備一定程度的學習方能擔任此職務。〔註78〕這一點與歐美電報員多數學習 1～2 種語言編碼不同。

（七）臺灣總督府陸軍局電信部之編成

這群通信技手的主關機關為「臺灣總督府陸軍局電信部」，根據該部「編成表」顯示，少佐三村友藝擔任最高指揮的「提理」，副官為少尉佐藤信壽，士兵則只有工兵前田小彌太。雇員古川五郎、大倉愼爾。馬卒 3 人與馬匹 3 隻不論，整個電信部含雇員只有 5 人。臺灣兵站電信部則有 3 名上尉（大尉）、1 名少尉、士官長 4 名（軍曹長）、士官 81 人（軍曹）及士兵 16 人。士官中只有 13 名具有軍職身份，餘為 62 名通信技手與 6 名建築技手。編成表中只配置 1 名軍醫、護理長（看護長）2 名、電報送達員（配達夫）30 人與軍（工）夫 720 名，外加其餘職務人員後共 863 人。〔註79〕

「獨立野戰電信隊」編成表有 867 人，通信技手 36 人、電報送達員（配

〔註76〕臺灣總督府民政局通信部，《臺灣野戰郵便電信署史》，頁 5253。
〔註77〕臺灣總督府民政局通信部，《臺灣野戰郵便電信署史》，頁 56、61。
〔註78〕當時就需處理發收中國漢語電報的細部計費規定，請參閱：臺灣總督府民政局通信部，《臺灣野戰郵便電信署史》，頁 53。
〔註79〕臺灣總督府民政局通信部，《臺灣野戰郵便電信署史》，頁 64～65。

達夫）8 人、士兵 82 人與上等兵 13 人，但占最多的是軍夫 700 人。〔註80〕

表 2　兵站電信部與野戰電信隊之建築與通信技手姓名暨人數

兵　站　電　信　部	野　戰　電　信　隊
建築技手（6 名）：瀧山勉、石津彥之進、渡部豐三郎、大角信一、上島正教、小野寅之進。	建築技手（3 名）：星野視敦、安田甚之助、鈴木暉太郎
通信技手（62 名）：大濱砂、小倉銀次郎、堀川義治、九里金太郎、山崎養磨、富山彌、堀和六、土屋鏡五郎、小寺鉎太郎、內田甲一郎、鈴木政一、片山節中、水神助吉、大津一郎、渡邊三知雄、速水經憲、西本荒次郎、松岡道、松岡龜雄、桑島持弘、忠隈正二、山內貞彥、小張雅之輔、中田昌幸、近藤米次、原上鼎司、武山一郎、池田平一郎、宇原整三、西鄉直介、高原萬三郎、塚原秀彥、寺田正忠、小林於菟次郎、早瀨已熊、磯矢脩治、左近允尚義、富山禎五郎、田浦勇、綠川休一、高島垣、田中三之助、村上清三郎、中川石松、篠田馬太郎、佐藤鐵彌、栗原德太郎、綾井惣次郎、山田誠道。佐藤信夫（戰死）、龜山龜太郎（病死）、薩野好之助（病死）、小山榮治（病死）、宅和藏次郎（病死）。館野三郎（後送）、河井久吉（後送）、下山鐵次郎（一名下山鐵二郎，後送）、平井鹿之助（後送）、稻垣悟（後送）。窪田幸太郎（解雇）、松村辨次郎（解雇）、朝見小三郎（解雇）。	通信技手（36 名）：吉田格永、市川三作、梯三男、木下可松、渡邊卯三郎、伊藤安三郎、宮野宮二郎、成田膝太郎、綿谷鎗次郎、瓜生助次郎、白井由美治、篠原義武、小山勝次郎、藤原七四郎、佐枝種處、岡田健吉、、建部房吉、石井得壽、瓜生友三郎、伊川重吉、松三夫、三善桂助（應爲三善桂介）、下川助定、山田駒太郎、淺岡雄佐兄、牛尾太郎、石川金造、鹿島安信（應爲加島安信）、櫻本桂次、小山榮治。（木夏）本賢吉（病死）。佐佐木確耳（後送）、山本半次郎（後送）、野村孝夫（後送）、福原庸治（一名福原庸次，後送）、田烟和吉（後送）。

資料來源：臺灣總督府民政局通信部，《臺灣野戰郵便電信署史》，頁 66～67、69。

　　兩個組織編制人員共計 1,730 人，扣除軍（工）夫 1,420 人後，剩下 310 人，其中通信技手有 98 名，建築技手 9 名，共計 107 名。而 98 名通信技手中，在 1895 年 6 月到 1896 年 3 月底之間，戰死 1 名、病死 5 名、後送 10 名、解雇者 3 名。〔註81〕由於後者者可能在臺醫治（或送返日本），也可能重返工作崗位；解雇者也可重新雇用，如朝見小三郎列入解雇名單，但在史料中發現仍於臺灣服務，故兩種類型皆不予排除。98 名通信技手扣除戰（病）死與解雇者，餘 92 名。

　　可考通信技手中，多數爲兵站電信部之通信技手，野戰電信隊可考通信

〔註80〕臺灣總督府民政局通信部，《臺灣野戰郵便電信署史》，頁 68。
〔註81〕臺灣總督府民政局通信部，《臺灣野戰郵便電信署史》，頁 70。

－37－

技手史料較少。而多數兵站電信部人員（包含各電信通信所），相當比率都在持續在臺服務，但 1898 年行政調整後去其大半。

（八）兵站電信部與野戰電信隊之間的人力流動

現存文本都是 1895 年 6 月到 1896 年 3 月底不同時間點的「靜態呈現」，如白井由美治被列在「野戰電信隊」，但也調到「兵站電信部」，只看靜態資料無法發現。由於日軍路線是先北後南、南北登陸，故「野戰電信隊」又細分爲第一、第二野戰電信隊，徒從靜態史料也不易看出。多種時間序的史料進行縱、橫向的排比，才能一窺接近眞實的動態圖像。

「野戰電信」爲軍隊附屬組織，伴隨軍隊前進，並於適宜地點架設線路與安裝設備，開設「電信通信所」。當時數十名日本郵便電信局留職抵臺、以雇員任用的人員，分別編入野戰兵站與野戰電信隊，從事軍事電報通訊工作，與部隊共同生活，處於相同的環境，罹病者頗多。〔註82〕

1896 年 3 月 31 日是「陸軍局電信部」與「臨時臺灣兵站電信部」的最後一天。因爲 4 月 1 日開始，上述兩個組織所屬通信技手（當初渡臺都是以雇員身份任用）皆轉歸總督府民政局管理，過去 10 個月的野戰通信編制也宣告結束。〔註83〕

當西方在 1870 年代電報網快速建置時，1874 年「牡丹社事件」中日軍尚無電報的建置，而是以斥候兵偵察，耳聞附近槍砲聲判定位置與狀況。〔註84〕1895 年 4 月，登陸臺灣的近衛師團長能久親王已轄「野戰電信隊」負責各單位之間電報架設與聯繫工作，這是通訊應用上很明顯的差別，並在 20 年內發生。「野戰電信隊」屬於臨時編制，下轄建築部、通信部、輸送部，並分爲南、北兩分隊（分屬），合計 234 人。從「表 3」來看，5 月底師團自澳底登陸後，6 月底一分爲二，另一批師團預計送往南部登陸，但部隊人數較少，人員北、南分隊配置「北多於南」。獨立野戰電信隊「南部分隊」只有技手 4 名（所長）、技手 12 名（通信手，內含 2 名上等兵）及遞送人（配達手）5 人，共計 21 人。這是 1896 年 6 月初的情形。〔註85〕

〔註82〕臺灣總督府民政局通信部，《臺灣野戰郵便電信署史》，頁 62。
〔註83〕臺灣總督府民政局通信部，《臺灣野戰郵便電信署史》，頁 61。
〔註84〕藤崎濟之助，《臺灣史と樺山大將》（東京：電新堂，1926 年 12 月發行），頁 437～457。
〔註85〕《臺灣總督府公文類纂》永久保存（追加），第 51 冊，第 15 號，明治 28 年 6 月 23 日，〈野戰電信隊附屬人員近衛師團申請〉，頁 184～185。

表3　「獨立野戰電信隊」臨時編制表

區分 \ 單位	北部分隊	南部分隊	計
建築部	87	56	143
通信部	歸總督府管理	21	21
輸送部	43	14	57
計	151	70	234
馬匹	38	14	52
車輛	28	10	38

資料來源：《臺灣總督府公文類纂》永久保存（追加），第51冊，第15號，明治28年6月23日，〈野戰電信隊附屬人員近衛師團申請〉，頁184～185。

（九）資訊是「隱性的武裝」

近衛師團由北往南推進，沿途以電報指揮，維持部隊運動的彈性並獲取各末端傳回訊息，決策後再以電報下達新命令。基層各部隊尉級軍官也以電報回報所獲訊息，並接受新的指示。其間，部隊也從英國領事拍發電報獲知臺南劉永福離臺及臺南社會秩序狀況，也是透過電報。進軍至新竹時，從電報得知臺南安平有五千黑旗軍官兵動態。透過電報也知道三峽方面民眾表面歡迎，實則伺機抵抗。

表4　「野戰電信隊」開設據點（1895年6月）

地點 \ 人員	局長	通訊人員	配達人	計（含局長）
基隆	1	2	2	5
臺北	1	7	3	11
淡水	1	3	3	7
新竹	1	2	2	5
彰化	1	2	2	5
嘉義	1	5	2	8
臺灣?	1	4	3	8
安平	1	4	3	8
打狗	1	4	3	8
媽宮	1	2	2	5
計	10	35	26	71

資料來源：《臺灣總督府公文類纂》乙種永久保存，明治28年6月13日，〈電信ニ關スル情況通信局長へ通知〉，頁181。

　　這些「即時」的資訊對戰場上各部隊指揮官有什麼重要性呢？首先，透過電報獲得一個戰局整體的視野、一個立體的圖像，知到自己所處的位置，該扮演何種角色。其次，各部隊接續的動向與命令，能更精準掌握與執行，甚至電報斷訊時，部隊如同失去視覺，必須等待電報線的修復。最後，資訊雖是無形的，但重要性不下於武器、人員與裝備。對部隊而言，資訊是一種「隱形的武裝」。

　　電報線沿鐵路敷設至新竹，這是南北向線路，並視需要向三峽、中壢等做橫向的延伸，形成電報網。各別部隊之間能透過電報接收到臺北方面軍事布署，知悉自己所處位置與任務角色，並能透過電報將傷患逐段後送臺北醫治。

表 5　近衛師團電報通信紀要（部分）

時間（年月日）			頁　數	天氣	摘　　要
1895	05		94～95		本隊配有獨立野戰電信隊員若干,出發時順序依序為步兵、工兵、野戰電信隊、衛生隊
	06		115		師團進駐基隆，野戰電信隊宿營於舊電信局
	06	06	121	小雨	晚間 10 時 30 分，第一旅團長透過電報要求到臺北之通信需與獨立野戰電信隊達程通訊協議，以便通訊。
	6	7	125	晴	電信隊開設錫口通信所
	6	11	133	晴	步兵第二聯隊第四中隊要吶所屬在桃園（桃仔園）到新竹間架設電線，並沿線配置步哨警戒。
	6	12	135	晴	新竹偵察隊及大料崁（大姑陷）偵察隊騎兵小隊發現桃園沿線電報線皆為切斷，電桿被拔除，鐵路受破壞。
	6	12	136	晴	野戰電信隊配有「看護長」一名
	6	13	137	晴	新竹偵察隊抵中壢,回報桃園到中壢鐵路受破壞處頗多，電桿亦同
	6	15	141	晴	英國領事以電報通告臺南府形勢甚危。淡水到新竹「電報全通」，並新設到海山口。
	6	16	144、146	晴	15 日下午 6 時，電報要其求滬尾守備隊曾我大尉於 17 日起帶領第六中隊返回臺北。電信隊在龜辰開設通信所。中壢的河村參謀大尉因電報不通無法與本鄉大尉聯繫，故暫於中壢市外紮營。
	6	18	150	晴	派遣一支隊維護臺北到新竹間鐵路與電報線路之暢通

6	19	152	晴	下午 4 點 45 分，臺北到中壢間電報全通
6	22	162	晴	縱列監視員半數支援中壢，大湖口到中壢間電報線不通
6	23	165		第二批部隊由基隆登陸，電信隊需分割為二配合南北西方向作戰
6	24	168、170	晴	桃園到臺北電報不通，部隊原地駐紮等待
6	25	171、176、178	雨	占領新竹縣，但中壢到崩坡間電報多被切斷，今早開始，桃園到臺北間電報線修復完成。準備在基隆搭船前往南部的部隊配置有獨立野戰電信隊。同日，桃園附近電報線受破壞而「寸斷」，敵方目的在阻礙我通訊。
6	27	179		淡水到臺北電報線自數日前已被切斷
6	29	184	晴	近衛師團一部預往南部登陸應英國領事要求之事，因部隊缺乏工兵與野戰病院加之飲水缺乏，已於基隆遷延數日
7	7	204	晴	上午 7 時 15 分頭亭溪電報架設完成，預估今日大湖口電報亦能架設完成
7	12	215	晴	獨立野戰電信隊放棄車輛，改由軍夫搬運器材
7	14	228	晴	軍隊野戰線是師團命脈，需保持至新竹電報線之暢通
7	16	238	晴	龜崙到海山口之間電報線需派兵保護，以免敵兵騷擾

資料來源：《近衛師團軍醫部征臺衛生彙報》（藏於國立臺灣圖書館，無版權頁）。

師團以電報調動尉級軍官的人事動向，進行細部的指揮，下達明確的日期、時間及主要命令內容。7 月 12 日，獨立野戰電信隊放棄車輛，改由軍夫搬運器材。

（十）訊息暢通可安定人心

當時臺北城內「浮說百出」，有謂艋舺街失火，有謂從三峽方面有數千敵兵來襲，城中會有內應，住民老幼遁走或前來密告者眾。電報線的暢通，能取得正確訊息，安定民心。〔註86〕1896 年 3 月，民政局長接獲來自廈門報告，謂劉永福已渡臺，總督府在對岸雇用中國人查證，有商人說在 1895 年 12 月

〔註86〕　《近衛師團軍醫部征臺衛生彙報》，頁 167。

29 日在廈門看到劉永福著粗服、頭以布纏卷，外貌似一老人云。報告中另指出臺灣「土匪」資金來自廈門，但未能查證是何官吏指示，比較可能是泉州、漳州與廈門等地臺籍紳商提供資金較有可能。又謂「土匪」等日本與俄國開戰敗後，將從臺灣島內響應。又謂日本將對鴉片課重稅，價格必昂，走私者眾，當時臺灣鴉片市價為廈門的 2 倍以上。中國人冒充外國人向廈門當地領事申請渡臺許可證明，造成臺灣取締上的困難。〔註 87〕這封報告顯示日本領臺之初，從對岸看臺灣的「廈門觀點」，通訊力的提升，可讓治安穩定，弭平潛在的各種口耳傳播，係當務之急。

圖 4　臺北城防備「土匪」來襲防守實況照片

> 說明：拍攝時間為 1896 年 1 月 1 日，當時野戰電信隊尚未解散，還
> 　　　在全島各地架設電線。照片中可以看到人員或蹲或行，動作不
> 　　　一而足。
>
> 資料來源：藤崎濟之助，《臺灣史と樺山大將》，頁 843。

但 1895 年 6 月 13 日一份致通信局長報告就提到淡水電報線不斷遭刻意破壞，有 8 公里的線路連同電桿受到「根本性的破壞」，野戰電信隊與建築隊

〔註87〕《臺灣總督府公文類纂》乙種永久保存，第 34 冊，第 14 號，明治 29 年 3 月
　　　20 日，〈劉永福渡臺ノ風說廈門通信〉，頁 242～244。

約需 4～5 個工作天進行修復。〔註88〕當時設立的電報據點請參「表4」。

「臺灣戰役」是日本登陸臺灣後最艱苦的戰鬥行動，而「兵站電信部」與「野戰電信隊」是隨軍的第一線電訊人員，負責建置軍警單位的通訊，屬於重要的技術後勤單位；他們沒有槍砲，只有電線與隨身工具，但其貢獻在日治初期就被肯定，謂其「功績豈鮮」。〔註89〕當研究者將焦點放軍警的行動或臺灣民眾與日本對抗的同時，常忽略了這一群日本最早抵臺的電訊人員及屬於他們的故事。

兩個單位的業務是一體而無法分割，「兵站電信部」是固定據點在運作，開設臨時通信所；「野戰電信隊」是在據點與據點之間建置線路，並交付臨時通信所後，繼續隨軍警架設線路。兩個單位存續的時間很短，從 1895 年 6 月到 1896 年 3 月，但在「臺灣戰役」的關鍵時刻，時間很短卻很重要，上述兩個單位提供登陸臺灣的軍警人員形成「資訊優勢」，而臺灣總督府利用與臺灣社會「資訊不對稱」的優勢而成功。立足於前人對「臺灣戰役」詳盡的基礎上，或可補充日治時期臺灣史的範疇。

抵臺的 98 名通信技手參與了總督府電報系統初建最艱苦的一個階段，而且從諸技手的履歷書來看，抵臺最初的身份都是總督府雇員，派遣都是臨時職務，隨軍事行動的進度，調動頻率很快，1896 年 4 月 1 日郵便電信局章程發布後辭去雇員，同日轉任郵便電信書記，多半在其原單位改變名稱後（如彰化通信所改稱爲彰化郵便電信局）繼續在電報部門服務。

三、各地電信通信所的開設

從北部開設隨著軍事行動擴散，初期建立的通信所則接著進行線路改建爲「國用電報線」標準，提昇訊息品質與穩定。由於通信所有數十個，各所電報量差極大，臺北、淡水與基隆所業務最重，需要數名通信技手；小的通信所可能 1～2 名通信技手即可。是以有限人力無法支援數十個通信所同時運作，故視情況進行調整，故每個通信所存續的時間長短不一。通信所附近若有需要則視情況延伸線路，以便提供資訊交換的服務。通信所

〔註88〕《臺灣總督府公文類纂》乙種永久保存，明治 28 年 6 月 13 日，〈電信ニ關スル情況通信長へ通知〉，頁 180。
〔註89〕臺灣總督府民政局通信部，《臺灣野戰郵便電信署史》（臺北：該部，1897 年 10 月印行），頁 63。

開設主要是由北而南，地域很快擴大，這與軍事行動主力由北而南的動向相符。1895 年下半年開始回頭鞏固，或把通信所進行「東西向」的延伸，兼及區域間通信所的調整移動。1896 年初則往宜蘭平原擴散，一直到蘇澳。由於野戰線路在 1 年內可以維持，一年以上則陸續受天候與非正式架設的影響，通訊品質降低或故障。故於 1895 年 5 月底到 1896 年 1 月底止（7 個月），全臺除花東地區外，已建置完成一個接近環島的電報網，這樣的建置速度，為日治時期僅見。

　　1895 年建置的通信所，少數開放民眾使用，主要位於北部。1896 年 2 月 1 日增加開放新竹、彰化、嘉義、臺南、安平、打狗、馬公等七個通信所開放一般電報業務。〔註90〕

（一）「兵站線」的規格

　　野戰電信為軍隊附屬，追隨軍隊前進，最初於適宜之地架設被覆線，開設電信通信所；並漸此改以兵站線（主以 13 號銅製裸線為主），最終是國用線標準。〔註91〕

　　都是單線收發，從臺中到臺北，需經過沿途各站續傳，效率之維持與內容之正確率，皆靠熟練的通信技手進行。是以 50 個電信通信所依當地實際情況需要而增減，也是將有限電訊人力資源有效運用的調整。

（二）「國用線」的建置

　　新竹到彰化段「國用線」於 1896 年 3 月 18 日建置完成。嘉義到他里霧（雲林縣斗南）、打狗到枋寮段「國用線」於同年 3 月 31 日完成。〔註92〕

表 6　兵站電信部各電信通信所開設時間與參與人員

項次	地　點	開設時間	結束時間	運作時間	參　與　人　員
1	基隆所	1895-06-06	轉為基隆局		堀川義治（所長，1895 年 7 月 25 日抵臺）。田浦勇（所員，10 月 26 日）
2	七堵所	1895-06-07			

〔註90〕臺灣總督府民政局通信部，《臺灣野戰郵便電信署史》，頁 61。
〔註91〕臺灣總督府民政局通信部，《臺灣野戰郵便電信署史》，頁 62。
〔註92〕臺灣總督府民政局通信部，《臺灣野戰郵便電信署史》，頁 61。

3	臺北所	1895-06-08	轉爲臺北局	富山彌、河井久吉、佐藤信夫（皆爲所員，1895 年 6 月 19 日）。村上清三郎（所員，1895 年 3 月受雇總督府）。富山禎五郎（所員，10 月 20 日）。小林於菟次郎（待命，1895 年 12 月 5 日）。
4	淡水所	1895-06-16	轉爲淡水局	大濱砂（所長，1895 年 8 月 13 日抵臺）。西本荒次郎（所員，1895 年 8 月 12 日抵臺）。左近允尚義（所員，1896 年 5 月 11 日）
5	新竹所	1895-07-10	轉爲新竹局	渡邊三知雄（所員，1895 年 8 月抵臺）。篠田馬太郎（所員，1895 年 10 月）
6	大湖口所	1895-07-10		西本荒次郎（所長，1895 年 8 月 12 日抵臺）
7	通宵所	1895-08-19		
8	彰化所	1895-08-31		桑島持弘（所員，1895 年 8 月 3 日抵臺）。西本荒次郎（所員，1895 年 8 月 12 日抵臺）。中田昌幸（所員，1895 年 9 月 2 日到所）
9	鹿港所	1895-09-10	轉爲鹿港局	
10	苑里（宛里）所	1895-09-11		
11	北斗所	1895-09-14	1895-10-31	47 天	
			1895-12-16 後轉爲北斗局		
12	南岬所	1895-10-05		
13	他里霧所	1895-10-08	1895-10-13	5 天	
14	嘉義所	1895-10-10	轉爲嘉義局	早瀨已熊（所長，1895 年 10 月 23 日）
15	莿桐巷所	1895-10-11		
16	大蒲林所	1895-10-12	1895-10-20	8 天	
17	中港所		1895-10-16	

18	布袋嘴所	1895-10-17	1895-11-25	39 天	
19	鹽水江汎所	1895-10-17	1895-11-25	39 天	梯三男（所長，10 月 9 日）
20	安溪寮庄所	1895-10-17	1896-01-17	92 天	
21	東港所	1895-10-18			
22	茅港尾所	1895-10-19			
23	鳳山所	1895-10-24	轉爲鳳山局		
24	安平所	1895-10-25			堀和六（所長，1895 年 11 月）。富山禎五郎（所員，11 月 7 日）。篠田馬太郎（所員，1895 年 11 月）
25	打狗所	1895-10-25	轉爲打狗局		大濱砂（所長，1895 年 8 月 13 日抵臺）
26	東港所	1895-11-04			
27	枋寮所	1895-12-15	轉爲枋寮局		開所者爲篠田馬太郎。中田昌幸（所長，1895 年 12 月 4 日到職）
28	臺中所	1895-12-15	轉爲臺中局		
29	恒春所	1895-12-26	轉爲恒春局		田浦勇（所長，12 月 4 日）
30	苗栗所	1895-12-28	轉爲苗栗局		小林於菟次郎（所長，1895 年 12 月 22 日）
31	（新）錫口所	1896-01-02			
32	楊梅壢所	1896-01-14	1896-02-18	35 天	水神助吉（所長，1895 年 7 月 9 日抵臺）
33	頂雙溪所	1896-01-14			
34	新營庄所	1896-01-18	轉爲新營局		
35	景尾街所	1896-01-18	1896-01-20	2 天	
36	新店街所	1896-01-20			渡邊三知雄（所長，1895 年 8 月抵臺）
37	頭圍所	1896-01-27			
38	埔里所	1896-03-31	轉爲埔里社局		
39	臺南所		轉爲臺南局		大津一郎（所員，1895 年 9 月 9 日抵臺）。田浦勇（所員，1895 年 11 月 7 日）。早瀨已熊（所員，1896 年 1 月 10 日）。小林於菟次郎（所員，1895 年 11 月 7 日）

40	蘇澳所	1896-01	轉爲蘇澳局		富山禎五郎（所長，1896 年 1 月 18 日）
41	阿公店所		轉爲阿公店局		水神助吉（所長，1895 年 7 月 9 日抵臺）
42	海山所				西本荒次郎（所長，1895 年 8 月 12 日抵臺）
43	大甲所		轉爲大甲局		桑島持弘（所長，1895 年 8 月 3 日抵臺）。
44	總督府電信辦理所	1895-06			薩野好之助、塚原秀彥（皆所員，1895 年 6 月 19 日）
45	永靖所	1895-09			中田昌幸（所員，1895 年 9 月 2 日到所）

資料來源：臺灣總督府民政局通信部，《臺灣野戰郵便電信署史》（臺北：該部，1897 年 10 月印行），頁 39～63；《臺灣總督府公文類纂》乙種永久保存（進退），第 42 冊，第 39 號，明治 28 年 6 月 19 日，〈薩野好之助外四名電信取扱所詰任命〉，頁 95。篠田馬太郎，〈今昔之感〉，《臺灣遞信協會雜誌》第 75 號，無版權頁，頁 2。

　　史料中提及各地電信通信所共有 50 處，本書統計約 45 處（請參「表6」），若再包含瑞芳到基隆設有二處則有 47 處，已涵蓋 50 處通信所的 94%。從各所開所時間與人員到任時間相比，有些比開所時間早，有些較晚，沒有固定的規則可尋。

　　上述 45 個電信通信所中，扣除總督府內無法當成一般電信通信所外，在 1896 年 4 月 1 日第一波公布的全臺郵便局共 27 處，其中 19 處是由「臨時臺灣兵站電信部」開設的電信通信所就地更名而來，比重占 70%強。

　　而未在第一波郵便電信局的七堵所、大湖口所、通宵所、苑里所、北斗所、他里霧所、中港所、布袋嘴所、東港所、茅尾港所、安平所、楊梅壢所、頂雙溪所、景尾街所、新店街所、頭圍所、海山所與永靖所等，共計 18 所，多是日軍登陸或經過城鎮，或是戰況曾經膠著的區域。這些在 1895 年都是很重要的據點，但戰役過後，即喪失第一波設立郵便電信局的區位條件。但 45 處電信通信所，在 1895 年扮演重要貢獻，在 1896 年部分蛻變爲民政局所屬的郵便電信局。這都必須從兵站電信部在戰鬥中扮演的角色脈絡延伸，才能知道臺灣郵便電信局制度的起源與沿革。

（三）各通信所開設時間

1895 年 6 月開設 4 所，最南到新竹，都是南北向，反映進軍路線。7 月開設 2 所，南到新竹，仍是南北向。8 月 2 所，南到彰化，中部往西延伸到鹿港。9 月 3 所，苑里所是往西延伸所，南到北斗。10 月開設最多，計 13 所，這是日軍從南部登陸，在北斗到打狗（鳳山）之間廣大區域設立通訊據點，通信所在數目也在這個月達到高峰，但 13 個所中有 6 個所關閉，運作時間從 5 天到 92 天不等（北斗所關閉後復開）。11 月開設 1 所（東港所），12 月開設 4 所，從彰化往東延伸的臺中所，持續往南到枋寮、恆春所，以及山線的苗栗所。

1896 年 1 月開設 8 所（包含蘇澳所），地域是從北部基隆延伸到蘇澳沿線各所，以及既有區域內因應現況增設的通信所，其中楊梅壢所（35 天）與景尾街所（2 天）運作時間不長即關閉。2 月無新增通信所記錄，3 月設立的埔里所是從中部往東的延伸據點，也是最後一個設立的電信通信所。餘尚難考出設立時間的臺南所、阿公店所、海山所與大甲所，多屬於東西向的增設據點。

綜上所述，電信通信所的設立地域而言，是隨軍事行動，先南北向，後東西向。就設立時間而言，1895 年 10 月與 1896 年 1 月是高峰，數量較多是依據日軍既有控制區域內依軍事現況需要進行通訊據點增設與調整。

1895～1896 年間，兵站電信部共開設 50 個「臨時通信所」，根據史料顯示，各地郵便電信局的電訊線路對「臨時通信所」建置線路多予沿用。[註93] 另一史料也指出，1896 年 4 月 1 日民政所屬的各地郵便電信局，截至 1897 年以前，共有 27～29 個據點，「各局電信事務室儘量以兵站電信部時期軍用電信通信所充用」。[註94] 在此趨勢下，連帶這群技手也轉任郵局各項職務，繼續在技術與通信行政部門貢獻所長，這是日治臺灣「郵政史」最前端的一段空白。

〔註93〕臺灣總督府民政部通信課，《臺灣總督府通信要覽》（臺北：該課，1901 年 11 月印行），頁 23～24。

〔註94〕藤井恭敬，《臺灣郵政史》（臺北：臺灣總督府民政部通信局，1918 年 2 月發行），頁 330。

圖 5　臺灣野戰電報線路圖

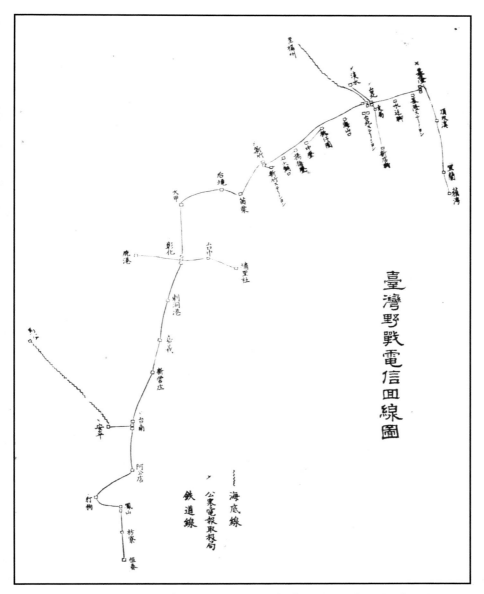

資料來源：臺灣總督府民政局通信部，《臺灣野戰郵便電信署史》，頁
　　　　　71 前「插圖」（無頁數）。

表7 野戰時期電報線統計

時　間	電線長度（公里）	通信所數	總工作天數	電報通數	每日平均
1895 年 7 月	111	10	292	14051	468
1895 年 8 月	215	21	422	28401	947
1895 年 9 月	271	25	501	43219	1441
1895 年 10 月	486	37	643	59091	1970
1895 年 11 月	486	32	802	98550	3285
1895 年 12 月	578	32	867	51467	1716
1896 年 1 月	713	45	1106	44811	1494
1896 年 2 月	713	36	1032	58446	1948
1896 年 3 月	776	36	1086	76193	2540
計			6751	474229	

資料來源：臺灣總督府民政局通信部，《臺灣野戰郵便電信署史》，頁 70 後統計表（無頁數）。

小　結

　　從 1895 年 6 月開設第一個電信通信所開始到同年 9 月初之間，陸軍有自己的雇員，民政部則配合軍方電報線路的維護，電報指揮體系並未統一，甚至是有一點混亂。9 月初開始，土居通豫抵臺後，兵站電信部才逐漸成爲整合的唯一電訊單位。

　　1895 年 6 月時，可能只有 30 餘名通信技手在臺灣，8 月開始快速增加，最後才有 98 名的規模。在時間序列上，通信技手是陸續由日本抵臺，逐漸擴充到各通訊據點，而不是一次到位。

　　兵站電信部負責固定據點的運作，野戰電信隊在初期未分立，但在登陸臺灣後即分爲南、北兩分隊，但因軍事行動尙在北部地區，南部地區的戰鬥行動尙未展開，南部分隊的通信技手十分缺乏。但 1895 年 9 月以後，更多的通信技手抵臺，野戰電信隊也分爲隸屬近衛師團與混成第四旅團的「第一野戰電信隊」與隸屬第二師團的「第二野戰電信隊」。

　　這一年也可看到通信技手大濱砂固守淡水所，赴中國大陸協議海底電纜事宜。通信技手西鄉直介在北臺灣冒險建置電訊線路，開設臨時通訊據點。通信技手九里金太郎的領臺第一份電報調查報告等，顯示領臺的第一年，電

訊設施在幾位資深的通信技手的努力下，維持各方面通訊的需求。

　　對第一線戰鬥行動而言，各級指揮官透過電報獲得一個戰局整體的視野、一個立體的圖像，知到自己所處的位置，該扮演何種角色。其次，各部隊接續的動向與命令，能更精準掌握與執行，甚至電報斷訊時，部隊如同失去視覺，必須等待電報線的修復。最後，資訊雖是無形的，但重要性不下於武器、人員與裝備。對部隊而言，兵站電信部雖然是後勤單位，提供的資訊卻是「隱形的武裝」，價值無法估量。

　　通信技手共有 98 名，但《署史》提及的人名事蹟不多，更進一步的探討將於下一章進行。

第三章　通信技手之分析

　　臺灣總督府的編纂資料指出，領臺初期不斷擴張的電訊事業所需人力，多從日本引進，並充實基層據點。但因「領臺日淺，對本島事情未詳」，加上日本電訊業就職容易，故很少希望抵臺就職者，故於 1897 年 11 月在東京招募自主培育的電報學員，以免影響電訊的正常運作。〔註1〕

　　臺灣總督府最初的通信教育始於 1897 年 11 月，在日本招收 24 名學員，並委託東京郵便電信學校代訓，當時職銜是「電氣技術員」，類同於通信技手，並於 1898 年 6 月抵臺服務。當時總督府民政局通信課派速水經憲前往日本將這批技手帶回臺灣，並分配臺灣各局，教授歐文電報的收發。〔註2〕而速水經憲就是第一波抵臺的 98 名通信技手之一。

　　同年 8 月制定「臺灣總督府電氣通信技術養成規則」，培訓期程訂為六個月。中間多有更迭，因與本書主題無直接關係，故略。但 1910 年代後期，所培訓人員仍無法滿足各局的需要，便將培訓期程由一年縮短為半年，並以實務技術練習為主。〔註3〕這顯示在 1895 年 6 月到 1898 年 6 月期間，臺灣總督府的電訊人材皆靠日本既有人力，因此第一波抵臺的通信技手，應具有開創性的特殊意義。

〔註1〕藤井恭敬，《臺灣郵政史》（臺北：臺灣總督府民政部通信局，1918 年 2 月發行），頁 290。

〔註2〕〈通信技術生〉，《臺灣日日新報》第 15 號，明治 31 年 5 月 22 日，2 版。

〔註3〕鈴木生，〈通信教育上に現る難問題〉，《臺灣通信協會雜誌》第 10 號，1919 年 3 月，頁 1～2。

第一節　電訊人材培育的背景

　　日治時期的電報稱爲「電信」、「電報」、「通信」等皆有，而通信的範疇太廣，舉凡電報、電話、郵務、匯兌、儲蓄等，在日治時期都屬於郵便電信局的業務，臺灣總督府在日治初期培育上述領域相關人材所需設備不足，又因涉及不同智識與技能，課程太多難以安排。入學年齡訂在 15～24 歲間，教育程度差異很大，有的報考學員不具備一般常識，有的則傾向高深理論之研究，教授上的水平難期劃一。學員入學年齡喜理論而輕技術，特別是對「慣例技術」的蔑視，兩者要並進頗爲困難。世界經濟逐漸整合，英語的學習對日本人與學員而言，有學習上的困難。〔註4〕

　　但在現實人力供需上，訓期只有半年到一年，想面面俱到係不可能，現實中最重要的課程是實務技術與法規的嫻熟，這都不是高深的理論或技術，故遷就實務需求的結果，難免有「填鴨教育」（注入教育）之弊，未顧及學員對課程理解的深度與沉澱的速度。其次是無法講求「倫理教育」，致分發後面對金錢業務時，受到誘惑，獨立自尊的人格養成，如何在半年到一年間能養成並內化？論者以爲在訓期內透過師生相處與晤談，在亦師亦友，以及「笑談歡語」的氛圍中內化、涵養學員的職業價值。〔註5〕

　　由上可知，日治前期試圖自主培訓電訊人材的努力，與日本行之有年的人材培育環境相比，還有一段落差。而且半年訓期培育的人才，分發各地三等局服務，還需在職場上進入第二階段的實務訓練（約八個月），以具備未來晉升一、二等局服務之學能。〔註6〕這與第一波抵臺電信技手能馬上擔任線路架設、修繕與開（關）電信通信所等獨當一面的專業落差很大。

　　在臺灣總督府通信局服務的水間位彥以爲，「人是事業活躍的源泉，離開『人』就沒有事業的存在」，臺灣電訊事業不斷擴展，業務呈現幾何學的增加，但從業人員只能有代數的增加，人員的素質高低，特別重要。但南國臺灣的氣候因素，與日本平均人力效能相比，臺灣每人負擔電報量爲 775 通，日本爲 935 通（1916 年數據）。水間位彥歸於「氣候風土」因素造成業務效率的落

〔註4〕鈴木生，〈通信教育上に現る難問題〉，《臺灣通信協會雜誌》第 10 號，1919年 3 月，頁 2～3。

〔註5〕鈴木生，〈通信教育上に現る難問題〉，《臺灣通信協會雜誌》第 10 號，1919年 3 月，頁 4～5。

〔註6〕鈴木忠次郎，〈通信從事員養成に就いて〉，《臺灣通信協會雜誌》第 4 號，1918年 9 月，頁 18。

差。〔註7〕第一波抵臺的通信技手，面臨的是相同的局面。

（一）第一波抵臺通信技手在日本的養成過程

養成期超過一年，加上見習，多在一年半到二年之間，其教育目的是全面性的，而不是以培養能立即「上線」的電報員爲滿足。在 98 名通信技手中，亦有在未進電信寮以前就修習數年英語者，有中學校畢業者，資質不低。待進入電信寮（或修技校）畢業後分發，在基層又擁有長期實務歷練，對其所學有足夠時間加以吸收及轉化。

兵站電信部技手多於明治初期進入電信寮修技校（工部修技校）就讀，需就讀三年，由修技生三級到一級，接著並無法直接擔任技手，而是實習技手（技手見習，不列入年資計算），也需從三級到一級，這段時間較短，約 1～2 年才能擔任十等或九等技手，而每升一等原則約爲 1 年，亦有 2～3 年者。期間 1885 年 12 月 22 日工部省廢除，由遞信省承繼其業務，故無論在工部或遞信省服務，差異不大。而技手擔任數年後可擔任通信書記，故基本上都歷練過基層技術實務，並兼有處理電信業務的能力。這個「外勤轉內勤」專業養成階段，從修技生到獨當一面的電信局長（或支局長），至少都要 10 年以上時間。

但初期抵臺的通信技手，其養成都在 1870～1890 年之間，對於電報的硬體與業務運作方式非常熟悉，但對於較新引進的電話則較爲陌生，這是世代的侷限。

電報從業員需強迫自己記憶摩斯電碼表，非英語系國家人員還需另外適應本國文字的編碼表，並在受訓期間反覆被教導、測驗，以適應電訊設備的作業方式。這段養成期間約半前到一年，基本上，編碼的教授是「乾燥無味」，教授者需確保品質，也要避免學習者產生倦怠。訓練學員的過程，還需發掘在這方面具有天份的學員。〔註8〕電報業務需整合聽覺、觸覺與視覺三種知覺與腦部的協同運作，故電信音響機能強化並確認從業者操作時的認知強化，確認發收各碼的正確性。而當作業需要快節奏與高資訊流量時，正是培訓的困難，也是壓力的根源，而且不是每個學員都適合這一份工作。

〔註 7〕 水間位彥，〈本島通信事業の立體的側面概觀〉，《臺灣通信協會雜誌》第 1 號，1918 年 6 月，頁 15～16。

〔註 8〕 石原生，〈如何にして練習生を養成すべきか〉，《臺灣通信協會雜誌》第 17 號，1919 年 10 月，頁 7。

最初抵臺的通信技手多爲日本在職申請「留職」的遞信省郵便電信書記，以臺灣總督府「雇員」身份抵臺，並分別編入野戰與兵站電信部從事軍事通訊工作。日治初期野戰電信隊有 36 名通信技手，兵站電信部有 62 名通信技手，從 1895 年 6 月到 1896 年 3 月（10 個月）間，這 98 名通信技手從宜蘭到屏東共開設 50 個電信所，而戰死的只有佐藤信夫 1 名，病死 5 名、後送 10 名、解雇 3 名，罹病人數比戰死人數還要多。生病或後送的原因是這群技手與軍隊共同生活，「攀峻嶺、涉險河、露風雨、曬烈日、飲田水、食粗粒」，甚至休息只有布片覆面以防蚊螫。他們抵臺屬夏、秋之季，降雨造成後龍以南至彰化數十條溪流漲溢，雖能搭渡船過溪，但徒涉場合亦不少。特別是渡過大甲溪時因「奔湍激流」，個人攜竹杖，由於水位深度及胸，故彼此相扶，免遭衝散，致弄濕衣物，燥濕無常，釀病者多矣。總督府特別爲電信隊出版專書，提醒讀者除了注意軍隊表現外，莫忘這群「功績豈鮮」的通信技手。〔註 9〕但這也證明通信技手面臨的工作環境、公共衛生問題，可能不下於戰鬥行動中的傷亡。

（二）從軍郵到民郵

早於 1896 年 2 月 5 日，就派技術掛古川五郎爲辦理民政部電信事務組織，赴東京辦理。同年 3 月 31 日，陸軍局電信部與臨時臺灣兵站電信部等兩個組織結束，轉爲民郵組織；原屬雇員身份的近百名通信技手，轉移由民政局管理，臺灣野戰電信編制亦告結束。〔註 10〕

（三）從職務名稱變革看日本電報系統初期的建置

1885 年 12 月 22 日，工部省廢，遞信省成立，原屬工部技手職稱改爲電信書記（判任官），但還是技術人員而不是業務人員。1890 年 7 月遞信官官制廢、制定郵便及電信官制，局長稱爲郵便局長或電信局長，技手職稱也改爲郵便書記或電信書記。〔註 11〕

日本 1870～1890 年間，郵政與電信是分途發展，由電信寮、工部自行招考人員進行培訓，從他們的經歷可以看出，郵務與電報合一後的郵便電信局組織是在這 20 年間逐步完成的，因爲郵務與電報的特性彼此互補且相近。故

〔註 9〕臺灣總督府民政局通信部，《臺灣野戰郵便電信署史》，頁 62～63、69～70。
〔註 10〕臺灣總督府民政局通信部，《臺灣野戰郵便電信署史》，頁 61。
〔註 11〕《臺灣總督府公文類纂》乙種永久保存，第 373 冊，第 14 號，明治 32 年 3 月 14 日，〈元非職郵便電信書記水神助吉恩給請求〉，頁 195～196。

通信技手經過 10 年以上的外勤技術部門養成與歷練後，才可能轉型為郵便電信書記，接任獨當一面的二或三等郵便電信局長。

日本明治維新後的電報發展經驗是先有硬體建置，後有通訊據點開放業務，然後有內勤業務人員之需要，接著是內外勤的工分與培育。最早是工部技手，接著是遞信技手，兼電信書記，1899 年 7 月地方遞信官制廢除，郵便及電信局官制發布，改任電信局電信書記或郵便電信局郵便電信書記。

（四）臺灣總督府在 1898 年的行政變革及影響

1898 年總督府預算大為削減，必須設置更多三等局並裁撤部分二等局，稱為不得已的「一刀兩斷」，該年節約經費為 27.2 萬圓。在此之前，電報業務雖開放民眾使用，但虧損依舊，1896 年虧損 29 萬圓，1897 年虧損 45 萬圓。〔註12〕在收支平衡的調整下，連帶第一波抵臺通信技手在 1898 年離退數據出現顯著變化，故一方面節省的人事開支，另一方面則造成高素質電報人力資源的流失，可謂利弊互見，亦為決策時的兩難。由於這群專業電報技術人員年資已高，薪俸也增加，多在五級俸以上；加上日本電報業務仍處於蓬勃發展，對於人力需求亦感迫切，而早於 1898 年行政調整以前，即有部分人員主動請辭（非疾病因素）回到日本繼續生涯規劃。既因戰爭需要而協助總督府建置最初的電報系統，也隨著戰爭告一段落後離開臺灣，返回日本職場。

1898 年後續留臺灣的通信技手，因政策是朝節約預算的方向前進，持續進行俸給、機關編制人數之調整，造成通信技手實質收入減少，降低於臺灣服務之誘因。其應變多先申請「留職」，並返回日本另覓工作機會。由於這些人年資多超過十五年，俟其新職確定後，便向總督府提出辭呈並申請恩給。

（五）日本的就業市場依舊存在

日本於 1885 年 12 月設立遞信省，並取代原來的工部，電報事業不斷擴張，1891 年陸線長度為 11,329 公里，逐年都是遞增，到 1897 年達 20,180 公里，1901 年 25,038 公里。在電訊據點與業務不斷擴張的發展趨勢中，人力與物力都無法滿足需求。〔註13〕第一波通信技手抵臺前，就參與了這個電訊擴

〔註12〕藤井恭敬，《臺灣郵政史》（臺北：臺灣總督府民政部通信局，1918 年 2 月發行），頁 284、292。

〔註13〕時吉殘月，〈趣味としての電信（四）〉，《臺灣遞信協會雜誌》第 21 號，頁 9～10。

張的階段；抵臺後不論因何種因素離開，返回日本後，這個就業市場的需求，依舊存在。

圖 6　大津一郎薪俸改敘文件

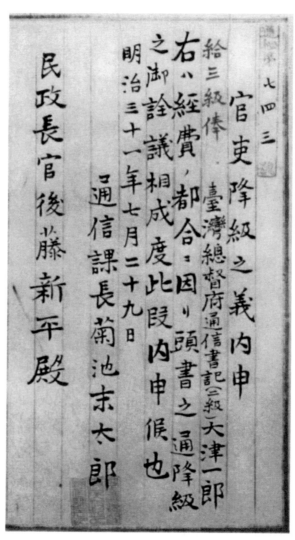

説明：日治初期的電報收支無法相償，爲縮減支出，降低薪資成本，故 1898 年將大津一郎由二級俸降爲三級俸，影響所及，該年不少兵站通信部技手離退或返回日本另覓新職。

資料來源：《臺灣總督府公文類纂》乙種永久保存（進退追加），第 343 冊，第 5 號，明治 31 年 7 月 31 日，〈通信書記大津一郎降級〉，頁 5。

（六）抵臺的職務安排

1895 年初開始陸續有兵站電信部的通信技手編成，但尚未到臺灣登陸，同年 5 月底登陸時，通信技手陸續抵臺。多數技手在日本已有多年服務經驗，參與軍方編制是向原服務機關辦理「留職」手續加入，待 1896 年初陸續請辭日本之職務，專任臺灣總督府派遣之工作。另外，1895～1896 年間抵臺的技手，薪資都較原工作職務要高，起薪依其在日本月俸及年資，任總督府雇員月俸約在 25～40 圓之間。這還不包含 1896 年 2 月以敕令發布的〈臺灣總督府職員加俸支給規則〉，月俸基本上加給 3/10，隨服務年資愈長，加給比例愈高。這個加俸是一項誘因，但無法在史料中證明是吸引通信技手在臺服務的絕對因素，但對總督府人事支出成本的增加應是確定的。

（七）職等與勤務

技手都是屬於總督府技手，派駐各機關則為其「勤務」而非本職所在，在當時總督府、郵局與電話交換局之間流動，並視需要而調動。抵臺前的通信技手，在日本都歷經職務由「電信書記」變更為「郵便電信書記」；服務機關從電信局（分局）變更為郵便電信局。但其本職仍為技手，書記為兼職。抵臺後本職才由雇員改為郵便電信書記，且配合 1896 年 4 月 1 日總督府郵便電信局相關規定的生效而實施，1898 年總督府進行一波郵便電信事業改革與行政調整，很多通信技手在這一波調整中離退，象徵一個世代的階段性結束。

一般而言，這群技術人員銓敘職務為「臺灣總督府郵便電信書記」或「臺灣總督府一等郵便電信局技手」，派駐局各異，但銓敘職務不變。由於這群技術人員本由技手歷練而升至郵便電信書記，除少數改為「一等局技手」外，多數擔任「郵便電信書記」。雖然職稱為書記，但早期養成多在外勤基層技術中歷練，對工務、業務均有一定程度的專業熟練度。

（八）輪調（互調）制度

日治初期電信書記全島輪調即有之，1899 年 5 月大津一郎（通信書記）由澎湖局調臺北局，江夏榮之由臺東局調鳳山局，大浦嘉門由大甲局調臺東局，落合清吉郎由彰化局調大甲局，涉及五人的四方輪調。〔註14〕同年 9 月

〔註14〕《臺灣總督府公文類纂》永久進退保存，第 458 冊，第 46 號，明治 32 年 5 月 30 日，〈通信書記大津一郎外三名轉勤〉，頁 168。

臺北局大津一郎與淡水局山本半次郎互調。〔註15〕調動的考量面向有數種：
（1）基於業務上的需要，調動具備能力與經驗的人力支援新增業務或硬體建置，如某地開辦電報業務，需要有經驗的人力，這一類在日治初期很多；
（2）熟悉各局業務特性上的差異，不論平調或互調，在同一局等內調動皆屬之；（3）由三等局到一等局，一等局業務最複雜，調到一等局有助於歷練的增加，調動形式可能是互調、單調或涉及兩局以上的調動皆屬之。

（九）恩給金制度

「官吏恩給法」於 1890 年 6 月公布，規定文官判任以上退職者依此規定有申請恩給之權利（第 1 條）。申請標準需符合服務滿 15 年以上，並同時滿足下列要件之一，就可申請終身恩給。(1) 年齡 60 歲以上獲准退職者；(2) 傷痍或疾病不堪職務獲准退職者；(3) 組織或職務調，停職期滿退職者（第二條及各款）。〔註16〕從上觀之，抵臺通信技手多數未滿 60 歲，因為組織調整停職期滿者也不多，多數是以瘧疾與腦神經衰弱不堪職務申請離退者眾。以 98 名通信技手在日本服務的平均年資，要符合 15 年並不難，再根據同法第 10 條規定，文官從軍之年資可加倍計算。

恩給金計算公式方面，服務 15～16 年之間，依最後在職年俸乘以 60/240，第 16 年開始，每年增加 1/240 的計算比率，至多四十年（第 5 條）。第 8 條規定，停職與留職的日數也可併計服務年資，退職後再任官者，其年資亦可計算。〔註17〕以多數通信技手在日本已服務 11 年為例，只要在臺灣服務 2～3 年（含 1895～1896 年從軍年資加倍計算，在臺灣服務年資加計 1/2），就可達到申請恩給金的門檻，這或許是吸引日本通信技手抵臺的誘因之一。

通信技手申請「恩給」後，可以在政府其它電訊單位繼續服務，依其年資可再申請恩給金的異動，固申請恩給金是滿足最低申請門檻，對生涯規劃沒有影響，是一種職務上的保障；申請者可以二度就業，不代表退休或永遠離開專業職場。

〔註15〕《臺灣總督府公文類纂》永久進退保存，第 466 冊，第 39 號，明治 32 年 9 月 29 日，〈通信書記大津一郎外一名轉勤〉，頁 187。
〔註16〕臺灣總督府民政部通信局，《臺灣現行通信法規（上）》（臺北：該局，1906 年 10 月發行），頁 136。
〔註17〕臺灣總督府民政部通信局，《臺灣現行通信法規（上）》（臺北：該局，1906 年 10 月發行），頁 136。

圖 7　市川三作之恩給證書

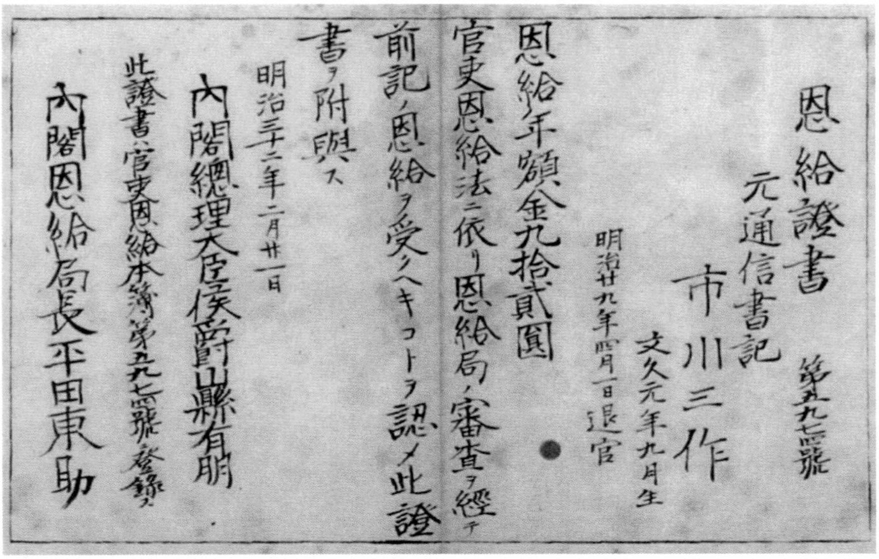
恩給證書　第五九七三號
元通信書記
市川三作
文久元年九月生
明治廿九年四月一日退官
恩給年額金九拾貳圓
官吏恩給法ニ依リ恩給局ノ審査ヲ經テ前記ノ恩給ヲ受クヘキコトヲ認メ此證書ヲ附與ス
明治三十二年二月廿一日
內閣總理大臣侯爵山縣有朋
此證書ハ官吏恩給本簿第五九七三號ニ登錄ス
內閣恩給局長平田東助

資料來源：《臺灣總督府公文類纂》乙種永久保存，第 375 冊，第 23 號，明治 32 年 8 月 23 日，〈元非職郵便電信書記市川三作增加恩給請求〉，頁 402。

技手依法離退可依〈官吏恩給法〉及施行細則，實際服務年資 15 年（含）以上者，得向日本政府申請每月或每二個月支領的「恩給金」與一筆單次支付的慰勉金或名目接近的獎金。「恩給金」的金額係根據在職年資並依恩給計算公式得之。在臺灣服務之年資可以「加算」二分之一。核定後由內閣給予當事人恩給證書，本人死亡後，其遺族仍可請求「扶料」，算是對於當事人的保障。在通常情況下，每年恩給金分四月、七月及十一月的一日發放。通常技手請辭時，因行政程序需確任其服務年資，戶籍謄本、醫師診斷書需彙整，時間可能需 1～3 個月，而當核定通過後才確定請辭生效，但當事人可能在行政程序期間已離臺、病故或轉地治療。

實務上，多數通信技手的恩給金計算公式多在 60～65/240，核定金額約爲在職年薪的 1/4。年資更久或職等較高者，計算公式可達 70/240，會比 1/4 要多一點，接近 1/3 的程度，但擁有這樣際遇的技手很少。故申請恩給的通信技手返回日本後，勢必另覓工作，若因在臺服務期間得到重症（如瘧疾、腦神經衰弱症等），若再加上子女較多等條件，僅靠恩給金贍養全家，毋寧是辛苦挑戰。

（十）勳 等

技手多因參與戰爭得到「瑞寶章」，服務期間因其表現可再獲數枚勳等不一的「瑞寶章」。一般而言，參與日治初期的通信技手，危險性高，但薪俸較日本高，勳獎、獎金機會較多，升遷也較速，這是風險與報酬間的平衡。1910年代後較長一段時間，即使是參與「五年理蕃計畫」的電訊人員，也沒有如此的機遇。

（十一）升 遷

日治初期抵臺的薪資較在日本高，這是普通現象，另外從技手升為技師的年限也較短。小寺銓次郎升技師經過 7 年。從技手晉升為技師，也是從判任官升為高等官，除要理論與實務表現外，還需經過總督府高等試驗委員的「銓衡」（銓敍）通過方可。對日治初期未有大學相關科系學歷的技手而言，晉升技師是對其專業能力的高度肯定。

（十二）經驗豐富

多由工部或遞信省九等或十等技手開始，並有擔任通信或郵便書記之經驗，抵臺以前平均有 10～15 年實務工作經驗，年齡約 30～35 歲，工作經驗與人生閱歷均有一定累積，加入兵站電信部時，多為其最年輕菁華的階段。如堀川義治 36 歲抵臺前有 13 年在大阪地區服務經驗，並擔任過該地電信課管理係長與電信支局長。因其經驗豐富，故 1895 年 7 月 25 日抵臺後即擔任基隆電信通信所所長。多數兵站電信部通信技手由一、二等局局長推薦擔任各三等郵便局或由郵便電信局長。

（十三）獎 懲

1897 年 7 月 18 日，蘇澳局郵便電信書記河井鍊藏因發送電報因計算費用錯誤，受到總督府書面「譴責」，河井鍊藏說明當天因「音信輻湊」，且兼負責櫃臺業務，繁忙中遺忘所致。〔註18〕1898 年 7 月 8 日，大津一郎因辦理電報費用加徵時，誤判音信數，少徵 5 錢，受到總督府的書面「譴責」。〔註19〕1897 年 4 月 26 日，臺北局郵便電信書記橋本良五辦理臺中局發送，經橋本良

〔註18〕《臺灣總督府公文類纂》乙種永久保存，第 146 冊，第 36 號，明治 30 年 9 月 14 日，〈郵便電信書記河井鍊藏譴責〉，頁 388。

〔註19〕《臺灣總督府公文類纂》永久進退保存，第 567 冊，第 3 號，明治 33 年 5 月 1 日，〈大津一郎外十七名郵便電信局長二轉任命令〉，頁 21。

五續傳（中繼）的匯兌電報，目的地是基隆局。誤將「受理時間」塡入「發送時間」欄位，造成 33 天的延遲才被發現，是辦理業務上的「粗漏」。同月22 日，成田藤太郎（時任彰化局郵便電信書記），將臺中局發往臺北局的匯兌電報「中繼信原書」遺失。同月 22 日，高島垣（時任彰化局郵便電信書記）同樣將匯兌電報的「中繼信原書」遺失，皆屬於職務上的「疏漏」，故於同年8 月給予三人書面「譴責」。〔註20〕

　　這種細節的查核屬於電報事務上的「必須」，但各種電報書類整理起來，份量十分龐大，大到一一對照原件成爲一種繁重的工作。各種查核的結果顯示，最多的是徵收費用計算錯誤，但電報從業人員爲此已傾注全力，如能簡省手續或從源頭加以確認，將能節省更多人力資源，專注在電報核心業務上。〔註21〕這裡顯示制度設計雖屬必須，但人力、經費有限情況下，過猶不及之間的拿捏，都還有討論的空間。

　　成田藤太郎解釋當時因「電報輻湊」，器械室裝置未完備，可能於強風襲來時，造成電報書類「飛散掃滅」；但對於該封電報原書的遺失過程，則「毫無記憶」。〔註22〕由於電報傳送無形的資訊，其運作要透過有型的書類工作加以管理，由於收發電報眾多、塡寫欄位細瑣，處理書類繁複，工作性質本身也是快節奏的工作，也是工作壓力的來源。

（十四）疾病類型

　　「瘧疾」固不必論，日治初期電訊人員不少因長年過勞與壓力得到「腦神經衰弱」。「加答兒」是指一種黏膜發炎的症狀，通常爲慢性長期累積，可發生在身體任一有黏膜的器官上。

第二節　十項參數的分析

　　本節根據通信技手的籍貫（出身）、進入職場的平均年齡、抵臺前的工作年資、抵臺前的工作經歷、抵臺後的經歷、抵達（離開）臺灣之年齡、離退原因、在臺服務年資、獎懲記錄與家庭成員概況等十個項目進一步探討。

〔註20〕《臺灣總督府公文類纂》乙種永久保存，第 146 冊，第 26 號，明治 30 年 6月 25 日，〈郵便電信書記橋本良五、成田藤太郎、高島垣譴責〉，頁 282。
〔註21〕無外生，〈偶感〉，《臺灣通信協會雜誌》第 11 號，1919 年 4 月，頁 30。
〔註22〕《臺灣總督府公文類纂》乙種永久保存，第 146 冊，第 26 號，明治 30 年 6月 25 日，〈郵便電信書記橋本良五、成田藤太郎、高島垣譴責〉，頁 286。

一、籍貫（出身）

70 位可考通信技手中，可考籍貫與出身（士族或平民）者有 36 位（請參閱「表 8」），百分比爲 51%，似可略爲歸納。可考 36 名中，士族出身者有 22 名，占 61%；平民出身者只有 7 位，占 19%。其次就地域而言，東京府最多，有 15 位（占 42%），數據顯著；餘皆爲 1～3 位，無特別明顯地域分布，顯示陸軍省與總督府徵聘雇員之來源廣泛，似無地域之特殊性。

但就日治初期日本人抵臺地域分析，九州占 34%（1897 年數據），位居第一。〔註 23〕通信技手係一種專業技術人員，在可考史料中，似無廣泛地域集中的特性。東京府人數較多，應與該府都市化程度較高。

這些通信技手出生於 1850 年代後期，到 1870 年代初期，明治維新初期這群技手剛出生或 10 餘歲，在一個士族傳統俸給逐漸瓦解、平流競進的社會中，基層技術人員是一個生涯發展選項。

二、進入職場年齡

所謂進入職場年齡係以擔任「工部十等技手」或「遞信十等技手」年度爲開始（不包含先前就讀修技校的時間）。在可考 28 名通信技手中（請參閱「表 9」），最早擔任技手的是 1875 年的渡邊三知雄，最晚的是 1894 年的篠田馬太郎、村上清太郎與田中三之助等三人。而 1880 年到到 1890 年代是日本快速擴散電報網的年代，他們適逢其盛，參與了當時快速發展的年代。其次，通信技手最密集的時間集中在 1879～1883 年，1879 年 5 人，1881 年 1 人，1882 年 8 人與 1883 年 4 人，共計 18 人，占可考技手 28 名的 64%。故參與「臺灣戰役」的通信技手，其養成時間多在 10 年以上，且參與日本電報建置快速發展的起步階段，不是資淺或甫自學校畢業的初任技手。

28 名可考技手平均進入職場年齡爲 20.6 歲，最年長的是 1882 年初任技手的桑島持弘（26 歲），最年輕的是 1883 年初任技手的早瀨已熊（14 歲）。初任技手年齡的早晚與後來職場發展無必然關係，而與其工作表現及態度有關。雖然本書只有 28 位技手初任年齡的統計資料，但略可看出 1880 年代初期，初任技手平均年齡有略爲降低的趨勢，似反映電報網快速擴張，人力資源供給不足的趨勢。

〔註 23〕〈雜報〉，《臺灣協會會報》第 13 號，1899 年 10 月，頁 59。

三、抵臺前工作年資

可考 28 名技手中（請參閱「表 10」），服務年資最長的是渡邊三知雄的 20 年，最短的是篠田馬太郎等三人的 1 年，平均服務年資爲 11.7 年。雖然有 42 名通信技手抵臺服務前年資尚待查考，但從其抵臺後的敘薪、俸等與可考工手相比較後，推測整體通信技手抵臺前服務年資數據應該還會高於 11.7 年。故總督府徵聘的通信技手，多半具備 10 年以上的服務經驗，屬於熟練的基層電訊技術及業務人員。技術與業務的嫻熟，相爲豐富的人生閱歷與常識，較能適應戰場瞬息萬變的突發狀況，完成預定的任務。

四、抵臺前工作經歷

71 名可考的通信技手中，有 32 名具備較爲詳細的工作經歷（請參閱「表 11」），扣除戰（病）死者，有 45%的通信技手可供分析。首先，抵臺前工作經歷有如下數點的共通特徵：

（1）32 名資料較爲詳細的通信技手中，有 21 名畢業自修技校（該校爲工部電信局自主培育人材單位），占 65%強，顯示其專業養成之一致性。其餘雖未寫明是畢業自修技校，但要在 1860～1880 年代之間擔任工部十等技手者，多半是畢業自修技校，故實際數據應該更高。

（2）畢業後多自工部十等技手見習開始任職，逐年考核並晉升至更高的職務（最高到七等技手），以數年的時間，歷經數個不限特定地域郵電據點的調動，由於不同電訊據點的區位條件、文化習性各異，服務地點的調動有助於學習並累積內、外勤實務之經驗。

（3）伴隨日本 1880 年代遞信省取代工部，以及職務分工的需要，這群技手多半兼任郵便電信書記（或電信書記），這又從外勤轉向內勤的業務歷練，故這群技手是「內外兼修」，這一點是日本引進電報後人材培育的演變過程。由於本書並未進行細緻的電訊人材培育的跨國比較研究，但美國電報發展過程中，女性電報員的比率逐年增加，但此點在這群技手中未曾出現；而且美國的女性電報員不必歷練外勤的基層技術工作，但這群通信技手卻從外勤走向內勤，具備更紮實的能力與專業訓練，故能適應領臺初期的工作環境與要求。

比較特殊的部分亦有三點：

（一）部份具備戰場經驗

多數的通信技手缺乏戰地電報作業之經驗，32 名通信技手中，只有 7 位在抵臺前有參與戰爭之經驗（分別爲佐枝種處、籐原義武、綿谷鎗次郎、成田藤太郎、市川三作、白井由美治與田中三之助），他們於 1895 年 1 月受聘爲陸軍省雇員，當時甲午戰爭主要的陸、海戰皆已結束，主要戰場在遼東（4 月簽定馬關條約）；部分通信技手在抵臺前，即參與過中國大陸戰場的戰鬥行動，具有戰場上的電報經驗。

（二）抵臺前擔任過分局長與局長

32 位通信技手中，有 7 位在日本擔任過局長（或分局長），小寺鈺次郎的名子經常出現在《臺灣野戰郵便電信署史》一書中，卻未提及他在日本擔任藤枝電信局長（二等局）；朝見小三郎擔任過高崎郵便電信局長，還自修通過律師考試及格；渡邊三知雄擔任過稻荷山電信分局長、撫養電信局長；後來在臺灣升任技師、擔任過臺南局長的速水經憲，在抵臺前就擔任過釧路電信局長（三等電信分局）。西本荒次郎在日本更擔任過二等電信局長，田浦勇也擔任過福島郵便電信局長（二等局），小林於菟次郎也擔任過能代電信局長、宮古電信局長。上述通信技手在一般記錄中都只被視爲總督府雇員或通信技手，低估了兵站電信部人員的素質。至於其餘擔任過各局係長、掛長或課長等資歷者尚多，甚至參與電日本基層電訊人才培育、電訊據點建物的設置或管理財務者，更毋庸贅述。

（三）難以估計的經驗資產

他們歷經的是日本電報引進快速擴散的前 20 年，這個階段電訊管理組織從工部轉爲遞信省，據點則由電信局（含分局）、郵便電信局（含分局）等各種因地制宜的彈性建置，他們的職務則從技手，兼通信書記、郵便電信書記，並逐漸負擔更重的職務，晉升到地方電報體系的中級管理階層。他們參與的經驗與見證是無形的資產，相當程度日治初期郵務與電訊結合的建置，是受到日本經驗的影響，並透過這群通信技手來落實。

五、抵臺後工作經歷

「臨時臺灣兵站電信部」的運作雖然只有 1 年（實際上是 10 個月），但 98 名技手中，有 70 名有資料可考。他們在「臺灣戰役」告一階段後，多數仍在臺灣服務，歷練包含一到三等郵便電信局長、各局課長（掛長）、各課

財務收支官吏與各種技術、建築委員會委員等職務。活動地域則涵蓋臺灣全島，參與了日治初期郵便電信局組織建構與運作的過程。由於 1896 年 4 月 1 日郵便電信局架構的法令頒布，這群通信技手到 3 月 31 日前仍在各電信通信所服務，但隔日（4 月 1 日）各電信通信所就轉化為各地的郵便電信局；他們的職務也從通信技手轉為通信書記（或郵便電信書記），展開另一階段的職業生涯。

這 98 名通信技手是日治初期電訊建置的「核心技術群體」，雖然有研究指出，日本在第一次世界大戰以前，勞動力的流動率極高，具有轉換工作崗位的調控能力；但研究論點也指出工會發展受到國家政府力量的壓制。[註24] 但其探討的是金屬工業部門的工匠與師父，對於電訊這個日本政府掌控的產業部門而言，個人專業與經驗的累積是最好的調控能力，也是決定薪資的根本。加上工作的異動都要檢附個人具名填寫、鉅細靡遺的「履歷書」、「保證書（保證人）」甚至是「保證金」，又提高了工作轉換的門檻。另外，電訊部門是明治維後的新興產業，其發展與幕府時期其它產業、組織無延續關係；一位資深的通信技手歷經 10 年的發展後，其工作為國家重點發展項目，薪資與年資是聯結在一起的。基於上述三點，電訊技術人員轉換工作屬性的比重不高，也不是隨時能在開放勞動市場中取得的，他們應屬於「低流動性的專業技術工作者」。

（一）特殊經驗

由於職務歷練的累積，這群通信技手逐漸擴大專業的參與層面與人材培預。如速水經憲兼任總督府電氣通信技術傳習生師資，土屋鏡五郎在基隆局服務期間參與海底電纜工程，大濱砂到福建調查尖石山電報業務，山田誠道擔任臺灣總督府國語學校電信科教務工作，宮野昇太郎調查臺東到屏東之建置山線電報線路之可能等，皆為特殊經驗。

（二）抵臺後的人員配置

臨時臺灣兵站電信部可分為內勤的兵站電信部與野戰電信隊兩個分支，但在人事經歷資料中發現隨著日軍在南部登陸，野戰電信隊也有「第一獨立野戰電信隊」與跟隨登陸南臺灣的「南進軍」附屬「南部電信隊」之分，兵

〔註24〕〔美〕凱瑟琳・西倫（Thelen, K.）著、王星譯，《制度是如何演化的：德國、英國、美國和日本的技能政治經濟學》（上海：上海人民出版社，2010 年 8 月第一版第一次印刷），頁 142。

站電信部亦同。加入「第一獨立野戰電信隊」的有白井由美治、籐原義武、成田藤太郎、綿谷鎗次郎（兼該隊建築部長）。加入「南部電信隊」的只有梯三男。但還有更多只記載編入野戰電信隊而無法區分是「第一獨立野戰電信隊」或是「南部電信隊」。組織的分立與人員配置及交流，在那一年部分頻繁，部份久任。一般而言，加入「野戰電信隊」的成員平均年齡較輕，約在 20～30 歲；而經驗較多，年齡多在 30 歲以上的通信技手，則多配置在各電信通信所服務，經驗愈多者，派駐的電信通信所多為重要的據點，如淡水所、基隆所或臺北所等。

（三）擔任局長（分局長）的比率

　　堀川義治擔任過苗栗局長（二等局），小倉銀次郎擔任過澎湖局長與鳳山局長，大津一郎擔任過艋舺支局長與三角湧局長（三等局），高原萬三郎擔任過瑞芳局長（三等局），白井由美治擔任過關帝廟局長（三等局）與阿里港局長（三等局），福原庸次擔任內埔局長（三等局），佐枝種處擔任過萬丹局長（三等局長），九里金太郎擔任過淡水局長，速水經憲擔任過基隆局長、臺北電話交換局長與臺南局長（一等局），內田甲一郎也擔任過臺南局長，片山節中擔任過枋寮局長與彰化局長，水神助吉擔任過枋寮局長與彰化局長，堀和六擔任過澎湖局長，原上鼎司擔任過彰化局長，佐枝種處擔任過屏東萬丹局長（三等局），市川三作擔任過璞石閣局長（二等局），篠田馬太郎擔任過噍吧哖郵便電信局長（三等局）與玉井郵便局長（三等局），中川石松擔任過枋寮局長、石光見局長，早瀨已熊擔任過臺東局長與基隆局長，小林於菟次郎擔任過北斗局長（二等局）、埔里社局長、瑞芳局長與金瓜石郵便局長。以上擔任過局長的有 20 位，占可考通信技手 70 位中的 29%。而這些技手抵臺前，只有 7 位在日本具備擔任局長（分局長）資歷，抵臺後擔任局長的人數增加，機會也增加。而抵臺後未擔任局長（分局長）的通信技手，也有擔任基層主管的經驗，如各局代理局長、電信掛主任、電信係長、電信課長、郵便局財務官吏與建築事務監督等（請參閱「表12」）。

　　其次，雖然這群通信技手受到重視，但擔任局長職務的 20 位中，多數是在基層的三等局，即便是二等局也是當時較為偏遠的地點（苗栗與花蓮玉里）。而能擔任重要二等局或一等局長者，時間多在 1900 年以後，故對這群通信技手而言，戰爭雖然結束，但他們仍於基層電報據點貢獻所長。

（四）臺灣與日本三等局的差異

日本與臺灣三等局制度淵源有別。日本局等之分始於 1886 年，是一種與日本各地方家族或有名望之士結合的「經費承包制度」（經費請負制度）。政府的考量是節省經費，同時能普設基層郵電據點，地方三等局被認為是「半官半民」或「地方家族」的事業。臺灣的三等局始於 1898 年，「寒村僻地」的三等局伴隨殖民政策與營運風險，其責任輕重與日本三等局有異。三等局長是「本島施政上的功勞者」。若一人在臺則思念家人，感嘆命運；若家眷相隨，則就學就醫多所不便。一、二等局人員可「各自榮達」，三等局員多年伴隨「孤燈瑩雪」，多年服務卻無物質上的安慰，這三等局員難期永續的「最大原因」。〔註25〕

再就服務地域而言，如同最初電信通信所從蘇澳到屏東的分布，在郵便電信官制實施後，他們也廣泛分布在全臺各電報據點，並擴及兵站電信部時期未達的花東地區。而部份通信技手一年內被調動 2～3 次支援需要的據點，部分通信技手久任某一地區，這部分的探討將結合通信技手個人生涯的部分，在後面的章節中呈現。

（五）升遷機會與發展侷限

這群通信技手多畢業自修技校，最高學歷為中學校畢業或小學校高等科，甚至更低。因其非大學工科畢業，不具備擔任更高職務所需的學歷門檻，故能升任技師者很少。在可考史料中只有二位晉升技師，一位是小寺銇次郎晉升為民政部通信局通信技師，另一位是速水經憲升任通信事務官補（技師），占 70 位可考通信技手的 2.9%；若以全 98 位通信技手計算，則為 2%。顯示多數的通信技手都在各局電信課擔任課長、掛長或係長，這是他們專業職務發展的侷限。雖然如此，不代表他們薪俸不高，相對而言，他們的平均薪俸因為年資長，多數薪俸都在判任官五級俸（含）之上。五級俸是臺灣通信技手或郵便電信書記發展的一個瓶頸，能在五級俸以上，表示年資與能力都受到一定的肯定。

（六）轉換跑道的可能

電力應用從明治時期迄今，不斷推陳出新的結果，使得電訊人員的專業

〔註25〕 無外，〈三等局員優遇問題論〉，《臺灣通信協會雜誌》第 7 號，1918 年 12 月，頁 2、4～6。

層次持續擴充、細化與專業化。而電學相較土木工程，在日治時期雖分出電機與電子，但仍屬於新興領域，雖然影響可能不若土木工程，但仍有著龐大的技術專業人員。是以在一個蓬勃發展的產業部門中，這群技手並不存在整體電訊產業萎縮的問題，故相對離開電訊部門的通信技手很少。史料中只發現朝見小三郎轉任雲林法院書記（抵臺前就取得律師資格），渡邊卯三郎轉任澎湖小池角公學校教諭（後兼該校校長）。村上清三郎因具有大阪中學校畢業資格，轉任臺灣總督府稅關吏（嘉義東石港稅關）。朝岡雄左兄轉任鐵道部技手，後晉升至二級俸（1918 年）退職並申請恩給。以上計有 4 人，在 70 名可考通信技手中只占 5.7%弱。因此，通信技手這份電訊的基層技術工作，養成期漫長，成為資深通信技手後，尋求更高的晉升機會與轉換跑道同樣不易。

六、抵達（離開）臺灣之年齡

在可考資料中，陸軍省於 1895 年 1 月及 2 月雇用若干通信技手，投入甲午戰爭中的戰鬥，但當時日軍尚未登陸臺灣。1 月雇用的白井由美治當時 22 歲、佐枝種處 24 歲、野村孝夫 18 歲；3 月雇用的村上清三郎 25 歲、田中三之助 25 歲。但日軍登陸後的 1895 年 7 月初開始，雇用的通信技手年齡多在 25～30 歲以上，25 歲（含）以下只有篠田馬太郎一位（23 歲），反居少數。

可考的 31 名通信技手中，抵臺平均年齡為 31.7 歲，離開臺灣平均年齡為 41.3 歲，平均每人在臺灣服務 9.6 年。這等於把通信技手生涯中最富思辨與處理事物、技術各方面最純熟的十年付出於臺灣。而 31 名通信技手會留下較為詳盡的資料是因為在臺灣服務期間較長，人事檔案較多。更多的通信技手在臺灣服時間很短，將在接續的部分進行探討。如加上這些技手的年齡計算，離開臺灣的平均年齡應該還會下降。

根據研究指出，通信技手開始學習最適合的年齡為 15～16 歲，發展到 20～25 歲為「優秀」程度，而最成熟的技術約在 25～30 歲之間。〔註26〕以此觀之，第一波抵臺的通信技手平均年齡是 31.7 歲，正處於專業生涯的高峰階段。

另外就各通信技手抵達臺灣的時間點分析，最早有在臺灣服務的通信技手有 5 人，1895 年 6 月 19 日，薩野好之助、塚原秀彥在總督府電信辦理所任

〔註26〕AB 生，〈女子電信技術員の適否を論ず〉，《臺灣通信協會雜誌》第 8 號，1919 年 1 月，頁 5。

職，同日富山彌、河井久吉、佐藤信夫等在臺北電信辦理所服務。當時似未有「電信通信所」的組織名稱。同月 23 日，上述五人都被編入獨立野戰電信隊任補助員，這是六月的記錄。〔註 27〕

再根據《臺灣》第 7 號所載，領臺初期遞信部長爲九里金太郎，部員有薩野好之助、富山彌、佐藤信夫、河井久吉、松村辨次郎、忠隈正二、塚原秀彥、高原萬三郎與窪田幸太郎等共計 9 人。〔註 28〕這份名單與 1895 年 6 月份抵臺通信技手有多人重疊，故這記錄應屬於 1895 年 6 月記錄，也是第一批抵臺的通信技手。

7 月份有 4 名技手抵臺；8 月份最多，有 13 位技手抵臺，如大濱砂、速水經憲等，部分在日本擔任過局長（分局長）的資深電報從業者。9 月份 2 位，10 月增加 6 位。由於只有 31 名技手的資料，不具有全面的參考性，但至少證明 98 名通信技手抵達臺灣的時間不是一次到位，而是隨戰況進展，持續在日本招募，每次從宇品港（廣島港）到基隆下船的船客中，都有可能是新報到的通信技手，並很快被配置到戰鬥序列中。

七、離退原因

通信技手離退原因可分爲家庭因素、停職、自行請辭、疾病與另覓他職等五類。

（一）家庭因素

有 2 位，分別是內田甲一郎與岡田健吉，只占可考通信技手（共 55 位）的 3.6%。

（二）停（休）職

包含高原萬三郎因涉遭判刑而停職，以及佐藤鐵彌（基隆局）「素行屢受誡諭，未有改善之狀」處以停職；中川石松擔任石光見局長任內因「職務不熱心」遭停職；池田平一郎因行政調整，停職滿三年請辭並申請恩給金；加島安信 1906 年因編制縮編而被命令休職等，共計 5 位，占 9%。停（休）職

〔註27〕《臺灣總督府公文類纂》永久保存，第 42 冊，第 39 號，明治 28 年 6 月 19 日，〈薩野好之助外四名電信取扱所詰任命〉，頁 95；永久保存，第 42 冊，第 66 號，明治 28 年 6 月 23 日，〈富山彌外四名電信隊補員任命〉，頁 130。
〔註28〕〈領臺當時の幹部職員〉，《臺灣》第 7 號，無版權頁（藏於國立臺灣圖書館），頁 51。

者可能再度任用，故僅以各通信技手最後一次停（休）職者為限。

（三）另覓他職者

包含近藤米次於 1896 年 10 月返回日本任職，左近允尚義於 1897 年 2 月返回日本擔任郵便電信書記，牛尾太郎 1897 年返回日本任職警政單位等，計 3 位，占 5.5%。

（四）自行請辭

這部分不包含因病自行請辭者，多數是因 1898 年總督府進行組織調整，通信技手在調整前多半薪俸較高，調整後發展受限，遂主動或配合行政請辭。請辭的技手有 14 位，占 25%。其中 1898 年請辭的有經驗豐富的大濱砂、綠川休一、田浦勇等。就總督府立場而言，這些技手薪俸已高，調整可立即降低人事成本。另一方面，損失的是幹練的電訊人力，需考量人力調度與自主培訓電報人員的選項。不管選擇那一項，都是兩難。

（五）因病請辭

包含病危與病故者，這部分最多，有 30 位，占 55%強；若再加上登陸初期病死者後，百分比還會再略為升高。這顯示隨日軍登陸臺灣的通信技手，健康狀況亮起了警訊，過半的技手都受疾病的困擾。疾病多數不是遺傳或宿疾，部分通信技手醫師診斷書還提到抵臺以前「身體健壯」等。疾病的最大宗為瘧疾（30 位中有 7 位），這種病又分急性與慢性，急性隨即致命，但有的不會馬上發作，可能轉為中、長期的慢性瘧疾。而罹病的技手仍可繼續工作，不會馬上請辭，可能先安排返回日本的「轉地治療」，但總督府電訊人員有固定的編制人數，不可能讓長期讓一名技手「轉地治療」，在評估無法短期康復後，可能命其留職，另覓替代人選。如技手水神助吉 1898 年 8 月因病申請留職，中間都在接受治療，到 1901 年 1 月病危，治療至少二年餘。

罹病的技手若已服務滿十五年，尚可申請恩給金（依服務年資核定，約為年薪的 1/4 到接近 1/3），因為疾病治療需要醫療的開銷。如果年資未達申請恩給標準的技手罹病，又負責全家的開銷，便可能陷於窘困。因此總督府對於表現良好而不幸罹病的技手，除了法定的恩給金外，也會視其病況發展（假設病危時），發放勉勵金或提升敘等；前者給予立即的援助，後者有利於恩給金的計算。

史料中通信技手罹患疾病種類有瘧疾、腳氣病、腸窒扶斯（傷寒）、腦神

經衰弱症、腦充血、痔瘡、肺尖加答兒、腸胃加答兒（註：加答兒是一種黏膜組織發炎症狀，不特定在身體那一部位）等，其中部分疾病會併發（或誘發）其它疾病，例如成田藤太郎是腳氣病併發心臟內膜炎等。

　　1910 年代，日本各公司派赴南洋等「不健康地」的員工，得每三年一次，或五年兩次，享有一年返回日本靜養的待遇。論者以為臺灣是否為「不健康地」尚難斷言，臺灣的第一線電報從業員因過度疲勞造成體力耗損，易得包含瘧疾等傳染病，這不獨從臺灣特有風土氣候與「瘴氣性」來解釋，且 1916 年死亡類別調查中，瘧疾仍居首位，占所有死亡者約一成餘。當初法國開鑿巴拿馬運河時，投入巨資，聞因瘧疾無法控制而放棄。美國接手後大幅改善衛生環境，加設紗網，在沼澤投入石灰。臺灣電訊空間的標準衛生設備，尚有強化空間。〔註 29〕

　　直到 1910 年代後期，臺灣的瘧疾給日本的印象是「因為臺灣很熱，流行期罹患瘧疾者，死亡率十之六七」，並勸人不要到臺灣服務或考察。〔註 30〕初始，對瘧疾的致病因認為是「夏秋之交，頗多疾病，始則瘧疾未成，日夜皆熱，週身難得自然。迨瘧疾已成，或每日一次，或兩日一次，或三日一次。」各地情況不同，有的地方如淡水，「街庄人民十室之中約染其五」。〔註 31〕而瘧疾的醫學研究，到 1900 年以後才有更清晰的輪廓，「確是由毒蚊所致」。〔註 32〕

　　根據 1920 年代初期統計，通信界（電報業）健康的比率只有 60%，最易罹患的是腦神經衰弱，並開始注意到各局從業人員的身心調適與活動安排。〔註 33〕但這在 1895～1896 年間的臺灣是不存在的課題，不變的是任務仍需完成，但健康問題尚未受到整體性的重視。疾病與臺灣環境有關，日治初期臺灣與南洋被視為「不健康地」，加上通信技手的勞動條件可能降低免疫力，因此罹病，而罹病累積到一定程度又造成不堪職務履行，兩者相互影響。

　　通信技手願意抵臺的動機不明，但客觀效益有二：（1）在臺服務年資可以加倍計算（以從軍計），有利年資的累積；（2）總督府以雇員招致技手的月

〔註 29〕時吉殘月，〈電信現業の消極的負擔輕減と現業員の健康を論ず（下）〉，《臺灣通信協會雜誌》第 14 號，1919 年 7 月，頁 2～4。
〔註 30〕岩陽，〈臺灣に來たま〉，《臺灣遞信協會雜誌》第 27 號，頁 46。
〔註 31〕〈瘧疾何多〉，《臺灣日日新報》第 1012 號，明治 34 年 9 月 14 日，4 版。
〔註 32〕〈預防毒蚊〉，《臺灣日日新報》第 1097 號，明治 34 年 12 月 26 日，3 版。
〔註 33〕波平恒教，〈現業員の健康と能率〉，《臺灣遞信協會雜誌》第 51 號，1923 年 10 月，頁 41。

薪爲 15～35 圓之間（視專業與經驗，甚至到 40 圓以上），高於技手在日本工作的月薪。但 98 名通信技手抵臺後，不少人受臺灣特有風土病與傳染病所困，這是報酬與風險間平衡的代價與結果。

八、在臺服務年資

可考 53 位通信技手平均在臺服務只有 7.8 年（請參閱「表 15」），短於通信技手抵臺前有 11.7 年的工作年資。而 70 名通信技手中，有 17 名在 1898 年離開職務，占 24%。

另外，在臺任職超過 4 年（含）以上的人數有 25 位，占 70 位可考通信技手的 36%；服務三年（含）以下的有有 28 位，占 40%。整體而言，兵站電信部的通信技手在 1896 年最直接的戰鬥結束後，久任臺灣服務的比例不高，一因衛生環境與條件不足，造成罹病率增加；二爲 1898 年的行政調整，造成另一波離退潮。而兵站電信部服務最久、也是末代通信部通信技手的爲篠田馬太郎，從 23 歲服務到 63 歲，在臺年資高達 40 年，並長期擔任玉井郵便局長，是野戰時期的「末代技手」，服務年資爲 98 名通信技手中最長者。

九、獎懲記錄

獎勵多半是 98 名通信技手參與「臺灣戰役」（總督府史料稱爲「明治二十七、八年戰役」）而來，又可分爲獎金、從軍記章與勳章等，後兩者可以佩戴在身上，是難得的榮譽，表彰當事人對國家的貢獻。勳等則多爲勳八等，在此以上多爲年資較高，在日本服務時即獲得；或 1898 年後持續在臺服務，參與日俄戰爭、八國聯軍或西來庵事件等，或在其專業領域有長期投入且有相當表現者。高原萬三郎曾獲勳八等白色桐葉章；大濱砂在日本已獲勳八等瑞寶章，「臺灣戰役」又得勳七等青色桐葉章。因「臺灣戰役」得到勳等的通信技手計有 14 位，占可考 40 位技手中的 35%，除大濱砂在日本曾獲勳等外，餘 13 位都因參與「臺灣戰役」獲得勳等。次等的是獲得「從軍記章」，這也是可以佩戴在身上的榮譽表徵，計有 12 位得到從軍記章，占 30%，其中有 5 位亦領到勳等或桐葉章，這是因爲勳等的認定較爲嚴格之故。最末等是獲得獎金，計有 17 位（獎金一次頒發，金額從 30～100 圓不等），占 42%，與從軍記章及勳等可以兼得，互不抵觸，例如福原庸次因參與「臺灣戰役」，除獲勳八等外，亦得從軍記章，也有獎金 50 圓。而就整體 98 名通信技手而言，

獲頒獎金的機會有限，得到「從軍記章」不易，勳等更難。但相較承平時期，參與戰爭是獲得勳等榮譽的機會。

而獲得勳等與個人日後在職場的就業保障與競爭力無直接關聯，前述福原庸次雖獲勳等，卻長期在基層擔任電信書記，到請辭該年才晉升三等局長。

獎勵的另一面是懲處。由於電報高度仰賴通信技手的手腦並用，當訊息流量大時，不免忙中有錯。業務上違失類型多半為「短徵電報費用」、「毀損郵票事後意圖遮掩」、「誤判電報內容」、「續傳電報原件遺失」與「數字誤植」等，計有 11 位，也是占可考 40 名技手的 28%，要得到獎勵與懲處的比例略為相等。其中因工作表現欠佳而遭停職者居少數，如佐藤鐵彌「素行屢受誡諭，未有改善之狀」遭停職外，多數是受到書面譴責，少數誡告與罰俸。而譴責最多的是中川石松的 4 次（另處以停職記錄一次），山善桂介在一年內受 2 次譴責、1 次告誡。再如田浦勇獲從軍記章，但也因處理郵務規定受譴責，顯示 20 世紀引進臺灣的電訊工具帶來空前未有的速度，也伴隨衍生的規定與約束，要求電訊人員配合、適應這種速度所衍生的管理制度與書類業務工作。這與電話接線生、電報操作員緊張、快速的工作節奏，並與腦神經衰弱等疾病接近是有相關性的。人既引進速度，也受速度的制約，因為電報員不是機器，但卻被要求像機器一樣運作，並給予獎勵或懲罰來強化速度的落實。

十、家庭成員狀況

可考 24 名通信技手中，平均每人有 3 名子女。其中子女最多的是後來因監守自盜服刑七年半的高原萬三郎，他有 9 名子女。後升任技師，擔任過臺南局長（一等局）、通信事務官補的速水經憲也有 8 名子女。

只有通信技手的戶口謄本會揭露家庭成員資訊，而戶口謄本只有在申請恩給金時需要檢附，扣除戰（病）死、未達申請年資、以中途轉回日本發展以及因病（事）轉地治療或留（停）職的通信技手，會留下戶口謄本史料的技手很少，這是史料的侷限。

寺田正忠在日本年資很長，抵臺時幼子二歲，1896 年 12 月就因病請辭返回日本，當年薪級已經是二級俸（年薪 600 圓）。小林於菟次郎在 1897 年也是二級俸，幼子於 1896 年 6 月出生，他於 1895 年 10 月 21 日抵臺，離開日本時妻子可能懷孕 2～3 個月。在臺服務期間，未有生育子女記錄。早瀨已熊在 1895 年是單身赴臺，1901 年（32 歲）結婚，富山禎五郎雖於 1886 年（27

歲）結婚，但 1895 年抵臺時幼子出生剛滿三個月。田浦勇也是單身赴臺，1896 年（37 歲）結婚，1898 年請辭，未有生育子女記錄。田中三之助 1888 年結婚（17 歲），支身赴臺，住在各郵便局所屬宿舍，1913 年因病請辭時，幼子只有 1 歲。朝見小三郎 1895 年 7 月抵臺，但同年 1 月長男死亡（2 歲），同年 9 月長女過繼他人（5 歲），同年 11 月次女死亡（出生 2 天），在所有通信技手中，家庭變故幅度最大。水神助吉 1895 年抵臺時獨生女 2 歲，其後在臺染病，期間未生育子女，1901 年 1 月病危。

　　他們共通的特徵是無論已婚或未婚，多數是一個人在臺灣服務，家庭中有較小的子女，戶籍都在日本而不在臺灣。萬一罹病無法勝任職務，有限的恩給金將成爲家庭僅有的收支來源。多數的通信技手家庭型態都是核心家庭，三代與兄弟之間同戶的較少。這顯示當通信技手支身在臺時，妻子可能需獨自負起子女教養的責任。抵臺工作雖然初期薪水較高，年資也可加算 1/2，戰爭期間年資更可加倍計算。對照得與失之間，每名通信技手都有自己的考量與適應的方式。通信技手雖然一人在臺工作，但卻牽動了整個家庭。

表 8　通信技手的籍貫（出身）統計

籍貫（出身）	人　數	姓　　　名
東京府士族	10	速水經憲、西本荒次郎、原上鼎司、桑島持弘、田浦勇、早瀨已熊、小林於菟次郎、寺田正忠、高原萬三郎、朝岡雄左兄、
三重縣士族	1	小寺銈次郎
群馬縣士族	1	大津一郎
山口縣士族	2	宇原整三、福原庸次
愛知縣士族	1	佐枝種處
德島縣士族	1	渡邊三知雄
靜岡縣士族	2	大濱砂、市川三作
福井縣士族	1	梯三男
福岡縣士族	1	篠田馬太郎
鹿兒島縣士族	1	富山禎五郎
長野縣士族	1	野村孝夫
東京府平民	3	綿谷鎗次郎、村上清三郎、石井得壽、
大阪府平民	1	堀川義治

香川縣平民	1	白井由美治
石川縣平民	2	水神助吉、中田昌幸
東京府	2	成田藤太郎、田中三之助
靜岡縣	1	宮野昇太郎
金澤市	1	木下可松
長崎縣	1	堀和六
富山縣	1	山田誠道
愛知縣	1	池田平一郎
尚無法考者	34	小倉銀次郎、朝見小三郎、九里金太郎、內田甲一郎、片山節中、土屋鏡五郎、**薩野好之助（病死）**、小張雅之輔、忠隈正二、松岡龜雄、山內貞彥、下山鐵次郎（後送）、近藤米次、山崎養磨、岡田健吉、籐原義武、**佐藤信夫（戰死）**、渡邊卯三郎、栗原德太郎、佐藤鐵彌、中川石松、高島坦、綠川休一、磯矢脩治、左近允尚義、塚原秀彥、西鄉直介、富山彌、吉田格永、加島安信、山本半次郎、牛尾太郎、下川助定、山善桂介
計	70	

資料來源：根據「附錄」製成。

表9　通信技手進入職場時間統計表

時　間	人數	初入職場年齡（任工部十等技手或遞信十等技手）
1875 年	1	渡邊三知雄（21 歲）、
1877 年	1	大濱砂（20 歲）
1878 年	1	高原萬三郎（19 歲）
1879 年	5	宇原整三（20 歲）、朝見小三郎（18 歲）、速水經憲（22 歲）、水神助吉（22 歲）、寺田正忠（22 歲）
1881 年	1	小寺銈次郎（21 歲）
1882 年	8	堀川義治（23 歲）、西本荒次郎（25 歲）、桑島持弘（26 歲）、梯三男（20 歲）、市川三作（21 歲）、田浦勇（23 歲）、中田昌幸（22 歲）、加島安信（16 歲）
1883 年	4	大津一郎（18 歲）、富山禎五郎（24 歲）、早瀨已熊（14 歲）、小林於菟次郎（17 歲）
1885 年	2	原上鼎司（17 歲）、池田平一郎（16 歲）
1892 年	1	白井由美治（19 歲）
1893 年	1	佐枝種處（22 歲）

1894 年	3	篠田馬太郎（22 歲）、村上清三郎（24 歲）、田中三之助（23 歲）
未可考進入職場時間者	42	內田甲一郎、片山節中、土屋鏡五郎、小倉銀次郎、九里金太郎、薩野好之助（病死）、堀和六、小張雅之輔、忠隈正二、松岡龜雄、山內貞彥、下山鋮次郎、近藤米次、山崎養磨、岡田健吉、籐原義武、佐藤信夫（戰死）、綿谷鎗次郎、宮野昇太郎、成田藤太郎、渡邊卯三郎、木下可松、山田誠道、栗原德太郎、佐藤鐵彌、中川石松、高島坦、綠川休一、磯矢脩治、左近允尙義、塚原秀彥、西鄉直介、富山彌、吉田格永、山本半次郎、野村孝夫、牛尾太郎、下川助定、朝岡雄左兄、山善桂介、石井得壽、福原庸次
計	70	

資料來源：根據「附錄」製成。

表 10　通信技手抵臺前工作年資

年　資	人數	姓　　名
20 年	1	渡邊三知雄
18 年	1	大濱砂
17 年	1	高原萬三郎、
16 年	5	朝見小三郎、速水經憲、水神助吉、宇原整三、寺田正忠
14 年	1	小寺銓次郎
13 年	8	堀川義治、西本荒次郎、梯三男、市川三作、田浦勇、桑島持弘、中田昌幸、加島安信
12 年	4	大津一郎、富山禎五郎、早瀨已熊、小林於菟次郎
10 年	2	原上鼎司、池田平一郎
3 年	1	白井由美治
2 年	1	佐枝種處
1 年	3	篠田馬太郎、村上清三郎、田中三之助
抵臺前工作年資未可考者	42	松岡龜雄、山內貞彥、下山鋮次郎、近藤米次、山崎養磨、岡田健吉、籐原義武、佐藤信夫（戰死）、綿谷鎗次郎、宮野昇太郎、成田藤太郎、渡邊卯三郎、木下可松、塚原秀彥、西鄉直介、富山彌、吉田格永、左近允尙義、磯矢脩治、綠川休一、高島坦、山田誠道、中川石松、栗原德太郎、佐藤鐵彌、薩野好之助（病死）、堀和六、小張雅之輔、忠隈正二、內田甲一郎、片山節中、土屋鏡五郎、九里金太郎、小倉銀次郎、山本半次郎、野村孝夫、牛尾太郎、下川助定、朝岡雄左兄、山善桂介、石井得壽、福原庸次
計	70	

資料來源：根據「附錄」製成。

表 11　通信技手抵臺前經歷

項次	姓　名	抵　臺　前　經　歷
1	小寺銈次郎	工部技手見習、技手、郵電電信書記、技手、二等電信局長、**藤枝電信局長**
2	堀川義治	工部九等技手、小樽電信分局、大津電信分局技手、高麗橋電信支局長兼郵便書記、大阪郵便電信局電信課管理係長，並兼任電氣通信技術傳習生試驗委員、書記補採用試驗委員、統計委員
3	朝見小三郎	工部十等技手、**郵便電信局支局長、高崎郵便電信局長、律師考試及格**、橫濱郵便電信局電信書記
4	大津一郎	工部技手、遞信技手、郵便電信局技手、郵便電信書記
5	高原萬三郎	工部技手見習、東京郵便電信局技手、電信書記、**警視廳技手**
6	白井由美治	大阪郵便局電氣通信技術員、九龜郵便電信局、多度津郵便電信局、1895 年 1 月陸軍省雇員
7	佐枝種處	法院（裁判所）豐橋裁判所出張所雇員、日本鐵道會社上野車站、1895 年 1 月陸軍省雇員
8	渡邊三知雄	工部十等技手、品川警察署電信局技手、**稻荷山電信分局長**、郵便電信書記、通信書記、**撫養電信局長**、神戶郵便電信局、熊本郵便電信局
9	速水經憲	電信寮修技生、工部十等技手、三等**電信分局長、日本釧路電信局長**
10	水神助吉	工部十等技手、豐橋電信局、郵便電信書記、名古屋郵便電信局
11	大濱砂	工部十等技手、日本橋電信支局技術主任、靜岡電信局長、郵便電信書記、第三期東京郵便電信學校科別募集生試驗委員、金澤郵便電信局電信課長、出席二等局長會議
12	西本荒次郎	電信修技校、工部十等技手、警視廳長崎電信分局、日本橋電信分局、深川電信分局電信書記、二等**電信局長**、本鄉支局電信主任、郵便電信書記、東京郵便電信局電信書記
13	原上鼎司	工部十等技手、電信書記、郵便電信書記
14	桑島持弘	工部省電信局修技生、日本橋分局、八各川警察署電信分局、工部十等技手、岐阜電信分局、電信書記、郵便電信書記、岐阜郵便電信局電信課電務掛長、八等技手、同局庶務掛長與通信掛長、同局電氣通信技術傳習生試驗委員、同局財務官吏
15	宇原整三	電信局修技校畢業、宮內省電信分局助手、工部十等技手、電報音響機技術一級考試及格。服務過本鄉分局、日本橋分局、小田原分局、久留米分局、小倉電信分局、赤間關郵便電信局、長崎郵便電信局、伊萬里電信局。抵臺前爲八等技手（判任官八級中等俸）

16	籐原義武	1895 年 1 月陸軍省雇員
17	綿谷鎗次郎	1895 年 1 月陸軍省雇員
18	成田藤太郎	1895 年 1 月陸軍省雇員
19	梯三男	工部十等技手、九等技手、八等技手、郵便電信書記（1893 年）
20	市川三作	修技校畢業、工部技手見習、十等到八等技手、仙臺分局、青森分局、東京電信局、松山電信局、電信書記、郵便電信書記、第一軍兵站部
21	篠田馬太郎	郵便電信書記補
22	村上清三郎	陸軍省雇員、陸軍省電信隊技手、東京郵便電信學校代訓三個月，並取得電氣通信技術結業證書
23	田中三之助	陸軍省雇員，甲午戰爭時參與中國戰場戰役
24	田浦勇	十等技手、日本橋分局、靜岡分局、名古屋分局、龜山分局。九等技手、東京中央局、深川分局、福島郵便電信局長（三等局，後調整為二等局）。八等技手、東京中央局、宮內省電信辦理所。
25	富山禎五郎	工部十等技手、中央局、上尾鐵道電信辦理所、東京府廳電信分局、熊本電信局、佐賀電信局、久留米郵便電信局。九等技手、三池電信局、久留米局電信掛長。
26	早瀨已熊	工部十等技手（1883 年 11 月）、赤間關分局。遞信九等技手（1888 年 3 月）、東京郵便電信局、郵便電信書記
27	小林於菟次郎	工部十等技手、郡山分局、仙台分局。九等技手、宮古電信分局、能代電信局長、郵便電信書記、宮古電信局長
28	寺田正忠	工部十等技手、九等技手、八等技手、電信書記、郵便電信書記、七等技手
29	高原萬三郎	東京郵便電信學校畢業（後因案在臺入獄服刑）
30	中田昌幸	十等技九、九等技手、兼電信書記、中野郵便電信局、金澤郵便電信局、富山郵便電信局、東岩瀨郵便電信局
31	池田平一郎	十等技手、兼電信書記、遞信技手、通信技手
32	加島安信	工部十等技手、遞信九等技手
33	抵臺前經歷待考者（39 名）	左近允尚義、磯矢脩治、西鄉直介、富山彌、吉田格永、塚原秀彥、高島坦、綠川休一、中川石松、佐藤鐵彌、山田誠道、栗原德太郎、木下可松、松岡龜雄、山內貞彥、下山鉞次郎、近藤米次、山崎養磨、岡田健吉、佐藤信夫（戰死）、宮野昇太郎、渡邊卯三郎、堀和六、小張雅之輔、薩野好之助（病死）、內田甲一郎、片山節中、土屋鏡五郎、九里金太郎、忠隈正二、小倉銀次郎、山本半次郎、野村孝夫、牛尾太郎、下川助定、朝岡雄左兄、山善桂介、石井得壽、福原庸次

資料來源：根據「附錄」製成。

表 12　通信技手抵臺後經歷

項次	姓　名	抵　臺　後　經　歷
1	小寺鉎次郎	郵便電信書技手、技師、臺北局、臺南局建築課長、「蕃地電信電話囑託」、民政部通信局工務課通信技師
2	堀川義治	二等郵便電信局長、基隆電信通信所所長、苗栗郵便電信局長
3	小倉銀次郎	澎湖局長、鳳山局長
4	朝見小三郎	臨時臺灣兵站電信部通信技手、總督府法院與法院雲林支部書記
5	大津一郎	臺南通信所員、澎湖局、艋舺支局長、臺北局通信書記、淡水局通信書記、臺北局三角湧出張所臨時勤務、三角湧局（三等局）局長
6	高原萬三郎	臨時兵站電信部、臺北局電信書記、基隆局共用物品保管主任、電信課長、該局三等局開始事務調查委員、該局電氣通信技術員採用試驗委員、公差前往金包里局、公差前往基龍到蘇澳沿線各局、瑞芳局長（三等局）
7	白井由美治	第一獨立野戰電信隊、獨立野戰電信隊通信技手、臨時臺灣兵站電信部通信技手、總督府通信書記、淡水局、打狗局、打狗局電信掛主任、打狗局金櫃帳簿檢查員、關帝廟局（三等局）局長、阿里港（三等局）局長（四級俸）
8	佐枝種處	第一獨立野戰電信隊、郵便電信書記、後龍郵便電信局通信掛、臺中局、彰化局、臺北局電信課通信掛、大稻埕支局、萬丹局（三等局）長（五級俸）
9	渡邊三知雄	臨時兵站電信部（技手）、新竹通信所員、新店街通信所長、臺北局、北斗局電信課長
10	九里金太郎	臨時兵站電信部通信技手、淡水局長
11	速水經憲	臨時兵站電信部通信技手、淡水局長代理、基隆局長、臺北電話交換局長、臺南局長、總督府電氣通信技術傳習生師資（兼）、總督府通信事務官補（技師）、總督府通信事務官。日東製冰會社臺灣支店長。
12	內田甲一郎	臨時兵站電信部通信技手、鹿港局、新竹局郵便電信書記、臺南局長
13	片山節中	臨時兵站電信部通信技手、枋寮局長、彰化局長
14	土屋鏡五郎	臨時兵站電信部通信技手、基隆局、總督府技手。於基隆局服務期間參與海底電纜工程。
15	水神助吉	臨時兵站電信部通信技手、中壢通信所長、加入南進軍、阿公店通信所長、臺灣總督府郵便電信書記、鳳山局（三等局）、枋寮局（三等局）長

16	大濱砂	總督府雇員、工兵部、淡水通信所長、臨時兵站電信部、考察福建省及川石山電報業務、打狗兵站電信通信所長
17	薩野好之助	「臺灣戰役」進行中即病逝
18	堀和六	臨時兵站電信部通信技手、通信事務官補、**澎湖局長**
19	小張雅之輔	臨時兵站電信部通信技手、新竹局、鹿港局郵便電信書記
20	西本荒次郎	總督府雇員、淡水通信所、海山口通信所長、大湖口通信所長、臨時臺灣兵戰電信部、彰化通信所員、總督府郵便電信書記、彰化郵便電信局、該局電信課長
21	忠隈正二	淡水局郵便電信書記、通信部郵便電信書記、通信課鐵道掛財務官吏
22	原上鼎司	總督府雇員、基隆郵便電信書記、彰化局長、臺北局、臺北電話交換局技手、臺北電話交換局基隆支局長、通信課鐵道掛財務官吏、電信建築事務監督
23	桑島持弘	總督府雇員、彰化通信所員、大甲通信所長、總督府郵便電信書記、大甲局電信課長
24	松岡龜雄	郵便電信書記（二級俸）、臺北局大稻埕郵便電信支局、臺中局電信課長
25	山內貞彥	臨時兵站電信部通信技手、通信部郵便電信書記、臺北局、臺中局郵便電信書記
26	下山鍼次郎	臨時兵站電信部通信技手、總督府郵便電信書記
27	近藤米次	臨時兵站電信部通信技手
28	山崎養磨	臨時兵站電信部通信技手、總督府郵便電信書記
29	宇原整三	總督府雇員、臨時兵站電信部、臺灣總督府郵便電信書記（五級俸）、臺北郵便電信局、頂雙溪通信所、基隆郵便電信局、大稻埕支局電信課受配掛長、籌備大湖口非常通信所準備工作
30	岡田健吉	臺灣總督府郵便電信書記、新竹局、臺北局、大科崁局、彰化局
31	籐原義武	第一獨立野戰電信隊、臺灣總督府郵便電信書記、臺北局、景尾局
32	佐藤信夫	「臺灣戰役」中即戰死
33	綿谷鎗次郎	**第一獨立野戰電信隊、野戰電信隊建築部長**、臺灣總督府郵便電信書記、雲林局、彰化局、新竹局、臺南局（臺灣總督府一等局技手）、臺北局（一等局技手）、警用電話電務工手。
34	宮野昇太郎	總督府通信書記、郵便通信書記（七級俸），服務於臺北局、通信局（兼），1900 年改任一等局郵便電信技手、通信技手。
35	成田藤太郎	**第一獨立野戰電信隊**、臺中局郵便電信書記、彰化局郵便電信書記

36	梯三男	總督府雇員（月俸 30 圓）、獨立野戰電信隊、鹽水港獨立野戰電信隊通信所長（南部電信隊）、臺灣總督府郵便電信書記
37	渡邊卯三郎	臨時兵站電信部通信技手、**公學校教諭、澎湖小池角公學校校長（1912 年 8 月，六級俸）**
38	木下可松	總督府郵便電信書記、服務於大甲郵便電信局
39	市川三作	陸軍省雇員、獨立野戰電信隊、臺灣總督府郵便電信書記、北斗局、臺北局、澎湖局、**璞石閣郵便電信局（二等局）局長**
40	山田誠道	臺灣總督府技手（1898 年，五級俸）、**臺灣總督府國語學校電信科教務「囑託」（1900 年 10 月）**
41	栗原德太郎	臺中局電信書記，臺南局電信書記（1901 年 1 月）
42	佐藤鐵彌	臺南局郵便電信書記（1897 年）、打狗局、基隆局郵便電信書記
43	篠田馬太郎	陸軍省臨時臺灣兵站電信部雇員（南進軍）、通信技手、新竹所所員，奉命開設枋寮所。臺灣總督府郵便電信書記、恒春局、**噍吧哖郵便電信局長（三等局）、玉井郵便局長**
44	中川石松	臺灣總督府郵便電信書記、新竹局電信係長（五級俸）、**枋寮局長、石光見局長**
45	村上清三郎	臨時南部兵站電信部（1895 年 3 月）、臺灣總督府郵便電信局書記、臺北通信所、出差臺東、枋寮。臺東局電信課、巴塱伍衛非常通信所長、臺東局電信課受配掛長、枋寮局雇員、**臺灣總督府稅關吏（嘉義東石港稅關）**
46	田中三之助	臨時臺灣兵站電信部通信技手（1896 年 3 月 20 日）、臺灣總督府郵便電信書記、總督府通信書記、臺南局、嘉義局（參與該局電話業務）、新竹局。
47	高島坦	彰化局通信書記
48	綠川休一	澎湖局郵便電信書記、臺北局郵便電信書記、桃仔園局長暫理（1898 年 6 月）、行政調整編制縮編留職（1898 年 7 月，加發二個月薪俸爲慰勞金）
49	田浦勇	總督府雇員，臨時臺灣兵站電信部、基隆通信所員、南進軍、臺南通信所員、恒春通信所長、臺灣總督府郵便電信書記（三級俸）、恒春局電信課長、該局代理局長。
50	富山禎五郎	陸軍省雇員（月俸 30 圓）、臨時臺灣兵站電信部、臺北通信所員（10 月 20 日）、安平兵站電信通信所（11 月 7 日）、蘇澳兵站電信通信所長（1896 年 1 月 18 日）、臺灣總督府郵便電信書記（三級俸）、埔里社郵便電信局、該局長代理、赴北港開設非常通信所（8 月 18 日）、埔里社電信課長（9 月 5 日）。
51	磯矢脩治	臺北郵便電信局大稻埕支局郵便電信書記（1897 年 1 月）、基隆局郵便電信書記（1897 年 6 月，三級俸）

52	左近允尙義	淡水電信通信所員（1896 年 5 月 11 日）
53	早瀬已熊	陸軍省雇員（月俸 30 圓）、臨時臺灣兵站電信部、嘉義兵站電信通信所長（1895 年 10 月 23 日）、臺南電信通信所（1896 年 1 月 10 日）。臺灣總督府郵便電信書記（三級俸）、臺南郵便電信局、臺北局、臺東局、臺灣總督府通信事務官補（高等官）、**臺東局長、基隆局長**
54	小林於菟次郎	陸軍省雇員、臨時臺灣兵站電信部、臺南通信所、臺北通信所、苗栗電信通信所長、臺灣總督府郵便電信書記、苗栗局電信課長、代理局長；臺中局電信課長、代理局長、北斗局長（二等局）、埔里社局長、瑞芳局長、金瓜石郵便局長
55	寺田正忠	陸軍省雇員、總督府郵便電信書記、澎湖局郵便電信書記
56	塚原秀彦	雲林局通信書記（五級俸）
57	西鄉直介	雇員、通信技手、總督府郵便電信書記、臺北局
58	富山彌	獨立野戰電信隊、總督府郵便電信書記
59	吉田格永	打狗局、臺北局、新竹局
60	中田昌幸	陸軍省雇員、獨立野戰電信隊補充員、彰化所所員、永靖街通信所、臨時臺灣兵站電信部、南進軍、枋寮通信所長、郵便電信書記（五級俸）
61	池田平一郎	總督府雇員、兵站電信部、臺灣總督府郵便電信書記、臺北局大稻埕支局
62	加島安信	獨立野戰電信隊、臺灣總督府郵便電信書記、通信書記
63	山本半次郎	獨立野戰電信隊、淡水局郵便電信書記（1896 年）、兼該局會計官吏（1900 年 11 月）、通信局電務課通信技手（兼）
64	野村孝夫	1985 年（18 歲）獨立野戰電信隊，同年 12 月入兵站電信部，後送並重返職場，郵便電信書記（1896 年七級俸）、阿公店局、臺南局、1897 年六級俸、通信屬、1915 年通信書記（三級俸）
65	牛尾太郎	獨立野戰電信隊通信技手、頭圍非常通信所、臺北局
66	下川助定	獨立野戰通信隊通信技手、打狗局郵便電信書記、阿公店局
67	朝岡雄左兄	獨立野戰電信隊技手、鐵道部技手（1905 年 9 月轉任，七級俸），1918 年晉二級俸。
68	山善桂介	野戰電信隊通信技手、鳳山局郵便電信書記（1896 年）
69	石井得壽	獨立野戰電信隊（雇員月俸 15 圓）、兵站電信部、郵便電信書記（1896 年 4 月，七級俸），六級俸（1897 年 8 月）、鳳山局、彰化局、臺中局、通信屬、嘉義局、淡水局
70	福原庸次	總督府郵便電信書記（1896 年，六級俸）、通信書記補、通信書記、通信屬、六級俸（1920 年）、五級俸（1921 年），四級俸（1923 年）、嘉義局、臺東局、澎湖局、澎湖局長事務辦理、屏東局、內埔局長（三等局長）

資料來源：根據「附錄」製成。

表 13　通信技手抵達（離開）臺灣之年齡

項次	姓　名	抵　（離）　臺　年　齡
1	白井由美治	22～29 歲（1895 年 1 月陸軍省雇員～1902 年 5 月）
2	佐枝種處	24 歲（1895 年 1 月陸軍省雇員，同年 8 月 18 日抵臺灣）
3	村上清三郎	25～34 歲（1895 年 3 月 24 日～1904 年 3 月）
4	田中三之助	25～42 歲（1896 年 3 月 20 日～1913 年 8 月請辭）
5	堀和六	37～47 歲（1895～1905 年）
6	水神助吉	33～36 歲（1895 年 7 月 9 日～1898 年 8 月）（留職）
7	小寺鉎次郎	33～53 歲（1895 年 7 月 25 日～1915 年）
8	堀川義治	36～38 歲（1895 年 7 月 25 日～1897 年）
9	朝見小三郎	34～37 歲（1895 年 7 月 25 日～1898 年）
10	渡邊三知雄	41～44 歲（1895 年 8 月～1898 年 5 月）
11	宇原整三	36～40 歲（1895 年 8 月～1899 年 4 月 9 日）
12	桑島持弘	39～42 歲（1895 年 8 月 3 日～1898 年 8 月 31 日）
13	速水經憲	38～52 歲（1895 年 8 月 10 日～1909 年 11 月 26 日）
14	西本荒次郎	38～41 歲（1895 年 8 月 12 日～1898 年 3 月）
15	大濱砂	38～41 歲（1895 年 8 月 13 日～1898 年）
16	中田昌幸	35～37 歲（1895 年 8 月 15 日～1897 年 2 月）
17	原上鼎司	27～36 歲（1895 年 8 月 16 日～1904 年 5 月）
18	市川三作	34～38 歲（1895 年 8 月 16 日～1899 年 5 月）
19	梯三男	33～34 歲（1895 年 8 月 31 日～1896 年 8 月 11 日）
20	池田平一郎	26～35 歲（1895 年 8 月～1904 年 4 月）
21	大津一郎	30～35 歲（1895 年 9 月 9 日～1900 年 4 月 30 日）
22	高原萬三郎	36～43 歲（1895 年 9 月 8 日～1902 年 10 月）
23	寺田正忠	38～39 歲（1895 年 10 月 3 日～1896 年 12 月）
24	篠田馬太郎	23～63 歲（1895 年 10 月 3 日～1935 年）
25	早瀨已熊	26～42 歲（1895 年 10 月 17 日～1911 年 10 月）
26	富山禎五郎	36～39 歲（1895 年 10 月 20 日～1898 年 6 月）
27	小林於菟次郎	29～47 歲（1895 年 10 月 21 日～1913 年 7 月）
28	田浦勇	36～39 歲（1895 年 10 月 26 日～1898 年 6 月）
29	野村孝夫	18～38 歲（1895 年 1 月～1915 年 2 月）

30	朝岡雄左兄	30～53 歲（1895～1918 年）
31	石井得壽	29～46 歲（1895 年 8 月 31 日～1912 年 12 月）
32	資料未詳者（39 位）	內田甲一郎、片山節中、土屋鏡五郎、薩野好之助（病死）、九里金太郎、小倉銀次郎、塚原秀彥、西鄉直介、富山彌（1895 年 6 月 23 日～1898 年 5 月）、吉田格永、磯矢脩治、左近允尙義、高島坦、綠川休一、山田誠道、木下可松、渡邊卯三郎、栗原德太郎、佐藤鐵彌、中川石松、綿谷鎗次郎、宮野昇太郎、成田藤太郎、佐藤信夫（戰死）、籐原義武、岡田健吉、山崎養磨、近藤米次、下山鍼次郎、山內貞彥、松岡龜雄、小張雅之輔、忠隈正二（1895 年～1898 年 5 月）、加島安信、山本半次郎、牛尾太郎、下川助定、山善桂介、福原庸次

資料來源：根據「附錄」製成。

表 14　通信技手離退原因一覽表

項次	姓　名	離　退　原　因
1	小寺銈次郎	因病請辭（過勞導致腦神經衰弱）
2	堀川義治	自行請辭
3	朝見小三郎	自行請辭
4	大津一郎	慢性胃加答兒病
5	高原萬三郎	1902 年 10 月 9 日遭逮捕，瑞芳局長任內竊取金錢，判刑八年，並於 1910 年 10 月假釋出獄。
6	白井由美治	死亡（1902 年 5 月 28 日）
7	渡邊三知雄	瘧疾、腸黏膜發炎
8	九里金太郎	「轉地治療」，1896 年 8 月 10 日於故鄉三重縣過世
9	速水經憲	慢性瘧疾復發不堪職務
10	內田甲一郎	因家庭因素留職（1897 年 10 月）
11	水神助吉	病危升二級俸（1901 年 1 月）
12	大濱砂	因應總督府「官制改革」請求恩給金並請辭
13	薩野好之助	病死
14	堀和六	慢性加答兒，先停職，後無法短期治癒而請辭
15	西本荒次郎	自行請辭
16	忠隈正二	留職

17	原上鼎司	瘧疾需歸國治療請辭
18	桑島持弘	自行請辭
19	下山鉞次郎	重症申請留職，1896 年 8 月請辭獲准
20	近藤米次	轉往日本任職（1896 年 10 月）
21	宇原整三	主動請辭
22	佐枝種處	自行請辭
23	岡田健吉	家庭因素請辭（1898 年 3 月）
24	綿谷鎗次郎	請辭轉任警用電話工手
26	宮野昇太郎	右肺尖加答兒兼慢性腸胃加答兒，1912 年 5 月起返回日本「轉地治療」，同年 10 月請辭（請辭前二級俸晉升一級俸）。
27	成田藤太郎	腳氣病併發心臟內膜炎，轉地治療後請辭（1897 年 10 月請辭）
28	梯三男	因病先申請留職，後請辭並申請恩給金
29	渡邊卯三郎	腸窒扶斯（傷寒）病危（1912 年 11 月）
30	木下可松	腦充血症轉地治療（1897 年 4 月）
31	市川三作	留職後請辭，並申請恩給金異動
32	佐藤鐵彌	遭基隆局建議總督府停職處分
33	篠田馬太郎	自行請辭
34	中川石松	1901 年 1 月曾以遺傳性痔核請辭未果。石光見局長任內「職務不熱心」遭停職（1904 年 7 月）
35	村上清三郎	神經衰弱症（1904 年 3 月請辭）
36	田中三之助	腳氣病不堪職務，請辭並申請恩給
37	高島坦	因病返回日本「轉地治療」，臺中局評估短期無法恢復，處以「留職」。
38	綠川休一	行政調整編制縮編留職（1898 年 7 月，加發二個月薪俸為慰勞金）
39	田浦勇	行政調整，主動請辭
40	富山禎五郎	先是瘧疾返日本自宅「轉地治療」，因無短暫治癒可能，主動請辭並申請恩給（1898 年 6 月）
41	左近允尚義	因病留職返回日本，1897 年 2 月重任遞信省郵便電信書記。
42	早瀨巳熊	總督府依文官分限令停職，後主動請辭並申請恩給（1911 年 10 月）

43	小林於菟次郎	因病請辭（感冒引起疼痛身體性轉移，不堪職務，請辭並申請恩給，其後仍有在臺服務記錄，1902 年 11 月）
44	寺田正忠	因病不堪職務請辭，並申請恩給金
45	塚原秀彥	因肺病重症返回日本，入住東京北里醫院治療（轉地治療）。1898 年 8 月因行政改革，雲林局通信書記編制從 8 名縮爲 7 名，同年 11 月總督府命塚原秀彥「留職」。
46	西鄉直介	1897 年 1 月罹患「肺尖加答兒」並轉地治療，同年 4 月歸任，臺北局評估短期仍無法勝任職務，命其留職
47	富山彌	自行請辭（1898 年）
48	中田昌幸	先遭停職，後以瘧疾請辭並申請恩給金（1897 年 2 月）
49	池田平一郎	行政調整之故，先遭停職滿三年，自行請辭並申請恩給金（1904 年 4 月）
50	加島安信	1904 年申請恩給，1906 年 10 月編制縮減被命休職。
51	野村孝夫	瘧疾（1915 年 2 月因病請辭，並返回日本）
52	牛尾太郎	1897 年 6 月留職並返日，任職警政單位
53	朝岡雄左兄	腦神經衰弱症
54	石井得壽	腳氣病不堪職務請辭，1912 年 8 月申請恩給金
55	福原庸次	慢性瘧疾請辭並申請恩給金（1924 年 1 月）
56	未可考者（15 位）	吉田格永、磯矢脩治、山田誠道、栗原德太郎、山崎養磨、籐原義武、小倉銀次郎、片山節中、土屋鏡五郎、小張雅之輔、松岡龜雄、山內貞彥、山本半次郎、下川助定、山善桂介

資料來源：根據「附錄」製成。

表 15 通信技手在臺服務年資統計表

在臺服務年資	人數	百分比	姓　　名
40 年	1	1%	篠田馬太郎
29 年	1	1%	福原庸次
23 年	1	1%	朝岡雄左兄
20 年	2	3%	小寺鉎次郎、野村孝夫
18 年	1	1%	小林於菟次郎
17 年	4	6%	宮野昇太郎、渡邊卯三郎、田中三之助、石井得壽
16 年	1	1%	早瀨已熊

在臺服務年資	人數	百分比	姓　　名
14 年	1	1%	速水經憲
11 年	1	1%	加島安信
10 年	1	1%	堀和六
9 年	4	6%	原上鼎司、中川石松、村上清三郎、池田平一郎
7 年	3	4%	高原萬三郎、白井由美治、佐枝種處
5 年	1	1%	大津一郎
4 年	3	4%	宇原整三、市川三作、佐藤鐵彌
3 年	17	24%	堀川義治、朝見小三郎、渡邊三知雄、水神助吉、大濱砂、西本荒次郎、忠隈正二、桑島持弘、岡田健吉、成田藤太郎、木下可松、高島坦、綠川休一、田浦勇、富山禎五郎、塚原秀彥、富山彌
2 年	6	9%	內田甲一郎、梯三男、左近允尚義、寺田正忠、西鄉直介、中田昌幸
1 年（含一年以下）	5	7%	九里金太郎、薩野好之助、下山鉞次郎、近藤米次、佐藤信夫
年資不可考	17	24%	山田誠道、栗原德太郎、磯矢脩治、綿谷鎗次郎、山崎養麿、小張雅之輔、松岡龜雄、山內貞彥、吉田格永、片山節中、土屋鏡五郎、籐原義武、小倉銀次郎、山本半次郎、牛尾太郎、下川助定、山善桂介
計	70	100%	

資料來源：根據「附錄」製成。

表 16　通信技手獎懲記錄

項次	姓　名	獎　懲　記　錄
1	大濱砂	在日本獲敘勳八等賜瑞寶章。「臺灣戰役」得從軍記章，敘勳七等青色桐葉章，獎金 100 圓，敘從七位。服務期間兩次請假返鄉照顧母親
2	小寺鉞次郎	1895 從軍記章，1896 年 6 月勳八等瑞寶章及獎金 50 圓，1907 年因參與日俄戰爭勳五等瑞寶章及獎金 350 圓
3	堀川義治	勳八等白色桐葉章、從七位勳八等
4	高原萬三郎	勳八等白色桐葉章，獎金 100 圓
5	白井由美治	勳八等白色桐葉章

6	山崎養磨	勳八等
7	佐枝種處	陸軍記章、勳八等白色桐葉章，獎金 50 圓
8	梯三男	「臺灣戰役」授勳八等瑞寶章、獎金 50 圓
9	市川三作	參與甲午戰爭得從軍記章，參與「臺灣戰役」獲勳八等白色桐葉章，獎金二次共 130 圓
10	早瀨已熊	「臺灣戰役」從軍記章，獎金 40 圓。日俄戰爭敘勳六等、頒旭日章
11	小林於菟次郎	「臺灣戰役」從軍記章，獎金 40 圓
12	水神助吉	「臺灣戰役」從軍記章，獎金 40 圓、
13	西本荒次郎	「臺灣戰役」從軍記章，獎金 40 圓
14	宇原整三	「臺灣戰役」從軍記章，獎金 30 圓
15	篠田馬太郎	「臺灣戰役」從軍記章，獎金 30 圓。勳六等瑞寶章
16	村上清三郎	「臺灣戰役」從軍記章
17	富山禎五郎	「臺灣戰役」獎金 40 圓
18	桑島持弘	「臺灣戰役」獎金 40 圓
19	中田昌幸	「臺灣戰役」獎金 40 圓
20	田中三之助	因參與「臺灣戰役」後期，無勳獎記錄
21	池田平一郎	無履歷表，已知資料無勳獎記錄
22	朝見小三郎	1893 年未經主管同意離開駐地參加律師考試，罰俸 1/10
23	大津一郎	1897 年 7 月因少徵電報費 5 錢，受書面「譴責」（澎湖局）
24	松岡龜雄	1897 年 10 月 15 日誤讀電報接收內容受書面譴責
25	成田藤太郎	1897 年 4 月因將匯兌電報原書遺失受書面譴責
26	磯矢脩治	匯兌電報誤植數字與金額，受書面譴責（1897 年 1 月）
27	高島坦	遺失續傳匯兌電報原件受「訓告」（1897 年 4 月 22 日）
28	田浦勇	代理恒春局長期間未依規定處理郵務，受書面「譴責」（1897 年）。「臺灣戰役」從軍記章，獎金 40 圓。
29	佐藤鐵彌	基隆局服務期間，「素行屢受戒諭，未有改善之狀」，遭停職（1899 年 3 月）。
30	吉田格永	1896 年 10 月於打狗局服務不慎毀損郵票，事後試圖遮掩，書面譴責並罰月俸 2/10
31	原上鼎司	1898 年參與臺中、雲林地區電話設備與線路架設工程
32	宮野昇太郎	1902 年調查臺東到屏東電報線路建置「橫斷旅行」並有調查報告書（復命書）。
33	中川石松	4 次譴責，1 次停職

34	加島安信	參與「臺灣戰役」，勳八等
35	山本半次郎	1902 年 10 月，負責臺北、桃仔園、中壢、新竹四局特別電話機械安裝與測試，並找出最經濟的方式。
36	野村孝夫	參與「臺灣戰役」授勳八等，後因它事授勳七等
37	朝岡雄左兄	「臺灣戰役」有功，勳八等瑞寶章
38	山善桂介	一年內受二次譴責，一次告誡
39	石井得壽	「臺灣戰役」勳八等瑞寶章、獎金 35 圓
40	福原庸次	參與「臺灣戰役」勳八等瑞寶章、從軍記章、獎金 50 圓
41	無特別獎懲記錄者（30 位）	片山節中、土屋鏡五郎、薩野好之助（病死）、堀和六、小張雅之輔、忠隈正二、山內貞彥、下山鍼次郎、近藤米次、岡田健吉、籐原義武、佐藤信夫（戰死）、小倉銀次郎、渡邊三知雄、九里金太郎、速水經憲、內田甲一郎、綿谷鎗次郎、渡邊卯三郎、木下可松、山田誠道、栗原德太郎、綠川休一、左近允尚義、寺田正忠、塚原秀彥、西鄉直介、富山彌、牛尾太郎、下川助定

資料來源：根據「附錄」製成。

表 17　通信技手家庭成員狀況

項次	姓　名	子女數	家　庭　成　員　狀　況
1	高原萬三郎	9	五男四女，抵臺服務初期，未有生育子女記錄
2	速水經憲	8	五男三女
3	渡邊三知雄	6	二男四女
4	田中三之助	6	育有一子五女，單身赴臺工作，居住於新竹局宿舍
5	小林於菟次郎	5	三男二女，皆於抵臺前出生，抵臺後未有生育記錄
6	堀川義治	5	一子四女
7	富山禎五郎	4	二男二女，皆於抵臺前出生，1895 年 10 月時皆年幼。
8	寺田正忠	4	二男二女，皆於抵臺以前出生
9	小寺鉎次郎	3	二子一女
10	朝見小三郎	3	一子二女（長女過繼他人，餘皆於 1895 年死亡）
11	早瀨已熊	3	與兄長 1 人、弟弟 1 人同一戶，育有三男，全戶三個家庭共計 18 人。
12	市川三作	2	與兄、母及嫂嫂同住，育有二女，離臺時分別為 9 歲及 3 歲，參與「臺灣戰役」及在臺服務期間，未有生育子女記錄。

13	宇原整三	2	一男一女、加上父親、妻子與養妹共六人
14	白井由美治	1	一男（時 16 歲未成年，由母親行使監護權）
15	水神助吉	1	一女
16	西本荒次郎	1	一女、母親、無妻子記錄
17	原上鼎司	0	1901 年 2 月結婚，無生育記錄
18	大濱砂	0	沒有子女
19	田浦勇	0	37 歲結婚（1896 年 3 月），未有生育子女記錄
20	中田昌幸	0	與妻、母同住，戶籍無生育子女記錄
21	野村孝夫	3	二男一女，結婚與生育子女皆在抵臺之後
22	朝岡雄左兄	4	1897 年返日結婚，育有三子一女，可能舉家遷臺居住
23	石井得壽	2	戶籍謄本未有妻子記錄，二子皆於 1895 年後出生
24	福原庸次	0	無婚姻記錄，亦無生育子女記錄，家族共 15 人一共居同一戶籍
21	無家庭資料者（46 位）		栗原德太郎、吉田格永、富山彌、西鄉直介、塚原秀彥、左近允尚義、磯矢脩治、綠川休一、高島坦、村上清三郎、中川石松、篠田馬太郎、佐藤鐵彌、山田誠道、宮野昇太郎、成田藤太郎、梯三男、渡邊卯三郎、木下可松、小倉銀次郎、大津一郎、九里金太郎、內田甲一郎、片山節中、土屋鏡五郎、薩野好之助（病死）、堀和六、小張雅之輔、忠隈正二、桑島持弘、松岡龜雄、山內貞彥、下山鉞次郎、近藤米次、佐枝種處、岡田健吉、籐原義武、山崎養麿、佐藤信夫（戰死）、綿谷鎗次郎、池田平一郎、加島安信、山本半次郎、牛尾太郎、下川助定、山善桂介

資料來源：根據「附錄」製成。

第三節　薪資結構面的考察

一、通信技手的薪資俸等

這群通信技手因為參與「臺灣戰役」，時空環境的特殊需求造就他們薪資的躍升，到 1898 年行政調整前，他們普遍薪資已經相當高，故當行政調整縮減編制與降薪（改敘薪級）時，他們的高薪影響最大，這也能解釋為何 1898 年的離退率最為顯著的原因。

　　「表 18」儘可能以 1898 年行政調整以前的技手薪級，在可考 43 位技手中，一級俸有 3 位（7%）、二級俸有 8 位（19%）、三級俸有 5 位（12%）、四級俸有 4 位（9%）與五級俸 5 位（12%）。故五級俸（含）以上技手共 25 位（58%），若以四級俸（含）以上則爲 20 位（47%）。若以五級俸爲分界點，有一半技手的薪資在 1898 年以前已達中高階判任官的薪資水平，這在出生時間相當，也是修技校畢業，同樣在日本服務過，唯一差別在於較稍晚抵臺的通信技手而言，初期抵臺的通信技手薪資已經偏高。

　　「表 18」的山崎養磨在 1898 年 4 月請辭時年薪爲 720 圓，故當時一級俸月薪爲 60 圓。但 1897 年請辭的堀川義治年薪高達 900 圓，同年請辭的小倉銀次郎年薪也是 900 圓，大濱砂 1898 年請辭時年薪更高達 1,200 圓，如果將這些再列入計算的話，四級俸以上技手的人數還會再增加。這些都是這群技手高薪的例證，大濱砂更已接近初階技師的薪水。但他們的高薪是伴隨領臺最初的戰鬥、危險的工作環境與罹病的高風險。

　　爲比較上述觀點是否成立，茲以數位相同出身、經歷，差別只在於抵臺時間稍晚的通信技手，敘薪就大不相同。河野武作，山口縣士族，1862 年 8 月 5 日生，1882 年（20 歲）7 月畢業自修技校電機通信技術科，同年 11 月任工部十等技手，1895 年（33 歲）9 月任中國大陸占領地海城通信所長，也參與過甲午戰爭的後期，同樣得過從軍記章。同樣在 1882 年任十等技手的有梯三男、田浦勇、堀川義治、西本荒次郎、市川三作與桑島持弘等六人。這六人與河野武作皆於同一年任十等技手，但河野武作自 1898 年 5 月 31 日任總督府郵便電信書記（六級俸），同年 10 月於林圯埔郵便電信局服務，1900 年 5 月兼該局局長（四級俸）。〔註34〕同期任十等技手那六人中，梯三男與田浦勇在 1896 年 4 月就是四級俸；堀川義治在 1897 年 7 月請辭時年薪 900 圓，西本荒次郎年薪 500～550 圓（1898 年 3 月）桑島持弘年薪 540 圓，市川三作是二級俸（1896 年 4 月）。這六人與河野武作專業背景相同、進入職場時間點一致，唯一差別在於前六人抵達殖民地臺灣，河野武作到大陸戰場服務。抵臺時間點的差異，顯示陸軍省與總督府以較高薪資招致雇員到臺灣，在短期間內快速提敘其薪級，這是吸引電訊專業基層人員在臺灣服務的顯著誘因。較晚抵臺的河野武作，只從六級俸開始，約低一到三級不等的俸等。

〔註34〕《臺灣總督府公文類纂》永久進退保存，第 567 冊，第 3 號，明治 33 年 5 月
　　　 1 日，〈大津一郎外十七名郵便電信局長ニ轉任命令〉，頁 45～46。

　　佐伯磐三郎，東京府平民，1865 年 2 月 21 日生，1881 年 11 月東京府中學中學全科畢業，隔月入電信修技學校，1882 年 7 電機通信技術科畢業。1882 年 11 月任工部十等技手，參與過甲午戰爭爭朝鮮半島的戰鬥行動（勳八等白色桐葉章，獎金 24 圓），1896 年 4 月 24 日任臺灣總督府郵便電信書記（五級俸），1898 年 6 月兼鹿港局長（四級俸），未於同年被處以留級或降敘等處分。〔註 35〕

　　小野塚斧太郎，千葉縣人，1877 年入修技校，同樣任工部技手，1896 年 5 月 30 日抵臺服務，其資歷與第一波抵臺通信技手相當，差別在於未參與 1895 ～1896 年 4 月 1 日以前的「臨時臺灣兵站電信部」。但小野塚斧太郎於 1920 年晉升臺南局長（一等局），〔註 36〕固然個人能力、性格與際遇有別，但第一波抵臺通信技手喪失的，還包含與同世代稍晚抵臺技手的生涯發展機會。

　　而世代的差異，後進者想要透過技術體系晉升管理階層更加困難，如 1920 年代的臺中局長水間位彥已不是畢業自修技校體系，而是東京郵便電信學校行政科。〔註 37〕職場環境的改變，使得修技校畢業生投入的不是 1870～1880 年代日本電訊草創的年代，郵便局體系也不再是技術出身人員的專利，隨著業務的擴大，郵便局成員的來源更加多元化。雖然市場的人力需求仍在，但在臺灣總督府設法改變收支不相償的情況下，臺灣郵便電信書記薪資結構的向下調整與晉級的平均時間都已經拉長。

二、三等郵便電信局長的來源

　　通信部通信技手陸續離退後，接替的人員晉用有如下特徵：

（一）三等局長來源更寬廣、薪資晉級時間平均較長

　　1900 年 5 月 1 日新任命大津一郎等 17 名三等局長，其中兵站電信部出身的通信技手只剩下 4 位。任南投局的細川勝治（1859 年生）是儲匯部門出身，1896 年 4 月為七級俸，1897 年 8 月六級俸，1899 年 12 月六級俸。豐田平作（1862 年生）是會計業務專長，1897 年 5 月抵臺（七級俸），1900 年任三叉河郵便局長（五級俸）。福田毅太郎（1853 年生）是陸軍士官、少尉退役，1896

〔註 35〕　《臺灣總督府公文類纂》永久進退保存，第 567 冊，第 3 號，明治 33 年 5 月 1 日，〈大津一郎外十七名郵便電信局長二轉任命令〉，頁 84～87。

〔註 36〕　〈小野塚臺南郵便局長の勇退〉，《臺灣遞信協會雜誌》第 33 號，頁 52。

〔註 37〕　〈郵便人物評論〉，《臺灣遞信協會雜誌》第 44 號，1923 年 2 月，頁 55。

年 4 月 20 日抵臺任郵便電信書記（七級俸），1897 年 9 月六級俸，1898 年 7 月被命留職，同年 11 月復職，1900 年（47 歲）5 月任阿猴局長。〔註 38〕上述三位三等局長平均薪資晉級時間約 1～2 年，較 1895～1896 年間，顯得較長；而且都不是技術部門出身的局長，顯示來源更多元。

（二）培育管道的多元化

通信部通信技手多畢業自修技校，但爲滿足供不應求的電訊人材，只要依照「電氣通信技術傳習生養程規則」都能培育基層電訊人員。如 1873 年生的阿公店郵便電信局長山本晴近在日本松山郵便電信局從技術傳習生學習，通過電氣通信技術結業證明，1898 年（25 歲）11 月抵臺，1900 年接任三等局長。〔註 39〕

（三）1898 年影響的不只是通信部的通信技手

田崎一貫，1857 年生，工部十等技手，在日本擔任過二等電信局長，三等郵便電信局長，1898 年 5 月抵臺（五級俸），7 月命其留職，半年後重任總督府郵便電信書記（七級俸），1900 年任嗹吧哖郵便電信局長。〔註 40〕1898 年的薪資結構調整，不獨影響兵站電信部的技手，而是整個結構面的改變。

表 18　通信技手薪資俸等（金額）

項次	姓　　名	薪　資　俸　等　（金額）
1	小寺銈次郎	一級俸（1897 年 8 月）
2	土屋鏡五郎	一級俸（1897 年 5 月）
3	山崎養磨	一級俸（1897 年 6 月），最後年薪 720 圓（1898 年 4 月請辭）
4	大津一郎	二級俸（1897 年），經費不足降爲三級俸（1898 年行政調整）
5	松岡龜雄	二級俸（1897 年 8 月）
6	小林於菟次郎	二級俸（1897 年 6 月）
7	寺田正忠	二級俸（1896 年 12 月）
8	早瀬已熊	二級俸（1897 年 8 月）

〔註 38〕《臺灣總督府公文類纂》永久進退保存，第 567 冊，第 3 號，明治 33 年 5 月 1 日，〈大津一郎外十七名郵便電信局長二轉任命令〉，頁 48～55、77～79。

〔註 39〕《臺灣總督府公文類纂》永久進退保存，第 567 冊，第 3 號，明治 33 年 5 月 1 日，〈大津一郎外十七名郵便電信局長二轉任命令〉，頁 55～58。

〔註 40〕《臺灣總督府公文類纂》永久進退保存，第 567 冊，第 3 號，明治 33 年 5 月 1 日，〈大津一郎外十七名郵便電信局長二轉任命令〉，頁 64～67。

9	市川三作	二級俸（1896 年 4 月）
10	水神助吉	二級俸（1901 年 1 月病危晉級）
11	速水經憲	二級俸（1900 年，月俸 60 圓）
12	高原萬三郎	三級俸（1897 年 5 月）
13	忠隈正二	三級俸（1897 年 9 月）
14	田浦勇	三級俸（1896 年 4 月）
15	富山禎五郎	三級俸（1896 年 4 月）
16	磯矢脩治	三級俸（1897 年 6 月）
17	山內貞彥	四級俸（1896 年 12 月）
18	西鄉直介	四級俸（1897 年 4 月）
19	宇原整三	四級俸（1897 年 8 月）最後年薪 480 圓（1899 年 4 月請辭）
20	梯三男	四級俸（1896 年 4 月），年薪 480 圓，同年請辭。
21	綠川休一	五級俸（1898 年 7 月）
22	中川石松	五級俸（1900 年 2 月）
23	山田誠道	五級俸（1898 年 4 月）
24	佐枝種處	五級俸（1900 年 9 月）
25	塚原秀彥	五級俸（1898 年 11 月）
26	綿谷鎗次郎	六級俸（1897 年 1 月）
27	村上清三郎	六級俸（1898 年 4 月）
28	木下可松	六級俸（1896 年 4 月）
29	野村孝夫	六級俸（1897 年）
30	石井得壽	六級俸（1897 年 8 月）
31	福原庸次	六級俸（1896 年）
32	籐原義武	七級俸（1896 年 10 月）
33	宮野昇太郎	七級俸（1898 年 3 月）
34	佐藤鐵彌	七級俸（1899 年 3 月）
35	篠田馬太郎	七級俸（1896 年 4 月）
36	田中三之助	七級俸（1896 年 4 月）
37	堀川義治	高等官七等，年薪 900 圓（1897 年 7 月請辭）
38	小倉銀次郎	高等官七等，年薪 900 圓（1897 年 9 月）
39	渡邊三知雄	年薪 480 圓（1898 年 5 月請辭時）
40	大濱砂	年薪 1,200 圓（1898 年 6 月請辭時）

41	西本荒次郎	恩給金 138 圓，年薪約 500～550 圓（1898 年 3 月請辭）
42	原上鼎司	恩給金 163 圓，年薪約 550 圓（1904 年 6 月請辭）
43	桑島持弘	年薪 540 圓（1898 年）
41	未可考薪級者 （25 位）	九里金太郎（1896 年 8 月過世）、朝見小三郎、內田甲一郎、片山節中、白井由美治、薩野好之助、堀和六、小張雅之輔、下山鉞次郎、近藤米次、岡田健吉、佐藤信夫、成田藤太郎、渡邊卯三郎、栗原德太郎、富山彌、吉田格永、高島坦、左近允尚義、加島安信、山本半次郎、牛尾太郎、下川助定、朝岡雄左兄、山善桂介、

資料來源：根據「附錄」製成。

三、1898 年的郵便書記人數與薪資結構

根據 1898 年總督府〈官等俸給令〉中的「判任官俸給表」規定，一級俸為 60 圓，二級俸 50 圓，三級俸 45 圓，逐級降 5 圓到九級俸 15 圓，最低十級俸為 12 圓。〔註41〕1902 年，一級俸調升為 75 圓，二級俸 60 圓，三級俸 50 圓，四級俸 45 圓，此後逐級調降 5 圓，直到 10 級俸的 15 圓。〔註42〕

1898 年在職的這群通信技手只剩下 24 位（占 98 名通信技手的 24%弱），其分布如下：

臺北局：技手小寺銓次郎（一級俸）、原上鼎司（三級俸）、大角信一（勳八、八級俸），皆任技手而非書記。任同局書記的有堀和六（一級俸）、白井由美治（五級俸）、佐枝種處（七級俸）。

其餘有臺南局技手森本住三郎（七級俸）。大稻埕支局書記宮野昇太郎（七級俸）。臺南局書記早瀨已熊（二級俸）。基隆局書記高原萬三郎（三級俸）、佐藤鐵彌（六級俸）與田中三之助（六級俸）。埔里社局書記小林於菟次郎（二級俸）。嘉義局書記西鄉直介（四級俸）。澎湖局書記大津一郎（二級俸）。後龍局書記堀川義治（五級俸）。枋寮局書記水神助吉（四級俸）。淡水局則有因病在 1897 年初後送的山本半次郎（勳八）在 1898 年又回淡水局任書記（三級俸）。〔註43〕

〔註41〕《臺灣總督府職員錄》明治 31 年度（臺北：臺灣日日新報社，1898 年 12 月發行），頁 3。

〔註42〕《臺灣總督府職員錄》明治 35 年度（臺北：臺灣日日新報社，1902 年 6 月發行），頁 7。

〔註43〕《臺灣總督府職員錄》明治 31 年度（臺北：臺灣日日新報社，1898 年 12 月

後送的野村孝夫也於 1902 年服務於打狗局任書記（兼該局電信掛長，勳八，六級俸）。而到這一年通信技手只剩 12 位在臺灣服務，多數是資深書記（兼掛長），更多的是兼二、三等局局長。〔註44〕

圖 8　郵便電信書記薪俸與人數結構（1898 年度）

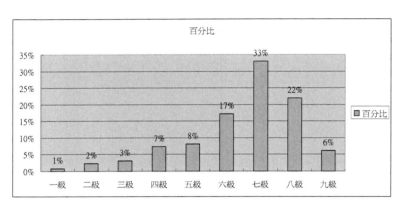

說明：百分比爲該級書記人數占總人數之百分比
資料來源：根據「表19」製成。

其次，就地點而言，1898 年共有 46 個電報據點（不含通信局本部與非常通信所），臺北、臺中、臺南與基隆四個一等局共配置 180 位書記，占全體的 46%強；二等局計有淡水局等 21 個局，也是配置 180 位書記，故一、二等局的書記就占了全體的 92%。剩餘的 17 名書記，平均分配在三等局後龍局等 17 個局，正好每各三等局只有一名書記，且都沒有配置雇員，但三等局的「唯一」書記俸級較高，多爲四級到五級之間，有較豐富的實務經驗，最低的六級俸則只有 2 位，顯示總督府對基層三等局的人力配置接近「人數少、經驗多」，一到二等局則爲「人數雖多，但平均薪資較低」的特性。換言之，經過 1898 年的調整與人事規模的擴大，整體電訊人力的薪資結構，逐漸進入另一個成本基期較低的階段，接續發展。

前已述及可考的 43 名通信技手中，五級俸（含）以上技手共 25 位（58%），若以四級俸（含）以上則爲 20 位（47%）。但經過 1898 年的行政調整後，全臺在職郵便電信書記（不含通信部本部）共 391 名，其中六級俸就有 67 名，

發行），頁 20～29。
〔註44〕《臺灣總督府職員錄》明治 35 年度（臺北：臺灣日日新報社，1902 年 6 月發行），頁 99。

七級俸 129 名，八級俸 86 名，合計 282 名，占所有書記人數的 72%。相對五級俸（含）以上只有 85 名，占 21% 弱（請參「圖 8」）。這個結構趨勢的轉化顯示有更多在日本接受培育的電訊人材抵臺工作，且薪資結構集中在判任官的中階以下；這個轉變對總督府而言是從業人數的增加，人事支出相對降低，是有利於行政調整所欲達成的目的。

　　儘管歷經 1898 年的調整，但電訊人材還是不足，一是編制人數有上限，二是實施業務擴充的需要，故以「雇員」身份滿足人力需求。1898 年雇員共 115 人，占編制書記人數的 29%，等於每 3 位書記增加 1 名雇員的聘用。雇員平均薪資在 20～25 圓／月之間，等同於判任官書記的七級到八級，仍是低階的薪資結構，卻與書記負擔全臺的電報業務。這個變化是在領臺三年內完成，第一批抵臺的通訊技手在這個結構性調整中退出了舞臺，只餘 1/4 在職。

　　這群通信技手快速消退的原因除了領臺初期的公共衛生及疾病因素外，另一個原因是政府如何看待「通信技手」這個職務的價值觀及其衍生的社會價值。

　　首先，電報第一線操作人員稱為「通信技手」或「郵便電信書記」皆可，因為這只是伴隨日本 1880 年代開始對於郵便電信局組織調整的不同職稱，對實際業務性質並無改變，臺灣總督府領臺初期也跟隨日本郵便電信組織與相關規定辦理。

四、通信技手容易進入的觀點

　　1919 年，論者以為 16～17 歲、小學校畢業，進入電報產業，免受「碌碌教育」，可獨立生活，通過考試合格後，晉身判任官，著體面制服。兼可成家立業，俸給瞻養家人，是一條經濟自立的「捷徑」。〔註 45〕這應是初任技手最意氣風發的開始，但卻不是結束。但進入實際工作後，需不斷充實相關知識，應付各種上級的業務要求，不斷受到音響機聲音刺激聽覺，配合手部活動的「手腦眼並用」。是以論者又指出英國資深的電報從業員，大概有一半都是病人。〔註 46〕最後，上述觀點的時空是景氣發達的 1919 年，與 1895～1896 年

〔註 45〕無外生，〈通信手任用制度の批判〉，《臺灣通信協會雜誌》第 11 號，1919 年 4 月，頁 29。

〔註 46〕無外生，〈通信手任用制度の批判〉，《臺灣通信協會雜誌》第 11 號，1919 年 4 月，頁 28。

的時空不同。其次，上述觀點過度簡化通信技手從招募、學習、考試、分發、
實習的初始階段，並非一條「捷徑」。

1910 年代後期，物價與時空已與 1895 年不同，日本通信生養成所畢業後
三年，月俸可達 17～18 圓，成為年輕的「判任官」，但因素質未能伴隨，導
致技術、學力低下。這種初任的判任官雖受半年訓練，實務三年的磨練，卻
不一定能具備判任官的專業素質。臺灣沒有日本的每年四次的「績效津貼」（勤
勉手當），每次津貼金額約為月俸的 80%，加上每年底的年終獎金（年末慰勞），
每年約可多領三個半月薪資。臺灣沒有比照日本的制度設計，導致近年報考
人數的降低。〔註 47〕基隆局長瀧千代多也指出臺灣三等局經費困難，局舍、
土地與經費都待加強，也令人同情，長久下來，連帶損失的是從業員的自尊
自重。從業者易罹患腦神經衰弱，對長期任職者應建立年功加給制度。〔註 48〕
故從長期的待遇及人事結構趨勢下觀察，這群通信技手如果留在臺灣發展，
面臨的是不如日治初期發展機會的局面。

表面上，在臺灣工作的郵便電信書記的七級俸相當於日本的三級俸，待
遇要高於日本，加上臺灣才有補貼的「宿直料」，可謂相當的「厚遇」。但臺
灣沒有依職務績效表現的津貼（每年四次），日本卻有；臺灣的「宿直料」補
貼是依職級均一發放，無法提高從業人員的績效。〔註 49〕加上工作環境與風
險、氣候特性，兩相權衡，未必臺灣待遇優於日本。

論者又指出通信技手工作並非「簡易單調」，而是不斷受業務刺激神經，
勤務時間無法固定，需晝夜輪班或長時間作業，易陷於神經衰弱。加上臺灣
特殊的氣候、瘧疾等威脅，執勤更為不易。〔註 50〕由於日治中期以前，電報
的基本設備、業務運作方式沒有根本性的變革，多數倚賴人力的操作，1919
年的論述觀點在社會秩序、公共衛生已異於日治前二年，觀點仍為如此，1895
～1896 年間通信技手的勞動條件，略可推見。

〔註 47〕東城生，〈內地に於ける電信吏員の待遇〉，《臺灣通信協會雜誌》第 16 號，
　　　　1919 年 9 月，頁 4～5。
〔註 48〕瀧千代多，〈遞信事業社會的位置〉，《臺灣通信協會雜誌》第 17 號，1919 年
　　　　10 月，頁 3～5。
〔註 49〕南鯤山人，〈電信從事員の優遇、技術自覺を論じて通信動員計畫に及ぶ〉，《臺
　　　　灣通信協會雜誌》第 1 號，1918 年 6 月，頁 26。
〔註 50〕時吉殘月，〈電信現業の消極的負擔輕減と現業員の健康を論ず（上）〉，《臺
　　　　灣通信協會雜誌》第 13 號，1919 年 6 月，頁 3。

五、通信技手不易久任的制度因素

　　1910 年代，第一線電報從業員對於選擇這份工作有基層的感受，論者以爲電報工作的專業性無從質疑，人力素質是電訊系統能否發揮、業務能否順利推動的關鍵。但選擇這份工作的人在年輕時花費很多時間學習相關技能與知識，但政府的薪俸待遇與福利制度卻無法使人安於此職務做更長期的生涯規劃。1898 年有七成以上現職郵便電信書記薪俸在六級俸（含）以下，1910年代論者指出基層電報從業人員面臨薪俸「六級俸」、年齡「40 歲」的發展瓶頸。而社會的景氣隨著日本國際環境與國內電訊產業的發展，其人才需求與臺灣的週期是相重疊的。亦即當臺灣電訊人材不足時，日本亦同，相同的技術人才在不同的物質待遇情況下，可選擇返回或留在臺灣發展。在此情況下，論者指出有資深電報人員後悔投入這份基層專業工作，年過四十面臨生涯發展的瓶頸，在未來生活無法有強力安全的保證下，自難激勵從業者對於自身工作價值與業務精進的期許。而試圖轉業也面臨缺乏其它職業所需的知識與技能，「面臨斷崖絕壁，心生不安」。故基層電訊人員若能服務超過十年，薪俸達五級俸，存款超過一千圓並順利申請恩給金退休返鄉，即被視爲「成功的人生」。在英國倫敦中央電信局，可以發現年過六十的第一線電訊從業人員，但在臺灣服務 30～40 年是難以想像的事情，這對政府國家而言，是一種人力資源的損失。〔註 51〕

　　對首波抵臺的通信技手而言，專業經驗與年資薪俸劃上等號，但 1896 年4 月 1 日以後，最艱苦的直接戰鬥結束，回歸常態的電訊業務時，其多年專業經驗仍是強項，但可能不是總督府最注重的優勢，調整全體的薪資結構並保持電訊體系的基本運作，才是總督府施政的重點。故第一波抵臺通信技手的際遇，亦可從人力編制、待遇的結構性因素來考察。

　　到 1902 年，雇員與書記之間出現了「通信書記補」一職，雇員也細分爲「雇員」與「臨時雇員」兩種。〔註 52〕

　　郵便電信書記（或後來的通信書記）是電報從業人員中正式編制內的職務，日治初期人數最多，1899 年最高，達 399 人。但 1901 年出現通信書記補一職，同年通信書記降爲 203 人，1913 年以後一直低於 200 名，比起日治初

〔註 51〕　南鯤山人，〈電信從事員の優遇、技術自覺を論じて通信動員計畫に及ぶ〉，《臺灣通信協會雜誌》第 1 號，1918 年 6 月，頁 23～24。
〔註 52〕　《臺灣總督府職員錄》明治 35 年度（臺北：臺灣日日新報社，1902 年 6 月發行），頁 78～79。

期，減少一半到一半以上。通信書記補則常期約等同於通信書記，亦可擔任電報員工作，但薪資較通信書記低。而編制內最低階的雇員增長人數最爲顯著，1896 年僅 78 位，1909 年超過 500 位，1919 年超過 1 千位，而 1924 年後則超過 1,500 位。另就長期趨勢而言，通信書記、通信書記補與雇員三種職級人數占通信局正式編制吏員總數的 80～89%之間，餘 11～20%爲各局局長或總督府技師，屬高階的管理階層。而 1896 年高階人員占總吏員數的 25%強，隔年降爲 20%，1898 年行政改革後降到 17%，此後管理階層占吏員人數比例即維持相對穩定的狀況發展。

　　以上是一個長期的發展趨勢，第一波抵臺的通信技手多半職務已是郵便電信書記，在一個職務被逐漸縮編的趨勢中，相較於日本電報產業的需求，臺灣電報產業處於一個「業務不斷擴張，人事成本儘量降低」的發展格局。

表 19　郵便電信書記人數與薪俸結構（1898 年度）

俸等\\局名	一級	二級	三級	四級	五級	六級	七級	八級	九級	計
臺北局	1		1	2	3	7	29	14	10	67
大稻支				1		1	4			6
艋舺支						1				1
總督府					1			1		2
臺中局		1		2	4	4	15	6	3	35
臺南局		1	1	3	3	7	8	9		32
安平支				1	2	1	1			5
基隆局			2	2	2	12	15	9	4	46
淡水局	1		1		1		2	3		8
景尾局					1	1	2	3		7
新竹局	1			1		1	10	2	2	17
水邊腳局				1	1	2			1	5
宜蘭局		1			1	4	1	4	2	13
苗栗局			1			4	3	1		9
埔里社		1					3	3		7
雲林局			1			2	1	1	1	6
鹿港局				1	1		4	1		7

彰化局			1		1	2	5	1		10
大甲局					1	1	1	3		6
林圯埔局				1		3		2		6
北斗局				1	1	2	3	1		8
嘉義局		1		1		2	4	2	1	11
新營庄局					2	2	2	1		7
打狗局			2	1		1	1	2		7
鳳山局		1		1	1		2	7		12
澎湖局		2				1	5	2		10
恒春局			1		1	1	2	2		7
阿公店局				1			2	4		7
臺東局		1		1		4	2	2		10
後龍局					1					1
大嵙崁局				1						1
桃仔園局			1							1
東勢角局						1				1
牛馬頭局					1					1
葫蘆墩局				1						1
北港局						1				1
朴仔腳局					1					1
蕃薯寮局					1					1
曾文溪局				1						1
東港局				1						1
枋寮局				1						1
他里霧局					1					1
金包里局				1						1
頂雙溪局				1						1
頭圍局				1						1
蘇澳局				1						1
計	3	9	12	29	32	67	129	86	24	391
百分比%	1	2	3	7	8	17	33	22	6	100

說明：不含雇員，雇員月俸平均約 20～25 圓。亦不含通信部書記人數。

資料來源：《臺灣總督府職員錄》明治 31 年度（臺北：臺灣日日新報社，1898 年 12 月發

行），頁 20～29。

圖 9　日治前期通信書記、通信書記補與雇員人數圖

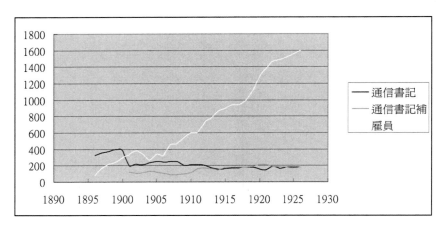

說明：X 軸爲西元時間，Y 軸爲人數。

資料來源：根據「表 20」繪製。

表 20　日治前期通信書記、通信書記補與雇員人數表

時間	通信書記	通信書記補	雇員	吏員合計	百分比
1896	322		78	534	75%
1897	354		169	654	80%
1898	377		219	718	83%
1899	399		247	770	84%
1900	384		296	839	81%
1901	203	121	333	802	82%
1902	219	107	384	847	84%
1903	210	111	337	798	82%
1904	232	129	271	768	82%
1905	249	120	343	854	83%
1906	243	107	326	839	81%
1907	253	86	451	948	83%
1908	252	91	472	970	84%
1909	202	95	540	999	84%
1910	211	114	600	1086	85%
1911	210	162	607	1161	84%

1912	203	172	731	1304	85%
1913	170	159	787	1328	84%
1914	157	148	864	1390	84%
1915	162	178	900	1461	85%
1916	172	180	940	1519	85%
1917	171	182	939	1523	85%
1918	178	181	999	1592	85%
1919	178	187	1118	1724	86%
1920	156	208	1290	1899	87%
1921	150	214	1377	1988	88%
1922	184	190	1469	2102	88%
1923	166	187	1480	2096	87%
1924	180	176	1514	2100	89%
1925	177	171	1553	2142	89%
1926	178	179	1598	2202	89%

資料來源：資料來源：臺灣總督府交通局遞信部《遞信志（通信編）》（臺北：該局，1928
年9月發行），頁223～225。

小　結

1880年代，日本電信局修技校畢業生初任工部十等技手月俸為8～10圓
之間，2～5年間晉升九等技手（月俸15～20圓）。但年資較淺而初任陸軍省
雇員者，約為15～35圓之間，相對高於日本的薪俸，但也伴隨較不利的工作
環境與風險。

這群基層技術人員養成教育在日本，參與了日本引進電報快速擴散的
1880～1890年代，並歷練過多個分局，由地方分局逐漸累積經驗，並調往都
會地區之電報據點；職務則從技手，逐年晉升為判任官、主任技術員，並出
差各地提供電報據點新增、建置與整合的服務諮詢工作。他們未可視為一般
技術人員，而是具備長期基層電報運作實務的資深技術人員，這個人力資源
的價值在日治初期，無可取代。

在1896年4月1日實施新制起到1898年行政調整的二年間，在職的人
員仍協助建立各地三等局並擔任局長，仍任郵便電信書記的則在例行輪調（互
調）及協助各地開辦電報業務，持續貢獻實務專長。

　　可考 70 名通信技手中，東京府占大宗，但東京府本身是都市化程度較高的都會區，似無特殊之地域性，與日治初期渡臺日人多為九州地區相較，無明顯關係。另在一個士族逐漸瓦解的社會變遷中，部分士族進入了電訊這個新興產業。

　　抵臺通信技手在日本平均有 11.7 年的工作資歷，初次進入職場年齡為 20.6 歲，若依照電訊人員養成的階段發展而論，屬於熟練的基層電訊技術及業務人員。技術與業務的嫻熟，相為豐富的人生閱歷與常識，較能適應職場的各種變化。

　　通信技手多半畢業自日本的修技校，少部分在日本就擔任過二、三等局長，具備廣泛業務的熟悉與獨立作業的能力，是「臺灣戰役」中寶貴的經驗資產。

　　抵臺後有 20 位擔任過郵便電信局長，但多數在基層的三等局，平均抵臺年齡為 31.7 歲，離開臺灣平均年齡為 41.3 歲，平均每人在臺灣服務 9.6 年，這等於把通信技手生涯中最富思辨與處理事物、技術各方面最純熟的十年付出於臺灣。

　　而離開臺灣的最大原因是疾病，一是公共衛生條件下的瘧疾，當生理強度因疾病衰退後，職業上快節奏的特性伴隨的是腦神經衰弱，久任臺灣服務者少。工作特性上，參與「臺灣戰役」為獲得勳等、從軍記章與獎金的捷徑。但電報為了追求速度與正確性，伴隨的是衍生的管理制度與龐大書類工作，當「忙中有錯」時，書面的譴責與告誡隨之而至。通信技手平均有 3 名子女，家庭多數為核心家庭的型態，這顯示當通信技手支身在臺時，妻子可能需獨自負起子女教養的責任。抵臺工作雖然初期薪水較高，年資也可加算 1/2，戰爭期間年資更可加倍計算。對照得與失之間，每名通信技手都有自己的考量與適應的方式。通信技手雖然一人在臺工作，卻牽動了整個家庭。

第四章　通信技手群像

第一節　通信技手的類型

一、久任基層型

「久任基層型」長期擔任郵便電信書記，未擔任過局長職務，曾被命令停（休）職，後依法可申請恩給金者。主要代表者有池田平一郎、中田昌幸等。

（一）池田平一郎

愛知縣人，1869 年 4 月生，1885 年（16 歲）11 月任工部十等技手，1887年兼電信書記，1890 年任遞信技手、通信技手，1895 年（26 歲）7 月 25 日留職，同日任總督府雇員。〔註1〕抵臺後加入兵站電信部，後因病於 1896 年 8月 21 日停職（四級俸），返日治療，同年 9 月 17 日返臺復職（仍爲四級俸），並於臺北局服務。〔註2〕1897 年 8 月因「平素職務勤勉，成績亦佳良」，晉升三級俸（一年四個月），所增薪俸於臺北局預算內支應。〔註3〕1901 年四月因

〔註 1〕《臺灣總督府公文類纂》永久保存（進退），第 940 冊，第 18 號，明治 37 年
　　　　11 月 2 日，〈元通信書記池田平一郎へ恩給證書送付ノ件〉，頁 265。
〔註 2〕《臺灣總督府公文類纂》永久保存（進退），第 110 冊，第 54 號，明治 29 年
　　　　9 月 14 日，〈非職郵便電信書記池田平一郎復職並青木宣通外七名郵便電信書
　　　　記國語學校助教諭公醫又ハ雇任免ノ件〉，頁 147。
〔註 3〕《臺灣總督府公文類纂》乙種永久保存（進退追加），第 230 冊，第 61 號，
　　　　明治 30 年 8 月 31 日，〈郵便電信書記池田平一郎外數名昇級〉，頁 354～355。

「多年從事斯業，配合地方局所業務調整」，依文官分限令第 11 條第 1 項第 4 號，5 月 1 日晉二級俸並命其停職。〔註4〕這個停職到 1904 年 4 月 30 日期滿，池田平一郎已返回愛知縣居住，以服務年資滿 15 年，申請恩給金。〔註5〕

最後一年年俸為 720 圓，年資核算 17 年，計算比例 62/240，核定年恩給金 186 圓。〔註6〕

1900 年池田平一郎於臺北局大稻埕支局擔任收入官吏時，依規定要繳交保證金，其保證人為同樣擔任過通信技手的堀和六與山田誠道。依據會計規定第 103 條與 105 條，保證人負有被保證人造成財務損失之連帶賠償責任。〔註7〕

（二）中田昌幸

石川縣平民，1860 年 5 月 23 日生。1882 年（22 歲）任工部十等技手（月俸 7 圓），於電信局新潟分局、系魚川分局服務，1885 年（25 歲）晉升九等技手（月俸 17 圓），1887 年兼電信書記，1889 年 9 月晉升遞信八等技手兼郵便電信書記，於中野郵便電信局、金澤郵便電信局，1891 年支領技手八級俸。並持續於富山郵便電信局、東岩瀨郵便電信局，1895 年 7 月 15 日留職，同日任總督府雇員（月俸 25 圓）。8 月 4 日於廣島市宇品港登船，15 日登陸基隆，23 日加入獨立野戰電信隊，任該隊補充員。9 月 2 日，於彰化通信所任所員，7 日調永靖街通信所，9 日加入臨時臺灣兵站電信部，19 日加入南進軍，12 月 4 日任枋寮通信所長。1896 年 4 月 1 日任郵便電信書記（五級俸），5 月於臺中局服務，參加「臺灣戰役」獎金 40 圓，同年 11 月 23 日被命停職。1897 年 2 月請辭並申請恩給金。〔註8〕

中田昌幸 1887 年（27 歲）9 月與妻子結婚，並與母親、妻子同住，沒有子女生育記錄。年資計算 17 年，最後年俸 420 圓，比例為 62/240，核定年恩

〔註4〕《臺灣總督府公文類纂》永久進退保存，第 687 冊，第 52 號，明治 34 年 5 月 1 日，〈通信書記池田平一郎外六名昇級及休職ヲ命ス〉，頁 210。

〔註5〕《臺灣總督府公文類纂》永久保存，第 940 冊，第 18 號，明治 37 年 11 月 2 日，〈元通信書記池田平一郎ヘ恩給證書送付ノ件〉，頁 262。

〔註6〕《臺灣總督府公文類纂》永久保存（進退），第 940 冊，第 18 號，明治 37 年 11 月 2 日，〈元通信書記池田平一郎ヘ恩給證書送付ノ件〉，頁 266。

〔註7〕《臺灣總督府公文類纂》十五年追加，第 4628 冊，第 20 號，明治 33 年 10 月 1 日，〈出納官吏池田平一郎身元保證金免除認可〉，頁 292～293。

〔註8〕《臺灣總督府公文類纂》乙種永久保存，第 264 冊，第 9 號，明治 31 年 5 月 14 日，〈中田昌幸ヘ恩給証書下付〉，頁 198～200。

給金額 109 圓。〔註 9〕

　　中田昌幸請辭前在臺中局服務，臺中局長豐原清謂其「野戰從軍以來，久歷本島，服務勤勉」。〔註 10〕通信部長土居通豫謂其「數次罹患瘧疾，身體衰弱，經醫師診斷，不堪職務。自從軍已滿一年，勤勞不少」。〔註 11〕

（三）野村孝夫

　　長野縣士族，爲同縣士族野村岩次郎之養子，1877 年 11 月 15 日生，1895 年（18 歲）野戰電信隊成員，戰鬥中後送並重返職場。1896 年 4 月 1 日任總督府郵便電信書記，1898 年 6 月因官制改訂，改任通信書記，1915 年（38 歲，勳七等，三級俸）2 月因病不堪職務請辭（返日後居大阪市），並申請恩給。核定年資 24 年，最後年俸 780 圓，比例 69/240，核定年額 225 圓。返回日本大阪後居住於該市築港局宿舍，似持續在職場服務。〔註 12〕

　　根據史料顯示，野村孝夫於 1895 年 1 月 21 日就受雇陸軍省擔任雇員，同日加入獨立野戰電信隊，同年 12 月 4 日加入臨時臺灣兵站電信部，1896 年 4 月 1 日起任郵便電信書記（七級俸），同年於阿公店局服務，11 月調臺南局。〔註 13〕1897 年 8 月晉六級俸，1899 年 2 月俸給規定修訂，任通信書記並改敘七級俸。1900 年 9 月六級俸，1903 年 3 月晉五級俸，1905 年 5 月晉四級俸，同月請辭。1906 年 4 月再任總督府通信書記（敘六級俸），1907 年任總督府通信屬，1908 年 9 月晉五級俸，1910 年 4 月俸給規定修訂，仍爲五級俸。1911 年 9 月晉四級俸，1915 年 2 月晉三級俸，同月二度請辭。〔註 14〕

　　野村孝夫育有二男一女，因其抵臺時較爲年輕（18 歲），三名女子於 1905

〔註 9〕　《臺灣總督府公文類纂》乙種永久保存，第 264 冊，第 9 號，明治 31 年 5 月 14 日，〈中田昌幸へ恩給証書下付〉，頁 201、204。

〔註 10〕　《臺灣總督府公文類纂》乙種永久保存（進退），第 195 冊，第 24 號，明治 30 年 2 月 19 日，〈非職郵便電信書記中田昌幸依願免本官〉，頁 114。

〔註 11〕　《臺灣總督府公文類纂》永久保存（進退），第 113 冊，第 15 號，明治 29 年 11 月 13 日，〈郵便電信書記中田昌幸非職ノ件〉，頁 48。

〔註 12〕　《臺灣總督府公文類纂》永久保存，第 2343 冊，第 5 號，大正 4 年 5 月 1 日，〈野村孝夫恩給證書下附〉，頁 59～60、62。

〔註 13〕　《臺灣總督府公文類纂》永久保存（進退），第 113 冊，第 18 號，明治 29 年 11 月 12 日，〈郵便電信書記野村孝夫外二名〔下川助定、渡邊錄藏〕所屬命令ノ件〉，頁 56。

〔註 14〕　《臺灣總督府公文類纂》永久保存，第 2343 冊，第 5 號，大正 4 年 5 月 1 日，〈野村孝夫恩給證書下附〉，頁 61～63。

～1911 年間出生。〔註15〕

（四）石井得壽

東京府平民，1866 年 1 月 3 日生，1895 年 8 月 17 日受雇陸軍省擔任雇員（月俸 15 圓），同日編入獨立野戰電信隊，26 日從宇品港出航，31 日抵基隆，12 月 3 日加入臨時臺灣兵站電信部。其參與「臺灣戰役」和勳八等瑞寶章、獎金 35 圓。1896 年 4 月 1 日任總督府郵便電信書記（七級俸），5 月調鳳山局，1897 年 8 月晉六級俸，11 月調彰化局，1898 年 6 月調臺中局，1899 年 2 月調彰化局，9 月晉六級俸，1902 年 1 月晉五級俸，同日依文官分限令免職，以在職五年以上，給予二個半月薪俸。1904 年 7 月再任總督府通信書記，敘八級俸，調鹽水港局。1906 年 9 月月俸 27 圓，1907 年 4 月晉七級俸，同年 8 月以在職二年以上給予一個月月俸並免官。8 月再任臺灣總督府通信屬（月俸 23 圓），調嘉義局，到 1909 年 9 月逐年調薪到 28 圓，1911 年 9 月升至 37 圓，同年 12 月敘勳七等授瑞寶章，1912 年 4 月調淡水局，仍爲七級俸，同月請辭獲准。〔註16〕

1897 年 1 月 12 日於鳳山局服務時，處理臺北局發送枋寮局電報續傳時，誤植文字，因屬「職務上不注意」，受到譴責。〔註17〕1897 年 10 月，在彰化局編制未滿額的情況下，由鳳山局調彰化局。〔註18〕1899 年 2 月，石井得壽已調至臺中局，經彰化、斗六與臺中三局協議，將石井得壽從臺中局調彰化局，古賀紋三郎由彰化局調斗六局，這是涉及「二人三局」的調動模式。〔註19〕調動的必要性在於維繫各據點的運作效能，資深的郵便電信書記，是一種重要資產。

1912 年 4 月，石井得壽已調至嘉義局（職務爲通信屬），同月經嘉義局與

〔註15〕《臺灣總督府公文類纂》永久保存，第 2343 冊，第 5 號，大正 4 年 5 月 1 日，〈野村孝夫恩給證書下附〉，頁 64。

〔註16〕《臺灣總督府公文類纂》永久保存，第 2092 冊，第 10 號，大正 2 年 2 月 1 日，〈宜蘭廳石井得壽恩給証書送付〉，頁 159～160、165。

〔註17〕《臺灣總督府公文類纂》乙種永久保存，第 146 冊，第 14 號，明治 30 年 3 月 16 日，〈郵便電信書記天野成美、滿江常次郎譴責石井得壽誡告〉，頁 136、140。

〔註18〕《臺灣總督府公文類纂》乙種永久保存，第 234 冊，第 42 號，明治 30 年 10 月 22 日，〈郵便電信書記石井得壽外數名〉，頁 180。

〔註19〕《臺灣總督府公文類纂》永久進退保存，第 452 冊，第 36 號，明治 32 年 2 月 9 日，〈通信書記石井得壽外一名在勤命令〉，頁 144～145。

淡水局長彼此協議，調至淡水局。〔註20〕

1912 年 6 月，石井得壽薪俸爲七級俸（月俸 37 圓），因病請辭獲准，並獲獎金 95 圓。淡水局長小野塚斧太郎說石井得壽從事郵便與電報業務，「至極確實，近因身體衰弱提出辭呈。」〔註21〕

1912 年 8 月，石井得壽以在職 15 年以上，申請恩給金，請辭後石井得壽居住在蘇澳。〔註22〕

石井得壽與母親、二個兒子，弟與弟媳、妹妹同住，未有妻子在戶籍內記錄，其戶籍仍在日本東京市，而不在臺灣。長子生於 1891 年，次子生於 1893 年，皆在抵臺之前，抵臺後則未有生育記錄。〔註23〕

最後核定年資爲 18 年，最後年俸 480 圓，計算比率爲 63/240，核定年給金額 126 圓。〔註24〕

二、特殊事蹟型

「特殊事蹟型」包含被派任重要的調查與職務，如 1902 年被派往臺東，調查連接到屏東山地電報線的宮野昇太郎。另外也包含所有通信技手中，唯一犯罪入獄服刑的高原萬三郎。另外還有因「職務不熱心」遭停職的中川石松。

（一）高原萬三郎

東京府士族，1859 年 7 月 11 日生，1874 年 3 月入電信修技學校（電信修技校，後改稱東京郵便電信學校），同年 12 月考試及格得到日英辭典一冊，1878 年（19 歲）任工部技手見習，1879 年（20 歲）任十等技手，服務單位包含東京郵便電信局技手、電信書記、警視廳技手等。1895 年 5 月 8 日（36 歲）任總督府隨員，同年 9 月 8 日加入臨時兵站電信部（月俸 23 圓），1896

〔註20〕《臺灣總督府公文類纂》永久保存（進退），第 2065 冊，第 14 號，明治 45 年 4 月 1 日，〈通信屬石井得壽淡水郵便局勤務ヲ命ス〉，頁 52～53。

〔註21〕《臺灣總督府公文類纂》永久保存（進退），第 2067 冊，第 22 號，明治 45 年 6 月 1 日，〈通信屬石井得壽依願免本官〉，頁 147、149。

〔註22〕《臺灣總督府公文類纂》永久保存，第 2092 冊，第 10 號，大正 2 年 2 月 1 日，〈宜蘭廳石井得壽恩給証書送付〉，頁 158。

〔註23〕《臺灣總督府公文類纂》永久保存，第 2092 冊，第 10 號，大正 2 年 2 月 1 日，〈宜蘭廳石井得壽恩給証書送付〉，頁 162～164。

〔註24〕《臺灣總督府公文類纂》永久保存，第 2092 冊，第 10 號，大正 2 年 2 月 1 日，〈宜蘭廳石井得壽恩給証書送付〉，頁 172。

年 4 月 1 日任臺北局電信書記，並歷任基隆局電信課通信掛，並擔任該局共用物品保管主任、該局電信課長、三等局開始事務調查委員、該局電氣通信技術員採用試驗委員、公差前往金包里局、公差前往基龍到蘇澳沿線各局，參與基隆局很多基層電信業務的建立與維護。〔註 25〕

1897 年 5 月，因臺北局轄內海底電纜即將開通，將服務於臺北局的郵便電信書記高原萬三郎（四級俸）、原上鼎司（四級俸）與基隆局郵便電信書記武山一郎（四級俸）、名和耕造（八級俸）互調，以滿足業務推動之需要。〔註 26〕1900 年 4 月，高原萬三郎因病請辭。根據基隆開業醫師安藤行藏開立診斷書顯示，高原萬三郎得到「關節傴麻質斯病」，「病體不明，推測是一種化學的毒物，感冒與濕氣則爲誘因。」症狀則造成高原萬三郎「左右肩胛關節及肘、手腕關節等侵入，造成關節發熱、腫起與疼痛，無法自由動作，心情悶煩。」症狀發作時間則自渡臺前後開始。這種發作於關節的病症，醫生建議嚴禁精神過勞，轉至適宜溫度地方治療，浸泡溫泉、食鹽與硫磺浴，輔以滋養強壯劑，對本病有特效。〔註 27〕

總督府准辭後，1900 年 7 月由基隆局長伊藤金彌奏請總督府擔任瑞芳局長（三等局，三級俸），而擔任三等局長需繳交保證金 200 圓，高原萬三郎分十次繳納，到 1901 年 4 月才繳納完畢。〔註 28〕1902 年 10 月，高原萬三郎的長職務遭停職，原因是「平素局務掌理不積極，難期事務之推動」。〔註 29〕

〔註 25〕 《臺灣總督府公文類纂》乙種永久保存（進退追加），第 567 冊，第 3 號，明治 33 年 5 月 1 日，〈大津一郎外十七名郵便電信局長二轉任命令〉，頁 32～35。

〔註 26〕 《臺灣總督府公文類纂》乙種永久保存（進退），第 206 冊，第 12 號，明治 30 年 5 月 20 日，〈郵便電信書記高原萬三郎外三名基隆郵便電信局及臺北郵便電信局勤務〉，頁 46。

〔註 27〕 《臺灣總督府公文類纂》永久進退保存，第 566 冊，第 45 號，明治 33 年 4 月 30 日，〈通信書記高原萬三郎依願免本官〉，頁 237～240。

〔註 28〕 《臺灣總督府公文類纂》永久進退保存，第 571 冊，第 60 號，明治 33 年 7 月 21 日，〈高原萬三郎三等郵便電信局長二任ス〉，頁 233～234；十五年保存，第 4661 冊，第 10 號，明治 34 年 4 月 1 日，〈三等郵便電信局長有川宜一、高原萬三郎擔保金假納付濟証交付〉，頁 330。

〔註 29〕 《臺灣總督府公文類纂》永久進退保存，第 798 冊，第 16 號，明治 35 年 10 月 8 日，〈臺灣總督府三等郵便電信局長高原万三郎文官分限令第十一條第一項第四號二依リ休職ヲ命ス〉，頁 77～78。

圖10 日治初期三等局長繳納保證金證明

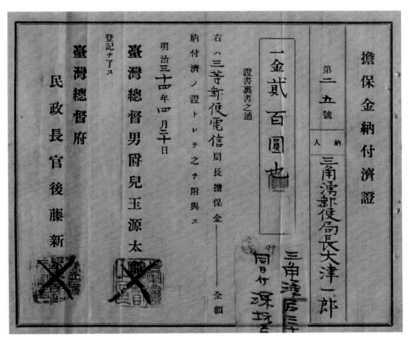

1902 年（43 歲）10 月 9 日下午四時，高原萬三郎在基隆局宿舍遭逮捕，並受臺北地方法院檢察官以「監守自盜」罪名起訴。這是所有加入「臨時臺灣兵站電信部」通信技手中遭起訴的罕見案例，由於高原萬三郎參與「臺灣戰役」得到從軍記章，屬於「帶動者」。這次因遭起訴，勳獎遭賞勳局「褫奪」。〔註30〕

1903 年 5 月，高原萬三郎遭判刑 8 年（輕懲役 8 年），刑期至 1911 年 3 月止。高原萬三郎服刑以後表現良好，「行狀善良，遵守獄則，作業精勵，改悛行爲顯著，爲他囚模範。」故於 1910 年 10 月假釋出獄，由其子野村義雄（已過繼他人，於臺南郵便局任職）保護，無再犯之虞。以高原萬三郎的 1/3

〔註30〕《臺灣總督府公文類纂》十五年追加，第 4778 冊，第 5 號，明治 36 年 11 月 1 日，〈帶動者高原萬三郎拘留ノ件法院檢察官長ヨリ具申、勳章還納ノ件〉，頁 33、38。

刑期而言，是到 1905 年 11 月；再依其服刑期間表現，仍到 1910 年 10 月才假釋出獄（距其刑滿已不到半年），顯見當時對於刑期執行之謹慎程度。〔註31〕

根據監獄記錄，高原萬三郎「體格粗大，營養良，無遺傳病與重症」。他從 1903 年 5 月 20 日入獄後開始學習「裁縫工」，到出獄前手藝從「未熟丙」提升到「普通甲」，甚至可以一人完成作業。而在擔任陪伴監獄病人方面，「視察表」中記載一般「看病夫」會產生漸進的倦怠，但高原萬三郎對病患十分親切。而高原萬三郎在服刑中也曾兩度住院治療，每次約 15～30 天，病因都是「腸加答兒」。服刑期間，高原萬三郎表示想念家人，也能與家人書信往返，個人內務與衛生皆能保持，作業亦屬勤勉。但有時對監獄的教誨頗有感動，有時中庸，有時冷淡；也能存勞動中累積所得，用以購買書籍、眼鏡、郵票與紙筆。有時收到親屬來信，顯現出「嬉悅」之狀。〔註32〕

根據監獄「行狀錄」顯示，高原萬三郎犯罪動機是「不正利得的慾望」，其於瑞芳局長任內（1902 年 1 月到同年 9 月）分數次竊取保管資金，所得共 1,342 圓。而為了掩飾犯行，向上述金額以該局遭竊呈報，並推諉他人為涉嫌者。〔註33〕

假釋後的高原萬三郎由次子野村義雄負擔保護責任。根據戶口謄本顯示，高原萬三郎夫妻育有五男四女，長男出生於 1884 年，幼子出生於 1901 年 12 月，其子女數為通信技手中最多者。抵臺前次女生於 1894 年 4 月，抵臺後到 1898 年 6 月三女出生中間，未有生育子女記錄。服刑前五男甫 2 歲，長男也已結婚。〔註34〕

（二）中川石松

1901 年 1 月因病請辭，時任新竹局電信係長（通信書記、五級俸），新竹局長中澤潤二謂其「手腕熟練，素行方正」。病因是遺傳性痔核，症狀自 1900 年 10 月起「時時疼痛出血，身體衰弱，不堪職務」，醫師建議嚴禁運動，靜

〔註31〕《臺灣總督府公文類纂》十五年保存，第 5303 冊，第 3 號，明治 43 年 12 月 1 日，〈受刑者高原萬三郎假出獄許可ノ件（臺北監獄）〉，頁 68～70。

〔註32〕《臺灣總督府公文類纂》十五年保存，第 5303 冊，第 3 號，明治 43 年 12 月 1 日，〈受刑者高原萬三郎假出獄許可ノ件（臺北監獄）〉，頁 72～78、82～83、91。

〔註33〕《臺灣總督府公文類纂》十五年保存，第 5303 冊，第 3 號，明治 43 年 12 月 1 日，〈受刑者高原萬三郎假出獄許可ノ件（臺北監獄）〉，頁 80。

〔註34〕《臺灣總督府公文類纂》十五年保存，第 5303 冊，第 3 號，明治 43 年 12 月 1 日，〈受刑者高原萬三郎假出獄許可ノ件（臺北監獄）〉，頁 105～106。

養身體，滋養強壯並投以止血劑治療。中川石松服務期間有受到譴責的最多記錄，1899 年 2 月 7 日因續傳電報脫落受譴責，同年 2 月 21 日因電報遺失受譴責，1900 年 2 月 3 日及 5 月 18 日又各受一次譴責。〔註35〕準備請辭的他並未辭成，因爲枋寮局長死亡，中川石松被新竹局長向通信課通薦擔任枋寮局長（三等局，仍爲五級俸）。同年 4 月，枋寮局裁撤，改派石光見（屏東佳多鄉）郵便電信局長。〔註36〕1904 年 7 月，通信局以中川石松擔任三等局長以來「職務不熱心」，命其停職，並派戶川爲吉接替該局局長；當時中川石松敘四級俸，月薪 25 圓。〔註37〕這個薪資低於 1895 年抵臺通信技手的平均薪資。

（三）佐藤鐵彌

1897 年 1 月由臺南局書記與打狗局書記越智十造互調，由臺南局長與打狗局長雙方協議後調動（註：打狗局隸屬臺南局）。〔註38〕同年 4 月，再調基隆局任郵便電信書記。〔註39〕1899 年 3 月，佐藤鐵彌（七級俸）因「素行屢受誡諭，未有改善之狀」，遭基隆局長伊藤金彌建議總督府給予停職處分。〔註40〕

（四）宮野昇太郎

靜岡縣人，1898 年 3 月因制度改革，欠缺通信技術專長的郵便電信書記，因宮野昇太郎具有電信技術相當資歷，故由通信書記改爲臺灣總督府郵便電信書記（七級俸），並派駐臺北局服務。〔註41〕1900 年 8 月配合總督府補充不

〔註35〕　《臺灣總督府公文類纂》永久進退保存，第 683 冊，第 57 號，明治 34 年 1 月 27 日，〈〔新竹郵便電信局勤務〕通信書記中川石松昇級及依願免官〉，頁 184～189。

〔註36〕　《臺灣總督府公文類纂》永久進退保存，第 683 冊，第 61 號，明治 34 年 1 月 26 日，〈中川石松三等郵便電信局長二任〔シ枋寮郵便電信局長ヲ命ス〕〉，頁 200。

〔註37〕　《臺灣總督府公文類纂》永久保存（進退），第 1024 冊，第 8 號，明治 37 年 8 月 1 日，〈三等郵便電信局長中川石松休職ヲ命セラレ戶川爲吉同局長二任セラル〉，頁 37～38。

〔註38〕　《臺灣總督府公文類纂》永久保存（追加），第 211 冊，第 14 號，明治 30 年 1 月 8 日，〈〔臺南郵便電信局書記〕佐藤鐵彌〔打狗郵便電信局書記越智十造〕轉勤上申〉，頁 87。

〔註39〕　《臺灣總督府公文類纂》乙種永久保存（進退追加），第 339 冊，第 9 號，明治 31 年 4 月 6 日，〈郵便電信書記佐藤鐵彌外五名轉勤〉，頁 33。

〔註40〕　《臺灣總督府公文類纂》永久進退保存，第 453 冊，第 59 號，明治 32 年 3 月 16 日，〈通信書記佐藤鐵彌非職ヲ命ス〉，頁 183～184。

〔註41〕　《臺灣總督府公文類纂》永久保存（進退），第 338 冊，第 60 號，明治 31 年 3 月 28 日，〈宮野昇太郎郵便電信書記任命〉，頁 225～226。

足之技手編制，改任一等局郵便電信技手（七級俸），1902 年 1 月再兼民政部通信局勤務。〔註42〕1901 年 11 月，爲方便宮野昇太郎進行業務，發予進入臺北局電報室（電信器械室）之許可證，離退或業務調整時需繳回。〔註43〕顯示電報室不是直接相關人員所能進入的空間，即當局對電報室空間隱秘與安全性的重視。

南臺灣通往臺東的電報線在 1896 年就已建置，1897 年 3 月改爲「國用線」。〔註44〕但因線路沿海線建立，妥善率欠佳，總督府亟思另一條山線電報線的可能，故有宮野昇太郎的調查行動。

臺東到屏東電報線路建設的調查報告書（復命書）

1902 年 5 月 9 日開始，宮野昇太郎奉命尋找臺東（卑南）經大南社往屏東（阿猴）「橫斷」中央山脈的電報線路建置可能性。由於當時對條線路仍相當陌生，故這不僅是一份報告書，也是一份旅行書寫，揭露很多當時的細節，值得記錄（報告書時間爲 1902 年 6 月 27 日）。〔註45〕

這一次通信局主導的探勘行動稱爲「南部橫貫旅行」，「從臺東經大南社出阿猴街」，目的在「開鑿郵便通路並準備架設電線」。在此之前，屏東到臺東已有既設電報線，但因「多經沿海架設，河流極多，每因大水致電線斷絕。信息莫通，不便之事不少。」這條線路預定路線「他人足跡未到，旅行者亦要有種種智識」。故由通信局、測候所、警察本署、地方殖產課等單位各派 1 名人員參加，連同臺南局醫師共 8 人，預計約一個月。〔註46〕以下以第一人稱敘述這份報告。

〔註42〕《臺灣總督府公文類纂》永久進退保存，第 574 冊，第 5 號，明治 33 年 8 月 30 日，〈宮野昇太郎一等郵便電信局技手二任ス〉，頁 25～26；永久進退保存，第 785 冊，第 7 號，明治 35 年 1 月 29 日，〈臺北郵便電信局勤務通信技手宮野昇太郎當分民政部通信局兼務ヲ命ス〉，頁 33。

〔註43〕《臺灣總督府公文類纂》十五年追加，第 4666 冊，第 23 號，明治 34 年 11 月 1 日，〈一等局技手宮野昇太郎外三名へ電信器械室許入証送付〉，頁 162。

〔註44〕藤井恭敬，《臺灣郵政史》（臺北：臺灣總督府民政部通信局，1918 年 2 月發行），頁 335。

〔註45〕該次調查報告全文請參閱：《臺灣總督府公文類纂》十五年保存，第 4672 冊，第 5 號，明治 35 年 8 月 1 日，〈卑南ヨリ大南庄ヲ經テ中央山脈ヲ橫斷シ阿猴二通スル電信線路調查ノ爲出張通信技手宮野昇太郎復命書〉，頁 253～261。

〔註46〕《臺灣日日新報》第 1202 號，明治 35 年 5 月 7 日，3 版，〈南部旅行〉。

圖11　宮野昇太郎探勘所繪地圖

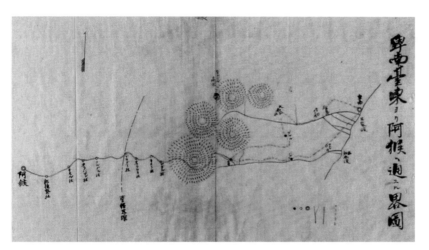

資料來源：《臺灣總督府公文類纂》十五年保存，第 4672 冊，第 5 號，
明治 35 年 8 月 1 日，〈卑南ヨリ大南庄ヲ經テ中央山脈ヲ
橫斷シ阿猴ニ通スル電信線路調查ノ爲出張通信技手宮野
昇太郎復命書〉，頁 261。

　　我（指宮野昇太郎）於 14 日從臺北搭船出海，19 日到臺東近海，但因浪
高無法登岸，22 日返抵基隆港。25 日再出航，26 日登陸卑南，到 31 日止都
在準備探勘需要的糧食、嚮導（翻譯）與原住民搬運物品人力等。6 月 1 日由
臺東出發，經呂家社、大南社抵達知本溪上游已經是 6 月 12 日，這時糧食用
盡，不得已返回臺東，計畫再度出發時因隨行原住民拒絕而延到 21 日再出發。
這

　　6 月 1 日：由呂家社南邊經過抵遵化社，路程約 12 公里，沿途盡是原野，
遵化社附近「樹林鬱蒼，道路屈曲」，但在樹林東端只需避開少數迂迴處，架
設線路應屬容易。遵化社位於呂家溪北岸，抵達該社後，位於該社後方的大
南社來報，謂社內「蕃丁爭鬥」造成 1 名原住民死亡，原本預定 2 日出發因
此延後，因爲該社發生死亡「凶異」，將依習俗禁止人員在社內出入。2 日只
好調整調查遵化社到射馬干社之間的「補助線」，從知本到呂家溪約 1 公里，
與原本呂家溪下游假設的 4 公里餘線路可以連接。3 日，大南社禁止人員出入
習俗結束，但降雨愈來愈大，從遵化社西南方出發，渡過寬約 360 公尺寬的
呂家溪，續行 3 百多公尺又渡過寬約 180 公尺河流，將來電線應可安全架設。
由於 1 日降雨增大，「河水濁流，徒涉困難」，但將來所需使用電桿可從遵化

社到大南社之間茂密樹種如福樹、相思樹爲首選（另只有少數杉木），但大南
社東方山麓斜度大（海拔約 600 公尺），建設線路連接到大南社有其困難。

　　而從大南社通往中央山脈，高度約 3 千公尺，另一山脈因尚未探勘過，
但根據原住民所述，高度約相同，加之降雨會造成水位上漲，「通路梗塞」，
建設線路後維護不易，尚待進一步探勘。

　　6 月 4 日到同月 9 日：豪雨連日，溪水氾濫，知本社與射馬干社招募之人
夫皆於大南社待命。宮野昇太郎在報告書中評估要由陸路到臺東廳有其困
難，故於該社補充人力與糧食物品，預定 10 日出發。

　　6 月 10 日：持續降雨，因在大南社停留多日，大南社頭目要求更多金額
報酬。爲此，臺東廳員與頭目「說諭」整日，探勘隊無法行動，整日滯留於
大南社。

　　6 月 11 日：預定早上出發，因貨物搬運問題延至上午十點出發，過呂家
溪，登上大南社前山，名爲「ブルル」，海拔高度 636 公尺，附近樹木鬱蒼，
架設線路困難。山腹中有二、三農家，要再前進有其困難，便於此處過夜。
此次探勘由具有經驗的臺東廳員黑葛原屬先行到大南社等地先行聯繫，取得
人力、護衛與安全上的承諾。而行動中人夫常要求休息，造成進度延遲，大
南社提供人夫之承諾前後不定，但爲探勘順利進行，多予遷就。

　　6 月 12 日：上午七點三十分發出，往西越過「パリサルン」山，到達「カ
ブガル」山巔，海拔 1080 公尺，往東南方望去，一片原野上即爲知本社，續南
行 2 公里即達知本溪上游，並於此過夜。而從「ブルル」到知本溪上游之間，「山
中林深、雜木繁茂，晝如暗夜」，可供利用木材豐富，但架設線路上稍感困難。
而從「ブルル」出發以來，原住民舉動無異，但進度甚遲，放任的結果是糧食
耗用，引起其不滿，能否達成任務頗感憂心。本夜問需要多少時間才能到達「ア
デル社」，答以沿路「土壤崩壞，溪流氾濫，山岳蜿蜒險峻」，預估要五天才能
抵達「アデル社」。但適逢雨季，行進困難，五天後能否抵達尚無把握。從大南
社出發前，該社告以只需三天路程即可抵達，而從臺東出發時根據臺東廳員建
議，只準備 15 天糧食，在大南社已耗用一半。此行翻譯大前巡查因得到瘧疾，
滯留大南社，有性命之虞。雨季加上唯一翻譯病危，我對原住民語言「全然不
通」，隊員有生病者，原住民人夫「強請」增加工資，彼等「性強慾飽，貪取金
錢物品」，期間有發生原住民人夫竊取之跡證，「獰惡殺伐，舞弄銃劍」，頗爲危
險。與其同行，前途遼遠，難期旅行安全，且有生命之憂。

6 月 13 日：早上 11 點出發，沿知本溪而下約 16 公里，下午 5 點 30 分抵達「バルベ」過夜，此地海拔 138 公尺。（註：從地圖來看，探勘隊因種種因素未達「アデル社」，且已折返並沿知本溪下游前進）。

6 月 14 日：上午 8 點 10 出發，沿知本溪下游續行 11 公里，並於中午 12 點抵達知本社。預計中餐過後出發，但原住民人夫喝醉，以身體疲勞，要增加工資或「惠與蕃酒」等不當理由遷延 3 小時，下午 4 點才從知本社出發，晚上 7 點抵臺東（卑南）。並與臺東廳長協調更多糧食準備再出發。

6 月 15 日：上午 7 點拜訪臺東廳長，協議再出發細節。但廳長告知日期接近大南社等作物收穫季節，恐無法再出發，探勘行動需中止。我依上述理由透過電報向通信局長報告。

6 月 16 日到 20 日：探勘中止，因「諸溪增水，行路不通」，在臺東停留到 21 日上船，22 日歸局。本次探勘無法完全達成任務固因天候因素，但原住民的統御亦為原因之一。臺東出發前已就工資與原住民達成協議與共識，途中為求目的達成，對其要求多予滿足，惜其出發後舉動與前發前相違。另外，臺東廳派遣宮本警部補與大前巡查隨行，但宮本警部補不諳原住民語言，獨靠大前巡查威嚴行之，但大前巡查因瘧疾中途病危並滯留大南社。未來若再派出探勘隊，有必要派出充分威嚴並能統御原住民之廳員。

這次原本要從臺東到阿猴的線路建置「橫斷調查」未能超過臺東廳管轄邊界，只從呂家溪上溯到大南社，逆時針方向沿著知本溪下游返回臺東。從 1902 年 5 月 26 日登陸到同年 6 月 21 日離開臺東，25 天的行程極為艱辛，突發與無法掌握狀況很多，這是日治初期行政力尚未能完全控制及天候因素所致，雖有臺東廳員向原住民「說諭」，但史料的細節實際上是「協調」。這份報告書保留的史料細節確十分詳盡，有助於瞭解日治初期這群技手在臺灣電訊系統建置上所扮演的角色。

三、行政主管型

「行政主管型」主要擔任過日本或臺灣各局等郵便電信局長者，主要代表有大濱砂（臺中局長）、小林於菟次郎（北斗局長、埔里社局長）、早瀨巳熊（臺東局長、基隆局長）、佐枝種處（萬丹局長），白井由美治（阿里港局長），大津一郎（三角湧局長、深坑局長），堀川義治（苗栗局長），福原庸次（內埔局長），以及兵站電信部「末代技手」篠田馬太郎（玉井局長）等。

（一）小林於菟次郎

　　東京府士族，1866 年 1 月 19 日生。1882 年（16 歲）4 月入修技校，1883 年 3 月電機通信技術科畢業，同月於中央局見習，7 月任工部十等技手（月俸 10 圓），並於郡山分局、仙台分局、宮古電信分局、仙台郵便電信局等單位服務。1889 年 9 月任遞信九等技手，並於宮古電信局服務，1891 年（25 歲）4 月任宮古電信局長，6 月任能代電信局長（判任官五等），1893 年（27 歲）11 月任郵便電信書記（八級俸），並於函館郵便電信局服務，抵臺前敘薪為七級俸。1895 年 10 月 3 日留職，同日任陸軍省雇員（月俸 30 圓），加入臨時臺灣兵站電信部。10 月 17 日出港，21 日抵基隆，11 月 7 日於臺南通信所服務，18 日得從軍記章（後領獎金 40 圓），12 月 5 日調臺北通信所待命，22 日調苗栗電信通信所長。1896 年 4 月 1 日請辭，同日任臺灣總督府郵便電信書記（三級俸），於苗栗郵便電信局任電信課長，1896 年 12 月因服務滿 12 年領遞信省獎金 150 圓。1897 年 4 月任苗栗局代理局長，6 月轉臺中局電信課長，並代理局長（二級俸）。1898 年 1 月任北斗郵便電信局長（二等局），6 月任埔里社郵便電信局長，常往返臺中與埔里之間。1899 年因二等局長任內「平素勤勉，成績優等」，晉升二級俸。〔註 47〕

　　1900 年再調回臺中局電信課長並代理局長，1902 年（36 歲）1 月任嘉義郵便電信局長，前往林圯埔、他里霧、北港、樸仔腳、臺南等地出差，同年 11 月晉升一級俸，同日因病請辭獲准。但在申請恩給金審核期間，因瑞芳局長高原萬三郎停職，臺北局從適任者中選擇小林於菟次郎任瑞芳局長（1902 年 10 月，三等局），到 1903 年 4 月才通過核定並取得恩給證書。請辭後，依規定可領回擔任局長之保證金 200 圓，並依一般存款利息加計後領回。但資料中發現申請恩給通過後，小林於菟次郎仍於總督府服務，並於 1913 年 7 月調任金瓜石郵便局長（三等局）。〔註 48〕

　　小林於菟次郎 1902 年 10 月因病請辭的疾病是「筋恩僂麻質斯」，致病因

〔註 47〕《臺灣總督府公文類纂》永久進退保存，第 466 冊，第 58 號，明治 32 年 9 月 30 日，〈二等郵便電信局長小林於菟次郎外六十一名昇級〉，頁 247。

〔註 48〕《臺灣總督府公文類纂》永久保存，第 811 冊，第 1 號，明治 36 年 12 月 8 日，〈元非職郵便電信局書記小林於菟次郎恩給請求ノ件〉，頁 13～17、32；十五年保存，第 4772 冊，第 3 號，明治 36 年 1 月 1 日，〈瑞芳郵便電信局長通信書記小林於菟次郎身元擔保金納付二關スル件〉，頁 19；永久保存（進退），第 2193 冊，第 54 號，大正 2 年 7 月 1 日，〈三等郵便局長小林於菟次郎金瓜石郵便局長ヲ命ス〉，頁 139。

是「感冒」，症狀自同年 8 月以降，疼痛部位會在身體轉移，造其身體衰弱不堪職務，醫師建議應「轉地療養」。〔註49〕

小林於菟次郎與兄長、嫂嫂（子女）、母親同一戶籍，與妻子育有三男二女，全戶共計 12 人。長子於 1887 年生，幼子於 1896 年 6 月出生，其在臺服務時，孩子們在 1〜8 歲之間；在臺服務期間，未有再生育子女之記錄。〔註50〕

小林於菟次郎核定年資 20 年，最後一年年薪 900 圓，計算比率為 65/240，年恩給金 244 圓。〔註51〕

（二）早瀨已熊

東京府士族，1869 年 3 月 8 日生。1883 年（14 歲）11 月任工部十等技手（月俸 10 圓），並於赤間關分局服務，工部省被遞信省取代後，改任遞信十等技手。1888 年 3 月晉升九等技手（判任官九等下級俸），並於東京郵便電信局服務，1893 年 11 月任郵便電信書記（七級俸），1895 年（26 歲）10 月 3 日留職，同日任陸軍省雇員（月俸 30 圓），任臨時臺灣兵站電信部，13 日出航，17 日到基隆，23 日任嘉義兵站電信通信所長（後得從軍記章、獎金 40 圓）。1896 年 1 月 10 日任職臺南電信通信所。4 月 1 日請辭，同日任臺灣總督府郵便電信書記（三級俸），仍於臺南郵便電信局任職，8 月 17 日調臺北局，1897 年 8 月 4 日調臺東局（二級俸），1898 年 6 月 20 日調臺南局。此後一直在臺南局服務，1902 年 1 月任臺灣總督府通信事務官補（高等官八等），同日任臺東局長，5 月調任基隆局長，1906 年 4 月因之前參與日俄戰爭敘勳六等（頒旭日章），1909 年（40 歲）3 月依「文官分限令」停職，1911 年（42 歲）10 月請辭並申請恩給。〔註52〕

早瀨已熊與兄長早瀨次郎同住（東京府豐多摩郡，當時屬東京外圍郊區），家戶共計 18 人，是能掌握通信技手家戶人口最多者。兄長早瀨次郎與

〔註49〕《臺灣總督府公文類纂》永久進退保存，第 799 冊，第 5 號，明治 35 年 11月 1 日，〈嘉義郵便電信局長通信書記小林於菟次郎昇級及ヒ願ニ依リ本官ヲ免ス〉，頁 21。

〔註50〕《臺灣總督府公文類纂》永久保存，第 811 冊，第 1 號，明治 36 年 12 月 8日，〈元非職郵便電信局書記小林於菟次郎恩給請求ノ件〉，頁 18。

〔註51〕《臺灣總督府公文類纂》永久保存，第 811 冊，第 1 號，明治 36 年 12 月 8日，〈元非職郵便電信局書記小林於菟次郎恩給請求ノ件〉，頁 26〜27、32。

〔註52〕《臺灣總督府公文類纂》永久保存（追加），第 1897 冊，第 24 號，明治 44年 12 月 21 日，〈早瀨已熊恩給證書送付（東京府）〉，頁 210〜216。

妻子共育有五男二女。早瀨已熊則與妻子於 1901 年（32 歲）5 月結婚，時妻子 17 歲，婚後育有三男，分別出生於 1905 年 2 月、1908 年 4 月與 1911 年 9 月，早瀨已熊赴臺初期是單身一人抵臺，而 1911 年申請恩給則在幼子出生後一個月。早瀨已熊還有弟弟早瀨義正與弟媳，早瀨義正夫妻育有二女。〔註 53〕以上合計家戶內共 18 人一起生活。

由於在臺灣服務可以加計年資，早賴已熊年資共計 29 年，最後一年年薪 1,600 圓，計算比例為 70/240，核定年額 490 圓。〔註 54〕

（二）田浦勇

東京府士族，1859 年 2 月 2 日生。1877 年（18 歲）12 月 12 日錄取為電信局修技生，1878 年 9 月晉升一級修技生，1879 年於宮內省警視本署電信分局實習，同年 8 月任工部技手見習（月俸 7 圓），此後並未馬上升任十等技手，而是在日本橋分局、靜岡分局、名古屋分局歷練，1882 年（23 歲）1 月任十等技手（月俸 9 圓），同年 7 月奉派往龜山分局出差，並於龜山分局服務 1884 年（25 歲）7 月晉升九等技手（月俸 17 圓），又在東京中央局、深川分局，1887 年 8 月兼任三等電信分局長（福島電信局），1888 年（29 歲）3 月晉升八等技手，同年 6 月兼二等電信局長（仍為福島電信局，判任官八等），1889 年 4 月任中央預備員並駐東京電信局，此後在館山郵便電信局、福島郵便電信局之間調動，1890 年（31 歲）4 月調回東京局電信課服務，同年 5 月於宮內省電信辦理所服務（中級俸）。1895 年（36 歲）10 月 3 日留職，同日任總督府雇員，編入隸屬於陸軍省臨時臺灣兵站電信部，抵臺後於 10 月 26 日任基隆通信所員，31 日奉命南進，11 月 7 日任臺南通信所員，12 月 4 日任恒春通信所長，後因參與「臺灣戰役」得從軍記章（獎金 40 圓）。1896 年 4 月 1 日請辭日本職務，同日任臺灣總督府郵便電信書記（三級俸），仍於恒春郵便電信局服務（該局電信課長），8 月任恒春局掌務規程調查委員長。期間赴臺南局公差，並代理過恒春局長，1897 年 7 月赴車城公差。1897 年（38 歲）8 月晉升二級俸，9 月恒春局新建辦公處所，任「新築工事委員」；10 月公差調查大板轆到鵝鑾鼻間電報配送區域，1898 年 3 月再赴鵝鑾鼻調查，6 月留職，

〔註 53〕《臺灣總督府公文類纂》永久保存（追加），第 1897 冊，第 24 號，明治 44 年 12 月 21 日，〈早瀨已熊恩給證書送付（東京府）〉，頁 217～219。

〔註 54〕《臺灣總督府公文類纂》永久保存（追加），第 1897 冊，第 24 號，明治 44 年 12 月 21 日，〈早瀨已熊恩給證書送付（東京府）〉，頁 221～222。

總督府予慰勞金 100 圓。〔註 55〕

　　田浦勇在日本實務經驗豐富，抵臺後長駐恆春地區服務，對該地區電報與區域特性應有一定的瞭解，幾乎也參與了該地區電報從無到有的建置過程。

　　1898 年 6 月，因總督府電報編制調整（縮編）而請辭，並申請恩給金，其最後一年年薪爲 600 圓，計算比例爲 61/240，年資共計 16 年，核定年給 153 圓。田浦勇於 1896 年（37 歲）3 月結婚，妻子 29 歲。依戶口謄本記載，夫妻未有生育子女。〔註 56〕

　　田浦勇於恒春局長代理期間，未依規定處理運往臺東之郵件而受到書面「譴責」。〔註 57〕除此之外，田浦勇從在日本任十等技手到請辭以前，無其它懲處記錄。

（三）市川三作

　　靜岡縣士族，1861 年 9 月 15 日生。1880 年 5 月入電信局修技校就讀，1881 年（20 歲）1 月電機通信技術畢業，同日進入日本橋分局擔任助手，同年 4 月任工部技手見習，1882 年（21 歲）1 月任工部十等技手（月俸 8 圓），1885 年（24 歲）7 月晉升九等技手（18 圓），同年 10 月派駐仙臺分局服務。同年 12 月 22 日工部省制度廢除，27 日任遞信九等技手，月俸仍爲 18 圓。後於青森分局、東京電信局服務，1888 年（27 歲）12 月兼任電信書記（上級俸），並於松山電信局服務。1899 年 7 月地方遞信官制廢除，郵便及電信局官制發布，改任電信書記（九級俸），隔年兼郵便電信書記（八級俸），1899 年 11 月晉升八等技手，1890 年 3 月敘判任官五等，1894 年敘六級俸。1894 年 9 月 18 日調第一軍兵站部，10 月 3 日出港，1895 年 6 月 5 日返回日本，21 日第一軍附兵站部解散。同年（34 歲）8 月 16 日留職，同日任陸軍省雇員，抵臺並加入獨立野戰電信隊。11 月因參與甲午戰爭得從軍記章，1895 年 12 月因參與「臺灣戰役」得勳八等白色桐葉章，獎金 100 圓。1896 年 4 月 1 日准辭，同日任臺灣總督府郵便電信書記（二級俸），5 月任職北斗局，8 月臺北局，12 月澎湖局（該原通信書記寺田正忠請辭，故前往接替其職務）。8 個月內調

〔註 55〕《臺灣總督府公文類纂》乙種永久保存，第 374 冊，第 6 號，明治 32 年 5 月 9 日，〈元非職郵便電信書記田浦勇恩給請求〉，頁 105～118。

〔註 56〕《臺灣總督府公文類纂》乙種永久保存，第 374 冊，第 6 號，明治 32 年 5 月 9 日，〈元非職郵便電信書記田浦勇恩給請求〉，頁 119、125。

〔註 57〕《臺灣總督府公文類纂》乙種永久保存，第 146 冊，第 16 號，明治 30 年 3 月 1 日，〈郵便電信書記中澤彌一郎、田浦勇譴責澤田卓爾誡告〉，頁 150～151。

動三個郵便電信局，顯見其重要性。1897 年 4 月因「臺灣戰役」襄助軍事行動，再獲獎金 30 圓，同年 6 月任臺灣總督府二等郵便電信局長（璞石閣郵便電信局長，敘一級俸）。市川三作由 1896 年 4 月 1 日專任臺灣職務時曾向遞信省申請恩給，核定年給 92 圓；1898 年 6 月申請留職，1899 年（38 歲）5 月請辭，並申請加發恩給金額。重新計算後，年資共 18 年，最後一年年薪 720 圓，比例為 63/240，核定年恩給金 189 圓，比 1896 年核定金額 92 圓多出 97 圓，超過一倍，但服務年資只增加 3 年。〔註58〕

市川三作與哥哥、母親、嫂嫂同住，並於 1889 年（28 歲）5 月結婚，育有二女，長女生於 1890 年，次女生於 1896 年 8 月，在多數參與「臺灣戰役」及服務於臺灣總督府時期，未有生育子女之記錄。〔註59〕而其申請留職返回日本時，二女分別為 9 歲與 3 歲。

（四）大濱砂

靜岡縣士族，1857 年生，1873 年（16 歲）任電信寮技術等外見習下級，並於神戶局、橫濱局歷練，1877 年（20 歲）晉升工部十等技手，在技手這一層級，先後於中央局、日本橋分局、神戶分局、兵庫分局、心齋橋分局服務，1883 年於大津到神戶之間鐵路（道）電信局服務，1885 年（28 歲）晉升工部七等技手（月俸 27 圓），1887 年（30 歲）任日本橋電信支局技術主任，1888 年任靜岡電信局（二等局）長，1889 年（32 歲）兼郵便電信書記。1892 年 3 月因母親生病請假近 3 個月比以便照護，1893 年（36 歲）出任第三期東京郵便電信學校別科募集生試驗委員，同年任金澤郵便電信局電信課長，此後到 1895 年 2 月之間，都在該局轄區內進行電信事務視察工作，獲敘勳八等賜瑞寶章，並出席二等局長會議，1895 年（38 歲）7 月 25 日留職，同日總督府聘為雇員（月俸 45 圓），8 月 6 日登船，13 日基隆登陸，同日於工兵部任職，26 日任命為淡水通信所長，9 月 9 日加入臨時兵站電信部，10 月 13 日派往福建省考察電報局與川石山等地，19 日歸臺。1896 年 1 月 10 日打狗兵站電信通信所長，4 月 21 日任鹿港郵便電信局（二等局）長，7 月參與郵便電信局

〔註58〕 《臺灣總督府公文類纂》乙種永久保存，第 375 冊，第 23 號，明治 32 年 8 月 23 日，〈元非職郵便電信書記市川三作增加恩給請求〉，頁 395～404、411；永久保存（進退），第 114 冊，第 96 號，明治 29 年 12 月 28 日，〈郵便電信書記宮地良致外二名〔永沼悟平、市川三作〕非職又ハ所屬命令ノ件〉，頁 287。

〔註59〕 《臺灣總督府公文類纂》乙種永久保存，第 375 冊，第 23 號，明治 32 年 8 月 23 日，〈元非職郵便電信書記市川三作增加恩給請求〉，頁 405～406。

長會議，9 月任臺中局長，同月請假二個月返回東京照顧生病母親，1898 年（41 歲）6 月敘正七位，同月因總督府進行「官制改革」請職並申請恩給金。1896 年曾請假照護母親的大濱砂，在 1898 年的戶籍謄本中只有妻子與弟弟，沒有子女。總計在職 21 年，最後一年年薪 1,200 圓，核定年恩給金 330 圓，年分四期發放。離退的大濱砂已無居住在靜岡，還請求將恩給金改在東京市領取。〔註60〕

（五）佐枝種處

愛知縣士族，1871 年 3 月 11 日生，1880 年（9 歲）入東京神田綿華學校，1882 年離校並進入北海道札幌北海英語學校，1886 年進入札幌農學校，1889 年離校，1890 年進入東京神田物理學校，1891 年離校，1894 年 7 月（23 歲）進入日本鐵道會社電信見習生結訓（卒業）。工作經驗自 1893 年 5 月任名古屋地方法院（裁判所）豐橋裁判所出張所雇員，月俸 10 圓，同年 12 月請辭。1894 年 7 月任職日本鐵道會社上野車站，同年 12 月請辭。1895 年 1 月（24歲）陸軍省雇員並加入獨立野戰電信隊（月俸 15 圓），8 月調為 20 圓。同年 4 月 1 日任郵便電信書記（六級俸），同年 5 月 22 日後龍郵便電信局，12 月於該局通信掛服務。1896 年 12 月進臺中局，1897 年 6 月彰化局，1898 年 6月五級俸，同日命停職。同年 9 月（31 歲）總督府通信書記（七級俸），調臺北局電信課通信掛，1899 年 3 月往淡水局、景美、深坑街及石碇街出差，同年 11 月大稻埕支局，1900 年 5 月萬丹局長（五級俸）。〔註61〕佐枝種處很早接觸英語的學習並兼有物理的知識，學識上很適合擔任電訊工作，豐富的求學資歷為多數技手所未有，但多數就讀學校都未畢業。

　　1897 年 7 月原任職後龍局擔任郵便電信書記的佐枝種處與彰化局郵便電信書記中村孝次郎互調職務。原因為事務上歷練之需要。〔註62〕1900 年 9 月 21 日，調任屏東萬丹郵便電信局（三等局）長（五級俸）。〔註63〕根據規定，

〔註60〕《臺灣總督府公文類纂》乙種永久保存，第 265 冊，第 19 號，明治 31 年 7月 16 日，〈大濱砂へ恩給証書下付〉，頁 335〜346。

〔註61〕《臺灣總督府公文類纂》乙種永久保存（進退追加），第 567 冊，第 3 號，明治 33 年 5 月 1 日，〈大津一郎外十七名郵便電信局長ニ轉任命令〉，頁 80〜83。

〔註62〕《臺灣總督府公文類纂》乙種永久保存（進退），第 208 冊，第 33 號，明治 30 年 7 月 31 日，〈郵便電信書記佐枝種處彰化郵便電信局勤務同中材孝次郎後瓏郵便電信局勤務〉，頁 178〜179。

〔註63〕《臺灣總督府公文類纂》永久進退保存，第 574 冊，第 77 號，明治 33 年 9月 21 日，〈佐枝種處三等郵便電信局長ニ任ス〉，頁 305。

擔任三等局長需繳交保證金 200 圓，根據鳳山、打狗金庫資料顯示，佐枝種處從 1900 年 8 月 25 日開始繳交 40 圓，到 1901 年 3 月 13 日止，共分 8 次繳納完畢。顯示擔任三等局長，200 圓不易一次繳納完畢。佐枝種處擔任萬丹局長到 1902 年 8 月 21 日請辭，這筆保證金則可申請領回。〔註64〕

（六）白井由美治

香川縣平民，1873 年 12 月 17 日生，1879 年 7 月就讀新居小學校，1886 年 6 月完成中等二級學歷時離校（13 歲），同年 7 月進入私立中學濟濟學館，並於 1891 年 6 月畢業。修業 5 年期間，學習漢學、英學、算數學及幾何、簿記、歷史、地理，科目眾多，其中英文除文法、會話外，也閱讀原文版的《代議政治論》；漢學則包含《史記》列傳、《莊子》、《吳子》、《孫子》、《戰國策》、《論語》、《孟子》、《日本外史》、《日本政記》、《小學》、《皇朝史畧》等。簿記則包含商用、銀行用與行政機關用三種，歷史則爲萬國史與文明史，地理則爲《日本地誌》與《萬國商業地誌》。

1892 年 1 月（19 歲）任大阪郵便局電氣通信技術員，期間的 1893 年還向英國人學習會話與作文，爲期年二個月。後服務單位計有九龜郵便電信局、多度津郵便電信局，月俸 8 圓。但 1895 年 1 月 12 日（22 歲）加入「獨立野戰電信隊」，月俸 20 圓，同日任該隊第一通信所所長，同年 12 月調任「臨時臺灣兵站電信部」，1896 年 1 月 6 日出差前往「土匪蜂起」的頂雙溪附近，同年 4 月 1 日任總督府通信書記，5 月於淡水局，1898 年 9 月調臺北局電信課通信掛，同年 12 月調打狗局，1899 年 1 月任該局電信掛主任，3 月任該局金櫃帳簿檢查員，1900 年 5 月 1 日任三等局長。〔註65〕

白井由美治初任阿里港郵便局長（勳八等、四級俸），依 1899 年敕令第 47 號，應繳交保證金 200 圓，分 7 次繳納，最後一次繳納是在 1900 年 12 月 30 日（從同年 5 月開始擔任三等局長），繳納後由金庫開立「保管證書」，將來離退時可領回。1902 年 5 月 29 日，白井由美治死亡，同年 9 月由遺族領回 200 圓保證金，其子白井新八尚未成年（16 歲），由母親代爲行使監護權（親權）。〔註66〕

〔註64〕《臺灣總督府公文類纂》十五年保存，第 4772 冊，第 5 號，明治 36 年 2 月 1 日，〈元萬丹郵便電信局長佐枝種處身元擔保金還付ノ件〉，頁 44～46。

〔註65〕《臺灣總督府公文類纂》乙種永久保存（進退追加），第 567 冊，第 3 號，明治 33 年 5 月 1 日，〈大津一郎外十七名郵便電信局長二轉任命令〉，頁 72～75。

〔註66〕《臺灣總督府公文類纂》十五年保存，第 4660 冊，第 21 號，明治 34 年 1 月

圖 12　通信技手白井由美治中學校修習科目證明書

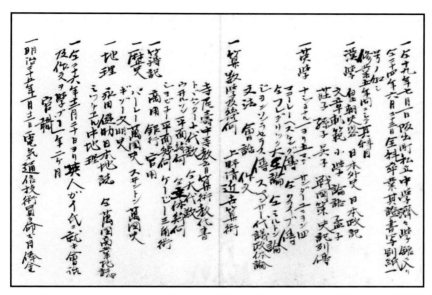

資料來源：《臺灣總督府公文類纂》乙種永久保存（進退追加），第 567
　　　　冊，第 3 號，明治 33 年 5 月 1 日，〈大津一郎外十七名郵
　　　　便電信局長ニ轉任命令〉，頁 73。

（七）大津一郎

群馬縣士族，1865 年生，1895 年 9 月 30 日戶籍轉移至基隆，1896 年 2
月到臺南，1897 年 9 月到澎湖，1899 年 7 月到臺北局宿舍，同年 10 月到淡
水，在短短 4 年間，移轉 5 次。1876 年 9 月（11 歲）入東京地區私塾就讀，
學習漢學、數學與「英學」到 1880 年間學習科目包含四書、五經、八大家、
日本外史、日本政記、分數、比例、萬國史、英文閱讀等。同年 7 月進入工
部省電信局修技學校就讀，仍持續學習漢學、數學與英學，1883 年（18 歲）
畢業，總計正式工作前已就讀 7 年時間。大津一郎未從事其它工作，1883 年
5 月任工部技手、遞信技手、郵便電信局技手、郵便電信書記。1895 年 9 月 9
日加入臨時兵站電信部，同月 30 日任基隆通信所員，1896 年 1 月 24 日任兵
站電信部臺南通信所員，同年 4 月 1 日轉任總督府郵便電信書記，1897 年 9

---

1 日，〈三等局長大津一郎、有川宜一、佐枝種處、白井由美次擔保金假納付
　濟証交付〉，頁 169；十五年保存，第 4773 冊，第 9 號，明治 36 年 10 月 1
　日，〈故阿里港郵便電信局三等郵便電信局長白井由美次身元擔保金還付ノ
　件〉，頁 203。

月9日任澎湖局，1898年7月因總督府經費不足，將其由二級通信書記調整為三級俸。〔註67〕1899年「一年三調」，從澎湖局調到臺北局，再從臺北局調淡水局，1900年4月因平日服務優異，擔任三等局長（三角湧局）。〔註68〕

臺北局長志村鐺太郎謂其三角湧局長任內負責調查深坑設置三等局事務，且「平素職務，熱心努力，成績良好；且對電信事務精通，極為適任（深坑局長）。」〔註69〕但大津一郎在1900年4月30日就提出辭呈，但直到1904年8月仍於深坑局長職位上服務。〔註70〕

（八）堀川義治

平民，生於1859年，戶籍大阪，21歲時過繼為堀川家養子，25歲結婚，育有一子三女，1897年請辭（38歲）時4名子女分別為12歲、9歲、7歲與3歲。1882年初任工部九等技手（23歲），歷任小樽電信分局、大津電信分局技手，1886年任二等電信分局長，後又服務於大阪電信局、高麗橋電信支局長兼郵便書記，1893年任大阪郵便電信局電信課管理係長，並兼任電氣通信技術傳習生試驗委員、書記補採用試驗委員、統計委員。1895年7月25日（36歲）抵臺前月俸約30餘圓，抵臺月俸為45圓。同年8月25日任基隆電信通信所長，9月9日參與臨時臺灣兵站電信部，仍兼基隆電信通信所所長。1896年3月31日臨時臺灣兵站電信部解散後，同年4月21日任二等局長，同年任苗栗局長、

1897年4月28日任二等局長，同年7月14日請辭，8月2日獲准。11月2日提出恩給金請求，年資15年3個月，含「臺灣戰役」加算後為17年。最後一年為高等官七等，年薪900圓，核定年恩給金225圓。〔註71〕

〔註67〕《臺灣總督府公文類纂》乙種永久保存（進退追加），第343冊，第5號，明治31年7月31日，〈通信書記大津一郎降級〉，頁19。

〔註68〕《臺灣總督府公文類纂》永久進退保存，第566冊，第44號，明治33年4月30日，〈通信書記大津一郎依願免本官〉，頁233～234；永久進退保存，第567冊，第3號，明治33年5月1日，〈大津一郎外十七名郵便電信局長二轉任命令〉，頁13～21。

〔註69〕《臺灣總督府公文類纂》永久進退保存，第687冊，第55號，明治34年5月1日，〈三角湧三等郵便電信局長大津一郎總督府三等郵便電信局長二任シ深坑郵便電信局長二任命セラル〉，頁219。

〔註70〕《臺灣總督府公文類纂》15年保存，第4701冊，第9號，明治35年11月1日，〈深坑局長大津一郎身元擔保金納付濟証交付〉，頁94。

〔註71〕《臺灣總督府公文類纂》永久保存，第227冊，第4號，明治30年7月10日，〈非職二等郵便電信局長堀川義治外一名〔古谷孝治〕論旨免本官〉，頁

（九）福原庸次

山口縣士族，1873 年 10 月 8 日生，1924 年 1 月因病不堪職務請辭，同年 4 月申請恩給金通過。〔註72〕

1896 年 4 月 1 日任總督府郵便電信書記（六級俸），參與「臺灣戰役」獲勳八等授瑞寶章，獎金 50 圓。1897 年 8 月晉五級俸，同年獲「從軍記章」，1898 年 6 月被命留職，8 月以在職二年以上退官，發一個月俸。1899 年 1 月再任總督府通信書記（七級俸），2 月依俸給令修訂改敘八級俸，1900 年 6 月晉七級俸，1903 年 6 月晉六級俸，1904 年 2 月依文官分限令命休職。1905 年 2 月以在職六年以上發三個月月俸，同年 9 月任通信書記補（月俸 23 圓），1906 年 3 月調整爲 25 圓，1907 年 3 月任通信書記（月俸 28 圓），4 月晉七級俸，同年 5 月郵便電信局官制廢止，改任通信屬（月俸 23 圓），1909 年 10 月晉七級俸，同月再命休職。11 月復職，月俸 25 圓，1911 年 3 月月俸 33 圓，1915 年月俸 38 圓，1916 年 9 月晉七級俸，1920 年晉六級俸，同年 6 月俸給修訂，月俸調整爲 78 圓。1921 年晉五級俸，1923 年晉四級俸，同年 1 月請辭（從七位勳七等）。〔註73〕由於福原庸次始終在總督府「薪俸調整」與「文官分限令」下重新任用與敘薪（含薪資調整），長期在判任官六級到七級俸之間，到 1920 年代後才晉升到四級俸（年俸 400 圓），這也是留在臺灣服務通信技手所面臨局面的側記。

福原庸次家族共計 15 人，但福原庸次無婚姻記錄，亦無生育子女記錄，可能始終是單身在臺工作。〔註74〕

1898 年 2 月，新營庄局佐伯磐三郎調臺北局，故由嘉義局調福原庸次到新營庄局服務。〔註75〕1905 年則於臺東局任通信助手，因通信書記補編制出缺，臺東局長謂其「擔任過通信書記與通信助手，且 1895 年以來從事斯業，事務熟達，品行方正」，推薦其擔任該局通信書記補職務，但月俸仍爲 23 圓。

18、20：乙種永久保存，第 264 冊，第 1 號，明治 31 年 4 月 16 日，〈堀川義治へ恩給証書下付〉，頁 3～10。

〔註72〕《臺灣總督府公文類纂》永久保存，第 3760 冊，第 14 號，大正 13 年 4 月 1 日，〈元府通信書記福原庸次普通恩給証書送付ノ件〉，頁 226、230。

〔註73〕《臺灣總督府公文類纂》永久保存，第 3760 冊，第 14 號，大正 13 年 4 月 1 日，〈元府通信書記福原庸次普通恩給証書送付ノ件〉，頁 233～235。

〔註74〕《臺灣總督府公文類纂》永久保存，第 3760 冊，第 14 號，大正 13 年 4 月 1 日，〈元府通信書記福原庸次普通恩給証書送付ノ件〉，頁 236～238。

〔註75〕《臺灣總督府公文類纂》乙種永久保存（進退追加），第 337 冊，第 37 號，明治 31 年 2 月 23 日，〈郵便電信書記福原庸次轉勤〉，頁 102。

〔註76〕

1915 年 3 月，由基隆局調澎湖局，並與原澎湖局加兼斌進行「二局二人」互調。〔註77〕1923 年 1 月任澎湖局長事務辦理（類同代理局長），但同月即由臺北局電話課長上村達夫接任局長，福原庸次的代理解除。〔註78〕

1923 年 1 月，再調屏東局。〔註79〕同年 2 月，任內埔局（三等局）長（五級俸）。通信局長在奏請總督的理由中提到：「三等局長職務只有少數職員，卻掌理極爲煩雜業務，非遞信事業之精通者，期難盡其責任。」〔註80〕對福原庸治而言，其升任三等局長相對較晚；但從通信局長對三等局業務性質的描述，又是對擔任三等局長的通信技手一種專業上的肯定。也於在這一個月，福原庸治的請辭獲准，其擔任內埔局長的時間，不到一個月。

（十）篠田馬太郎

福岡縣士族，1872 年 5 月 11 日生。1894 年（22 歲）11 月任郵便電信書記補（月俸 8 圓），1895 年（23 歲）10 月 3 日以陸軍省雇員身份，留職渡臺，並加入南進軍（陸軍省臨時臺灣兵站電信），初於新竹所擔任所員，1895 年 12 月奉命開設枋寮所，並於恒春、臺南、東港、打狗與蕃薯寮等地調動。〔註81〕1896 年 4 月 1 日准辭，同日任臺灣總督府郵便電信書記（七級俸），5 月調任恒春局，7 月依「臺灣戰役」中表現發予獎金 30 圓並得從軍記章。1898 年 6 月 20 日依敕令 109 號郵便電信局官制修訂，任臺灣總督府通信書記。1901 年 11 月任噍吧哖郵便電信局長（三等局，敘四級俸），此後一直在該局長期擔任局長職務，1915 年 11 月因「噍吧哖事件」有功獲大禮紀念章，1918 年 7 月敘勳八等授瑞寶章，1920 年 10 月「噍吧哖郵便電信局」因地名變更

〔註76〕 《臺灣總督府公文類纂》永久保存（進退），第 1130 冊，第 17 號，明治 38 年 9 月 30 日，〈通信助手福原庸次總督府通信書記補任命ノ件〉，頁 65。

〔註77〕 《臺灣總督府公文類纂》永久保存（進退），第 2455 冊，第 1 號，大正 4 年 3 月 1 日，〈通信屬福原庸次澎湖郵便局へ轉勤〉，頁 12。

〔註78〕 《臺灣總督府公文類纂》永久保存（進退），第 3748 冊，第 13 號，大正 12 年 1 月 1 日,〈［府通信書記］福原庸次澎湖郵便局長事務取扱ヲ命ス〉,頁 92。

〔註79〕 《臺灣總督府公文類纂》永久保存（進退），第 3748 冊，第 30 號，大正 12 年 1 月 1 日,〈［通信書記］福原庸次屏東郵便局勤務ヲ命ス〉，頁 163。

〔註80〕 《臺灣總督府公文類纂》永久保存（進退），第 3748 冊，第 53 號，大正 12 年 2 月 1 日,〈福原庸次任府三等郵便局長〉,頁 253、255。

〔註81〕 〈遞郵人物評論〉,《臺灣遞信協會雜誌》第 45 期，1923 年 4 月，頁 72：宮地應介,〈篠田馬太郎氏の靈を訪ねて〉,《臺灣遞信協會雜誌》第 231 期（1941 年 6 月），頁 57。

改為「玉井郵便局」。1924 年 8 月敘勳七等授瑞寶章，1928 年再獲大禮紀念章，1931 年 12 月敘二級俸，1934 年 8 月敘勳六等授瑞寶章。〔註82〕

根據篠田馬太郎 1921 年自述，他說臺灣通訊事業的「隆盛」是歷經幾多犧牲，忍受鑄鐵炎熱，「險峻山嶽、廣泛河川、交通不便、瘴煙蠻霧與瘧疾等風土病」。但後來的人對於「土匪」與郵便電信局的關係已感到陌生。他說這是一個 1898 年 12 月的「古老故事」，當時他正於東港局電信掛服務，11.7 公里外的潮州庄辦務署正受到「土匪」包圍，東港局詢何人願往，無人應命。只好選擇一名遞送人，將書信藏於頭髮中，裝扮成鄉下人買魚要回到潮州庄，順利完成使命，傳達陸戰隊援軍將至的訊息，終得無事。同月 31 日，恒春局呼喚枋寮局，但無人應答，東港局的的篠田馬太郎代接（以上三個據點屬同一條電報線路），得到恒春局電信掛高田某告以明日電報線可能斷訊，翌日果然。篠田馬太郎將此訊息告知枋寮局，枋寮局再向臺南局通報，臺南方面迅速派出軍隊，解除了恒春局可能被「土匪」攻占的危機。〔註83〕透過電報一站一站的傳遞，及時解決了恒春被包圍的各種可能。

圖 13　篠田馬太郎年輕時照片

若かりし日の面影

說明：抵臺前在日本只有一年工作經
　　　驗，是最年輕的通信技手之一。
　　　在臺灣服務年資最長，是臨時臺
　　　灣兵站電信部的「末代技手」，自
　　　1901 年起久任玉井郵便電信局
　　　長，對地方廣泛事務多有參與。

資料來源：宮地應介，〈篠田馬太郎氏の
　　　　　靈を訪ねて〉，《臺灣遞信協
　　　　　會雜誌》第 231 期（1941 年
　　　　　6 月），頁 52（圖片）。（原書
　　　　　藏於國立臺灣圖書館）

〔註82〕《臺灣總督府公文類纂》甲種永久保存，第 10084 冊，第 3 號，昭和 10 年 10
　　　　月 1 日，〈篠田馬太郎高等官六等待遇〉，頁 32～39。
〔註83〕篠田馬太郎，〈匪徒と郵便局〉，《臺灣遞信協會雜誌》第 31 期（無版權頁），
　　　　頁 58～59。

　　篠田馬太郎接著自述他於 1901 年 11 月 15 日到噍吧哖郵便電信局擔任局長，臺南局派西村書記前來監交，正於辦理書類交接工作時，遇「土匪」來襲，但「敵眾我寡」下，西村書記即死，尚未交接完成的朝日局長頭部受刀傷，新免事務員左右手遭切斷，終在局員等努力下將「土匪」擊退。當時對於因公傷亡沒有固定制度，新免事務員雙手遭切斷也僅得百圓，新免事務員沒有父母，入臺南醫院治療到隔年 7 月 13 日過世。新免事務員住院期間，也是野戰電信隊出身的臺南局長速水經憲隨兒玉總督至院探視，總督對因公受傷的局員深感同情，遂制定相關規程。而殉職的西村書記則由同僚在附近立碑紀念。而春風秋雨二十年過去了，人們的記憶也隨之逸去，篠田馬太郎則願犧牲同仁的「英靈」在例行的祭典中能得到慰藉，回顧往事，有衷心感謝，也有無限感慨。〔註 84〕

　　篠田馬太郎認為臺灣的三等局長除了通信事務之外，對地方事務也需參與，他自己這麼認知也如此行事。在 1915 年 7 月初開始的西來庵事件以前，1902～1903 年間，篠田馬太郎曾勸噍吧哖第一保正江潤，並透過江潤說服約 6 百餘人「自首」，這是 1920 年代回顧整起事件的角度，與反映篠田馬太郎參與地方事務的程度。1915 年 7 月「匪徒」開始切斷警用電話，8 月 5 日凌晨五時，篠田馬太郎在郵便局內聽到 300 餘公尺外的槍聲，約有三千名「匪徒」將噍吧哖包圍並展開攻擊。警用電話全部於 4 日被切斷，郵局對支廳通訊線路也遭切斷，5 日晚間局員與前來支援的警官一起飲酒並交換名片，等待「匪徒」的到來。6 日傍晚陸軍抵達解圍，雖然只被包圍兩天，卻有四天未眠。〔註 85〕

　　1895 年 10 月 28 日，篠田馬太郎更早就抵臺加入兵站電信隊，該日上午於新竹執勤，接獲北白川宮能久親王病危電報，接收並續傳。〔註 86〕

　　由於篠田馬太郎在臺服務時間很長，並久任三等局長。在每年三等局長會議中經常「奇問奇答」，與人相處態度親切而自然。三等局長常苦於經費不足，但篠田馬太郎則說自己的局絕無經費不足之事。其在西來庵事件中面臨

〔註 84〕篠田馬太郎，〈匪徒と郵便局〉，《臺灣遞信協會雜誌》第 31 期（無版權頁），頁 59～60。

〔註 85〕篠田馬太郎，〈匪徒と郵便局〉，《臺灣遞信協會雜誌》第 31 期（無版權頁），頁 62～63。

〔註 86〕篠田馬太郎，〈匪徒と郵便局〉，《臺灣遞信協會雜誌》第 31 期（無版權頁），頁 63。

生死交關的泰然，照常處理局裡匯兌存款業務，一絲不苟的工作態度，令後進者印象深刻。他人將篠田馬太郎的表現，歸於「野戰時代」的歷練與平素的修養所致。〔註87〕

1941 年，宮地硬介在《臺灣遞信協會雜誌》撰文介紹篠田馬太郎，謂其爲臺灣資深三等局長，「好好爺篠田さん」，最後在玉井落腳的局長。根據訪問，篠田馬太郎認爲：

> 共存共榮是人類社會構成的要諦，其必要性產生於自然、習慣與道
> 德。就天地悠久與自然的廣大而視，今日所謂的大功、大善與小善
> 的個別場合與批評，都是境遇的結果。如果人能生而秉此，就能對
> 自己與他人善盡責任。〔註88〕

1941 年斗六警察課長深澤氏接到篠田馬太郎訃聞時，雖費多金，仍從斗六搭車趕到玉井。宮地硬介在路途中發現從新化到玉井的巴士道，比想像中難走，遑論當年。他也訪問數位認識並與篠田馬太郎共事過的人，謂篠田馬太郎對玉井的產業開發、巴士公司、信用組合與製糖會社的創立，多所參與建言；當地人（玉井楠西庄）稱篠田馬太郎爲「楠西の篠田」，顯示他長期派駐當地及「在地化」的深度。宮地硬介所聞關於篠田馬太郎者，幾無負面的事蹟；在離開玉井的路上，四週都被險峻鬱蒼的群山包圍，淙淙溪谷、蔗田、芋田與平和的大自然。〔註89〕

篠田馬太郎於 1941 年 2 月 7 日過世（69 歲），總督府交通局遞信部長佐佐波外七所致「弔詞」中謂其爲領臺初期「通信開拓的戰士」；在臺共 46 年，爲「本島通信界的最先輩（註：意爲最資深者）」，「個性誠實純情，罕見的人格者，努力指導後輩，盡瘁庄政，於本島統治上功績不少。」〔註90〕

根據篠田馬太郎自述，1895 年 11 月他於安平電信通信所服務時，正好爲臺南東門外的第二師團司令部安裝電話，因故障需要檢查，包含所長堀和六等技手三、四人，不知道電話是什麼，也不清楚電話爲何故障，故不知應如何處置。而篠田馬太郎屬於較年輕的技手，對電話構造略有所知，發現故障

〔註87〕〈遞郵人物評論〉，《臺灣遞信協會雜誌》第 45 期，1923 年 4 月，頁 71～72。
〔註88〕宮地應介，〈篠田馬太郎氏の靈を訪ねて〉，《臺灣遞信協會雜誌》第 231 期（1941年 6 月），頁 53～54。
〔註89〕宮地應介，〈篠田馬太郎氏の靈を訪ねて〉，《臺灣遞信協會雜誌》第 231 期（1941年 6 月），頁 56～57。
〔註90〕宮地應介，〈篠田馬太郎氏の靈を訪ねて〉，《臺灣遞信協會雜誌》第 231 期（1941年 6 月），頁 57～58。

原因是因電池受潮水浸濕所致，順利完成任務。〔註91〕這個例子顯示技手學習專業上不斷與時俱進，但也受到養成期間的侷限，不同世代的技手有著當時的強項與世代的落差。堀和六等資深技手是出生於 1850 年代後期到 1860 年代，篠田馬太郎則是 1872 年出生，10 餘年的時間，呈現了兩個世代對於電話器械的認知。

　　篠田馬太郎自述世間最可怕的是地震、落雷、火災與父親，或謂臺灣的「土匪」與「生蕃」。但他認為最可怕的是憲兵。1895 年 10 月，陸軍省聘其為雇員，並於門司的旅館等待小倉、熊本等地前來集合的人員。某日晚餐後，篠田馬太郎獨自一人散步，約晚上十點返回旅館，進玄關時從梯子上發現一名憲兵下來，喝其為何人？何故進入此地？他解釋是這個旅館的顧客，退到門口才發現已掛上「憲兵隊本部」的掛牌，遭該名憲兵站責問一小時，直到出示陸軍省電報人令文件後才得離去。並發現該旅館一部分為憲兵隊使用，走錯了入口。同年 10 月 18 日抵臺北，身上僅有五錢，21 日才能領到薪水，但 20 日就奉命前往新竹電信通信所，不得已只好向「前輩」富山氏（按：應為富山彌，另一名富山禎五郎於當天才抵臺）借款一圓，支付車資與雜費。32 年後，篠田馬太郎認為以前充滿活力，但想起來卻像是夢一樣。1895 年抵臺的野戰郵便電信局部員約 120 名，32 年後僅存旗山局長川本醇藏一人；而同年兵站電信部員 60 餘名，到 1925 年約剩下 2～3 人，到 1927 年只剩下他一個人。多年後想起，頗有寂寥之感。〔註92〕

四、轉換職場型

　　「轉換職場型」的通信技手初始服務於兵站電信部，但在後來的職場生涯中，離開通信局而另覓它職，有些仍在臺灣，有些則返回日本。而轉換職場通常不必面臨後續總督府對郵便電信局薪資結構的調整與改革，但轉換職場有時需要一些主客觀條件，故真正轉換職場者不多。主要代表有轉任稅關官吏的村上清三郎，擔任澎湖當地公學校校長渡邊卯三郎，轉任法院書記的朝見小三郎，返回日本警政單位任職的牛尾太郎，轉往總督府鐵道部任職的朝岡雄左兄等。

〔註91〕篠田馬太郎，〈今昔之感〉，《臺灣遞信協會雜誌》第 75 號，無版權頁，頁 2。
〔註92〕篠田馬太郎，〈今昔之感〉，《臺灣遞信協會雜誌》第 75 號，無版權頁，頁 3～5。

（一）村上清三郎

東京府平民，1870 年 11 月 15 日生。1894 年 3 月畢業於大阪尋常中學校，同年（24 歲）12 月 1 日任陸軍省雇員，陸軍省依據「陸軍電信隊技手補充員採用規程」，委託東京郵便電信學校代訓三個月，1895 年 3 月 1 日取得電氣通信技術結業證書（月俸 7 圓），並派陸軍省派往岐阜郵便電信局學習。三個月的短期訓練，比起電信修技校超過 1 年的養成過程，時程上要縮短很多。〔註93〕

見習數日，1895 年（25 歲）3 月 24 日任臨時南部兵站電信部（日軍在 5 月底才在北臺灣登陸），月俸 13 圓。1896 年 3 月 9 日，加入臨時臺灣兵站電信部，月俸 15 圓。同年 4 月 1 日任臺灣總督府郵便電信局（設於總督府內之郵便局）書記（七級俸），同月 10 日任臺北通信所，5 月派往臺東、枋寮，8 月調臺東局（卑南局）電信課，10 月派往巴塑伍衛（中間所）。1897 年 7 月任巴塑伍衛非常通信所所長，10 月歸建並任臺東局電信課受配掛長兼通信掛、檢查掛勤務，1898 年 4 月晉升六級俸，6 月留職，8 月改聘爲枋寮局雇員（月俸 20 圓），於該局電信掛任職。9 月改以技術員聘用，月俸 22 圓；12 月調爲 24 圓。1899 年 4 月解雇，發予慰勞金 5 圓。隔月，任臺灣總督府稅關吏補，月俸 15 圓，並於安平稅關服務。〔註94〕村上清三郎的職業選擇，在薪資上遠低於其服務於郵局系統之水準，但地域上則從臺東、枋寮改變爲臺灣南部（嘉義）。

村上清三郎能夠從郵便電信書記轉任稅關吏是因具備判任文官任用資格（中學校畢業）。〔註95〕1904 年 3 月，村上清三郎已晉升爲二級俸，職務爲安平稅關監史，因罹病（神經衰弱症）不堪職務，安平稅關鑑於多年奉獻，敘一級俸。〔註96〕

（二）渡邊卯三郎

野戰通信隊技手，後轉任教育界，擔任媽宮（馬公）公學校教諭。1912

〔註93〕 《臺灣總督府公文類纂》永久進退保存，第 458 冊，第 13 號，明治 32 年 5 月 20 日，〈村上清三郎外四名任稅關監吏補〉，頁 53。

〔註94〕 《臺灣總督府公文類纂》永久進退保存，第 458 冊，第 13 號，明治 32 年 5 月 20 日，〈村上清三郎外四名任稅關監吏補〉，頁 54。

〔註95〕 《臺灣總督府公文類纂》永久進退保存，第 464 冊，第 52 號，明治 32 年 8 月 31 日，〈稅關監吏村上清三郎兼任稅關屬〉，頁 178、182。

〔註96〕 《臺灣總督府公文類纂》永久保存（進退），第 1017 冊，第 18 號，明治 37 年 4 月 2 日，〈稅關監吏村上清三郎外十一名昇級ノ件〉，頁 87～88。

年 8 月，原澎湖小池角公學校校長平田宗利退職（退官）後，接任該校校長
（六級俸）。〔註97〕同年 11 月，渡邊卯三郎因腹窒扶斯（傷寒），於澎湖醫院
住院治療，同月「病症危篤」，澎湖廳長透過電報向總督府報告，總督府同意
發予獎金 180 圓。〔註98〕

　　傷寒是一種傷寒桿菌造成急性腸胃道發炎的傳染病，接著是高燒與內出
血。但日治時期接種是在 1920 年代之事，初期對於傷寒的恐懼遠大於對傷寒
致病途徑的研究。根據 1897～1907 年統計，罹病者 1,683 人，其中死亡者 526
人，致死率為 31%，而且罹病者有逐年增加的趨勢。〔註99〕這個問題在 1900
～1910 年代是「醫界一難題，未能詳知其確實原因也。」〔註100〕雖然未能查
究致病路徑，但從經驗中歸納出「此病初由口入，在體內繁殖，繼為糞便排
泄」，故需注意飲食、洗手與糞便處理之標準程序。〔註101〕另外也發現罹此病
者「十九皆內地人」，但也產生臺灣人「生水多隨意吸食，此病豈能獨免」的
疑問，歸結原因是臺灣人「患者眾多，仍深自隱蔽；非必無也，實善隱耳」。
〔註102〕渡邊卯三郎罹病的時間，處於傷寒盛行階段，研究仍在進行，病患的
歸納仍在經驗法則與各種推測的階段。

（二）桑島持弘

　　東京府士族，1856 年生，1881 年（25 歲）進入工部省電信局任修技生，
隔年取得電機通信技術畢業資格，服務單位有電信局日本橋分局、八各川町
警察署電信分局，1882 年（26 歲）任工部十等技手（月俸 10 圓），仍於日本
橋分局、岐阜電信分局服務，1887 年（31 歲）兼電信書記，隔年兼郵便電信
書記，期間支援豐橋電信局臨時勤務、關村電信臨時勤務，1889 年（33 歲）
任岐阜郵便電信局電信課電務掛長，同年晉升八等技手，並兼同局庶務掛長

〔註97〕《臺灣總督府公文類纂》永久保存（進退），第 4550 冊，第 16 號，大正元年
　　　　8 月 1 日，〈公學校教諭渡邊卯三郎命小池角公學校長〉，頁 463～464。
〔註98〕《臺灣總督府公文類纂》永久保存（進退），第 2073 冊，第 67 號，大正元年
　　　　11 月 1 日，〈公學校教諭渡邊卯三郎賞與ノ件〉，頁 303～304。
〔註99〕《臺灣日日新報》第 3054 號，明治 41 年 7 月 7 日，5 版，〈警戒すべき腸窒
　　　　扶斯〉。
〔註100〕《漢文臺灣日日新報》第 3057 號，明治 41 年 7 月 10 日，3 版，〈醫界大發明〉。
〔註101〕《臺灣日日新報》第 7779 號，大正 11 年 1 月 26 日，6 版，〈預防腸窒扶斯
　　　　好期〉。
〔註102〕《漢文臺灣日日新報》第 2799 號，明治 40 年 8 月 31 日，5 版，〈腸窒扶斯
　　　　流行所關〉。

與通信掛長職務，1890 年巡視高山、關、中津川各郵便電信局電報業務，1891 年任崎阜局電氣通信技術傳習生試驗委員，1892 年（36 歲）視察八幡郵便局初次辦理電報業務運作情形，1893 年任郵便電信書記，並任電信掛長，1894 年再任電氣通信技術傳習生試驗委員，兼岐阜局財務官吏。1895 年（39 歲）往名古屋郵便電信局出差，同年 7 月 25 日留職，任總督府雇員（月俸 30 圓），28 日船舶離開宇品港，8 月 3 日抵基隆，4 日任職總督府遞信部，9 月 9 日加入臨時兵站電信部，19 日任彰化通信所員，11 月 25 日任大甲通信所長。1896 年（40 歲）4 月 1 日請辭，同日任總督府郵便電信書記，仍於大甲局服務，8 月 15 日任該局電信課長。1898 年（42 歲）請辭。核定年資 15 年，最後一年年薪 540 圓，核定年恩給金 135 圓。請辭後的桑島持弘返回日本，並於三重縣津郵便電信局服務，未離開其本業。〔註 103〕桑島持弘抵臺以前長期在岐阜郵便電信局服務，並擔任過掛、課長職務，參與電報教育考試與培育，並巡視區域內電報業務運作，已有相當資歷與經驗。

（三）朝見小三郎

東京人、平民，1861 年生，1879 年 12 月初任工部十等技手（18 歲），1886 年任二等福岡電信分局長，1889 年任郵便電信書記，1892 年任高崎郵便電信局長（31 歲），隔年未經同意離開駐地參加律師考試，罰俸 1/10，同年留職停薪，1894 年轉任橫濱郵便電信局電信書記，並擔任該局監督區內事務視察工作，1895 年 7 月月俸 30 圓，同年 9 月以雇員身份抵臺（34 歲），任職臨時臺灣兵站電信部，並於 10 月被派往福州考察電報業務，12 月返臺任電信部雇員，月俸 35 圓。因其具有律師資格，得轉任法院與法院雲林支部書記。真正參與電信部的時間不到一年。戶籍設於東京，育有一男二女，長女於 1895 年 9 月過繼他人（5 歲），長男於同年 1 月死亡（2 歲），次女於同年 11 月死亡（僅出生 2 天）。1898 年核定年資 16 年，恩給金年額 122 圓。〔註 104〕1895 年抵臺的那一年，朝見小三郎的家庭也正發生極大的變故。

〔註 103〕《臺灣總督府公文類纂》乙種永久保存，第 264 冊，第 2 號，明治 31 年 4 月 25 日，〈桑島持弘へ恩給証書下付〉，頁 17～21、27、32。

〔註 104〕《臺灣總督府公文類纂》乙種永久保存，第 46 冊，第 24 號，明治 28 年 12 月 13 日，〈朝見小三郎雇員命免〉，頁 132～133、135；乙種永久保存，第 263 冊，第 5 號，明治 31 年 1 月 12 日，〈朝見小三郎へ恩給証書下付〉，頁 50～53。

（四）牛尾太郎

獨立野戰電信隊通信技手，1896 年 10 月 1 日以前，奉派於頭圍非常通信所服務，同日因非常通信所結束，調任臺北局任郵便電信書記。同樣出身於兵站電信部的宇原整三則約在同時期被派到頂雙溪非常通信所服務，也同時調任臺北局。〔註 105〕1897 年 6 月以前留職，返回日本，並受雇於警政單位（地方廳警察署）工作。〔註 106〕

（五）朝岡雄左兄

東京市士族，1865 年 7 月 28 日生，獨立野戰電信隊通信技手，1905 年 9 月轉任臺灣總督府鐵道部技手，1918 年 11 月 2 日因病請辭獲准（二級俸），並於隔年 2 月 21 日申請恩給，恩給證書同年 6 月發放，行政流程約 3～4 個月。此時朝岡雄左兄居住於大稻埕北門口街 287 番戶。核定年資 19 年，最後年薪 900 圓/年，計算比率為 64/240，核定年恩給金額為 240 圓。〔註 107〕

1895 年抵臺時為 30 歲，1897 年 6 月因參與「臺灣戰役」有功，獲勳八等瑞寶章、獎金 35 圓。1905 年 9 月轉任鐵道部技手後敘七級俸，1906 年 9 月晉六級俸，1908 年 9 月晉五級俸，1910 年 3 月薪俸規則修訂（改正俸給令），仍敘五級俸。1911 年 9 月晉四級俸，1912 年得勳七等授瑞寶章，1917 年 3 月晉三級俸，1918 年（53 歲）11 月晉二級俸，同日准辭。〔註 108〕由於電訊部門的成本控制措施較多，影響編制人數與薪資等，從朝岡雄左兄的例子來看，轉往鐵道部任職，升遷時間較為固定，但同樣到五級俸以上時，就不是 1～2 年晉升一級，如四級俸晉升到三級俸，就經過了 6 年。

朝岡雄左兄於 1897 年 12 月返回日本結婚，妻子小其 9 歲，長男於 1898 年 1 月出生，次男隔稍久，於 1905 年 3 月出生，隔年 6 月死於臺灣鐵道部宿舍，故有可能曾經舉家遷徙到臺灣居住。參男出生於 1907 年 1 月。長女生於

〔註 105〕《臺灣總督府公文類纂》永久保存，第 111 冊，第 21 號，明治 29 年 10 月 7日，〈郵便電信書記大河內仲外三名〔牛尾太郎、宇原整三、滿江常次郎〕轉所命令ノ件〉，頁 67。

〔註 106〕《臺灣總督府公文類纂》乙種永久保存（進退追加），第 226 冊，第 35 號，明治 30 年 6 月 25 日，〈非職郵便電信書記牛尾太郎採用方ニ付警視廳へ回答〉，頁 274。

〔註 107〕《臺灣總督府公文類纂》永久保存，第 2914 冊，第 18 號，大正 8 年 6 月 1日，〈朝岡雄左兄恩給上申〉，頁 230～235。

〔註 108〕《臺灣總督府公文類纂》永久保存，第 2914 冊，第 18 號，大正 8 年 6 月 1日，〈朝岡雄左兄恩給上申〉，頁 236。

1914 年 11 月，1916 年 1 月死於臺北醫院並辦理除籍。在東京市（下谷區）的戶籍謄本中，除了夫妻與三子一女外，還與弟、弟妻、姪、甥等共同居住。母親則在 1907 年 12 月於東京市死亡。〔註 109〕

五、晉任技師型

98 名通信技手中，只有 2 位晉升技師，一位是速水經憲，另一位是小寺銓次郎。

（一）速水經憲

東京市士族，1857 年生，1879 年任工部十等技手（22 歲），1886 年（29 歲）起歷任三等電信分局長、二等電信局長，1890 年（33 歲）任電信技手，1892 年任郵便電信書記。1895 年 7 月 25 日留職，同年 8 月 10 日抵臺擔任臨時兵站電信部通信技手（月俸 30 圓），1896 年 4 月 1 日請辭在日本擔任之職務，同日專任臺灣總督府郵便電信書記。1900 年敘二級俸，月俸 60 圓。同年與山田誠道（曾任兵站電信部通信技手）共同擔任第三期（第三回）電氣通信技術傳習生培育師資，並由剩餘經費中支領獎金。1901 年（44 歲）晉升技師（高等官），歷任臺北電話交換局長、臺南局長、臺灣總督府通信事務官補、臺灣總督府通信事務官，1909 年因疾病（慢性瘧疾）因素請辭，並請求恩給金，居住於臺北府前街臺北局內。〔註 110〕

請辭後的速水經憲，因擔任郵便電信局長多年，通曉電報與電話技術，且能負責通信教育及行政之工作。雖然速水經憲於 1909 年（52 歲）因行政組織整理而申請離退，但通信局長持地六三郎為借重其豐富經驗，以通信局事務「囑託」聘用。速水經憲離退前月俸為 133.3 圓，加俸 66.6 圓，計 200 圓；休職後月領 44.4 圓，擬聘「囑託」月薪 150 圓，合計 194 圓，與離退前所領月薪相當。〔註 111〕而「囑託」的職務擔任到 1913 年 5 月請辭，原因是「多年

〔註 109〕《臺灣總督府公文類纂》永久保存，第 2914 冊，第 18 號，大正 8 年 6 月 1 日，〈朝岡雄左兄恩給上申〉，頁 237～238。

〔註 110〕《臺灣總督府公文類纂》永久保存，第 1604 冊，第 6 號，明治 43 年 4 月 23 日，〈速水經憲恩給證書送付ノ件（臺北廳）〉，頁 71～72、77～79；永久保存（追加），第 561 冊，第 14 號，明治 33 年 3 月 27 日，〈技手速水經憲外三名慰勞金給與ノ件〉，頁 118～119；永久進退保存，第 688 冊，第 2 號，明治 34 年 5 月 7 日，〈臺灣總督府技手兼總督府屬速水經憲總督府電話交換局技師兼總督府技師ニ任シ臺北電話交換局長ヲ命ス〉，頁 14。

〔註 111〕《臺灣總督府公文類纂》永久保存（進退），第 1566 冊，第 53 號，明治 42

胃疾」，雖平日「療養不怠」，但症狀日益嚴重，難以勝任。〔註112〕

圖14　通信技手速水經憲照片

說明：速水經憲 8 歲時父親過世，由母親撫
　　　養，並於京都府學校學習英語，加入
　　　電信寮修技生學習，為早期日本培育
　　　的通訊基層人員，並在日本擔任過電
　　　信局長。1895 年抵臺，擔任臨時兵站
　　　電信部通信技手，歷任淡水局長代
　　　理、臺南局長，1901 年晉升技師，歷
　　　任臺北電話交換局長、總督府通信事
　　　務官，1909 年因慢性瘧疾復發，無法
　　　執行職務而離退。在離開公務部門休
　　　養後投身商業，擔任日東製冰會社臺
　　　灣支店長，1920 年過世，享壽 63 歲，
　　　育有五男三女。
資料來源：〈故速水氏葬儀〉，《臺灣
　　　　　日日新報》第 7370 號，大
　　　　　正 9 年 12 月 13 日，5 版。

　　根據戶口謄本資料顯示，速水經憲是家中長男，8 歲（1865 年）時父親
過世，1873 年（16 歲）進入京都府學校修習英語，18 歲接受電信寮修技生培
訓，1889 年（32 歲）任日本釧路電信局長，從學生到局長，速水經憲歷練了
14 年。1909 年 11 月離開公務部門後擔任通信局「囑託」，提供總督府關於郵
政、電報與電話業務諮詢與建議。後投身商界，促全成臺各地製冰業之整合
（避免競爭），1913 年任新高製冰會社常務董事（專務取締役），「拮据經營，
艱忍自重」，奠定公司事業之基礎。1919 年該公司與日東製冰會社合併，後者
為存續公司，速水經憲出任存續公司的臺灣出張所所長。〔註113〕而將就任所
長的速水經憲在記者採訪時表示：

　　　我經歷多年官吏生活後投身實業界，承蒙諸位同情與信任，我相信
　　　官吏對國家的責任，等同於會社常務董事對股東的責任。特別製冰

　　　　年 10 月 1 日，〈速見經憲電信電話事務囑託、廢案〉，頁 212～213。
〔註112〕　《臺灣總督府公文類纂》永久保存（進退），第 2190 冊，第 8 號，大正 2 年
　　　　　5 月 1 日，〈囑託速水經憲賞與、解囑〉，頁 44。
〔註113〕　〈故速水氏葬儀〉，《臺灣日日新報》第 7370 號，大正 9 年 12 月 13 日，5 版。

事業是所謂『食料問題』，社會責任重大，事業經營上一方面秉持『堅
實主義』，一方面節省冗費，恪盡對社會與股東之責，我會秉此信念，
始終不渝。〔註 114〕

接任的隔年（1920 年），速水經憲過世，享壽 63 歲，育有五男三女，其子女
數為目前所知通信技手中次多者。速水經憲為基督長老教會教友，儀式於 1920
年 12 月 12 日下午 1 時，地點位於府前街聖公會堂，速水經憲遺族皆出席，
並由日籍牧師主持儀式，過程在友人朗讀其履歷及聖歌合唱中結束。〔註 115〕

　　速水經憲在臺南局長任內（1903 年 3 月），曾指出轄區內北港郵便電信局
（三等局）原位於北港街 229 號（番戶），但該戶建物過於狹隘，配置恐失當
且不利於事務運作。若安裝電訊設備，與建物外接路過於接近，不利於保密
及維護，應改於遷移同街 518 號（番戶）較為適當，經費則由該局經費中自
理。〔註 116〕

　　領臺第一年在電訊設施上貢獻很多的九里金太郎於 1896 年 8 月 10 日於
故鄉三重縣過世，其淡水局長遺缺於同月 28 日由速水經憲代理。〔註 117〕

（二）小寺銓次郎

　　1860 年生，1881 年 12 月起任工部十等技手（21 歲），於日本郵便電信局
擔過技手、書記，1895 年 7 月 25 日起留職停薪（非職），擔任臺灣總督府雇員
（月俸 35 圓），1896 年 4 月 1 日請辭郵便電信局電信書記一職（同日兵站電信
部解散），並任臺灣總督府郵便電信書記（36 歲），同年 8 月 6 日船舶從宇品港
出發，同月 15 日抵達基隆，任臨時臺灣兵站電信部通信技手，1897 年 8 月 13
日回任從前的技手（一級俸），1898 年 2 月 8 日擔任第二區第一部電信建築主
任，同年 4 月 29 日，總督府將技手配置於各一等局，小寺銓次郎任一等局技手，
俸額為技手一級俸。1901 年又兼電話交換局技手。1902 年 1 月 27 日升任總督
府通信技師，從技師十二級俸，中間參與日俄戰爭，1912 年「五年理蕃計畫」
期間還擔任「蕃地電信電話『囑託』」，到 1915 年 4 月 2 日俸額為技師二級俸（年
薪為 2,500 餘圓），同日因病請辭（55 歲），「特旨」晉升技師一級俸（敘從五位）。

〔註 114〕　〈堅實主義〉，《臺灣日日新報》第 6293 號，大正 7 年 1 月 1 日，3 版。
〔註 115〕　〈故速水氏葬儀〉，《臺灣日日新報》第 7370 號，大正 9 年 12 月 13 日，5 版。
〔註 116〕　《臺灣總督府公文類纂》15 年保存，第 4724 冊，第 5 號，明治 36 年 4 月 1
　　　　　　日，〈臺南郵便電信局長速水經憲報告同街庄內三等局移轉ノ件〉，頁 41、43。
〔註 117〕　《臺灣總督府公文類纂》永久保存（進退），第 109 冊，第 99 號，明治 29
　　　　　　年 8 月 28 日，〈郵便電信書記速水經憲淡水局長代理ノ件〉，頁 251。

經計算年資爲 42 年 8 個月，政府每年支付恩給金 886 圓。〔註 118〕小寺銈次郎在辭呈上表示自 1913 年 4 月起症狀加重（腦神經衰弱），雖經醫療而無改善，不堪職務，準備返回鄉里靜養，離退那一年陞敘高等官二等，謂其「任用以來，成績優秀，多年奉職，勤勞不少」，給予獎金 750 圓。〔註 119〕

　　小寺銈次郎申請退休時，育有二女一子，最大的婿養子 37 歲，長女 25 歲，戶籍謄本顯示小寺銈太郎家人都在日本，可能是一人在臺工作。〔註 120〕

第二節　罹患疾病的類型

　　日治初期臺灣的衛生環境加上電報產業勞動條件的特性，罹病的通信技手逐漸無法擔任正常的工作。如 1897 年 1 月，西鄉直介因「肺尖加答兒」辦理「轉地治療」，同年 4 月歸任，但臺北局評估短期內仍無法勝任職務，命其留職。〔註 121〕1898 年 11 月，塚原秀彥因肺病重症返回日本（轉地治療），並入住東京芝區北里醫院（病院）治療的塚原秀彥。雲林局長評估短期無法康復，總督府同意辦理留職。〔註 122〕1896 年 12 月，寺田正忠因「近來多病，不堪職務」，主動請辭。〔註 123〕1896 年 7 月，下山銕次郎因病後送醫治，並自費醫療，通信部評估其短期無治癒可能，同意其辦理留職。同年 8 月，通信部因下山銕次郎的病屬於「重症」，幾無復職可能，准其辭職。〔註 124〕

〔註 118〕　《臺灣總督府公文類纂》永久保存，第 2345 冊，第 16 號，大正 4 年 7 月 1 日，〈小寺銈次郎恩給證書下附〉，頁 222～229；乙種永久保存（進退追加），第 336 冊，第 100 號，明治 31 年 2 月 8 日，〈技手小寺銈次郎外一名電信建築主任命令〉，頁 322；永久保存（追加），第 783 冊，第 22 號，明治 35 年 5 月 29 日，〈小寺銈次郎外二名敘位ノ儀上奏ノ一件（內務大臣）〉，頁 64。

〔註 119〕　《臺灣總督府公文類纂》永久保存（進退），第 2444 冊，第 3 號，大正 4 年 2 月 1 日，〈府通信技師小寺銈次郎陞等、昇級、賞與、免官ノ件〉，頁 75～80。

〔註 120〕　《臺灣總督府公文類纂》永久保存，第 2345 冊，第 16 號，大正 4 年 7 月 1 日，〈小寺銈次郎恩給證書下附〉，頁 230～231。

〔註 121〕　《臺灣總督府公文類纂》乙種永久保存（進退），第 200 冊，第 30 號，明治 30 年 4 月 15 日，〈郵便電信書記西鄉直介郵便電信書記宮地正彰非職ヲ命ス〉，頁 103～104。

〔註 122〕　《臺灣總督府公文類纂》乙種永久保存（進退追加），第 346 冊，第 72 號，明治 31 年 11 月 15 日，〈通信書記塚原秀彥非職〉，頁 272～273。

〔註 123〕　《臺灣總督府公文類纂》永久保存（進退），第 114 冊，第 97 號，明治 29 年 12 月 25 日，〈郵便電信書記寺田正忠免官ノ件〉，頁 289～290。

〔註 124〕　《臺灣總督府公文類纂》永久保存（進退），第 107 冊，第 2 號，明治 29 年 7 月 4 日，〈下山銕次郎郵便電信書記任命非職ノ件〉，頁 9～10；永久保存

　　水神助吉是在子女幼時一人抵臺，可能在臺灣服務時染病，療養到 1901 年 1 月病危，總督府通信課評估其健康狀況無法恢復，將神水助吉提敘一級（二級俸），以利其辦理恩給之申請。〔註125〕

　　1897 年 12 月，在枋寮局擔任局長的片山節中，因病請辭。〔註126〕

一、瘧　疾

　　瘧疾是通信技手最常罹患的疾病之一，會重創通信技手的生理健康，進而成爲離退的首要原因。

　　一人抵臺服務的富山禎五郎在 1896 年 11 月任埔里局電信課長任內就已申請返回日本自宅「轉地治療」。1897 年 2 月診斷出「麻拉里亞熱症」（瘧疾），醫師認定「無急速痊癒之可能」。臺中局長豐原清依據診斷書推定無短期返回工作崗位之可能，並謂其「野戰從軍以來，電氣通信事務貢獻不少」，同年 3 月給予留職養病。但留職到 1898 年（39 歲）2 月，富山禎五郎主動提出辭呈，辭呈中自認無「急速痊癒之可能」。辭呈 6 月獲准。〔註127〕

　　1903 年 11 月，原上鼎司罹患瘧疾後，數次發作，寒熱不定，造成全身性貧血，無法擔任職務，醫生認爲在酷暑之地服務下，治療效果不良，建議要辭去工作，「歸國」覓地專心靜養。〔註128〕新婚第二年的原上鼎司即辭去工作，父親還在同年初過世。辭呈經通信局認爲「實無餘義」，鑑於原上鼎司在臺灣服務期間「勤勞不少」，予獎金 100 圓。〔註129〕

　　野村孝夫「天賦強壯，幼時除麻疹與種痘外，無其它病歷。」他於 1896

　　　　　　　（進退），第 109 冊，第 38 號，明治 29 年 8 月 11 日，〈非職郵便電信書記梯三男外一名〔下山鉞次郎〕諭旨免官ノ件〔弘田清次非職ノ件〕〉，頁 85。

〔註125〕　《臺灣總督府公文類纂》永久進退保存，第 683 冊，第 21 號，明治 34 年 1 月 11 日，〈〔枋寮郵便電信局長〕三等郵便電信局長水神助吉手當增給〉，頁 69。

〔註126〕　《臺灣總督府公文類纂》乙種永久保存（進退追加），第 236 冊，第 51 號，明治 30 年 12 月 7 日，〈郵便電信書記中島正佐非職ヲ命シ片山節中枋寮郵便電信局長ヲ命ス〉，頁 173。

〔註127〕　《臺灣總督府公文類纂》乙種永久保存，第 199 冊，第 20 號，明治 30 年 4 月 7 日，〈郵便電信書記富山禎五郎非職ヲ命ス〉，頁 122～124。

〔註128〕　《臺灣總督府公文類纂》永久保存，第 94 冊，第 16 號，明治 37 年 10 月 19 日，〈元通信技手原上鼎司ヘ恩給證書送付ノ件〉，頁 239～240、242～247。

〔註129〕　《臺灣總督府公文類纂》永久保存（進退），第 1020 冊，第 42 號，明治 37 年 6 月 3 日，〈通信技手原上鼎司願二依リ本官ヲ免セラル〉，頁 168

年 6 月加入野戰電信隊，並在臺灣各地服務，1903 年夏天第二次感染瘧疾，經二個半月醫療後頗爲健全，到 1914 年 7 月初，不明原因造成如下症狀：

> 俄然感到惡寒、熱發作，數日內不定期發熱，體溫在 38.5～40 度之昇降，頭痛頭重，全身甚爲倦怠，四肢及腰脊部鈍痛，食慾不振。如斯症狀約二週，經醫治後稍癒。後再發同一症狀數次，大凡每月或隔月一次，已歷五、六次。〔註130〕

以上爲野村孝夫主訴症狀，經醫師檢查後發現，野村體格「強實榮養」，但皮膚呈黃蒼白色，眼瞼、結膜與口唇黏膜呈中度貧血，舌部滋潤無苔。脈搏正常，體溫 37.2 度。呼吸除微弱外無其它異常，聽診器的心臟心尖音欠明朗，肺動脈第二音旺盛，腹部按壓有輕痛之感，但無異常，膝蓋腱反射顯著。診斷書持續記錄者野村孝夫表示從 1913 年 12 月（看診的四個月前）感到記憶力減退，變得情感過度波動，時而沉鬱，時而興奮，喜怒哀樂無常態，不眠、盜汗與肢體疼痛等。這裡雖然主述占多數，但仍被診斷爲「慢性瘧疾兼神經衰弱症」，判定短期無生命危險，但精神過勞，需安靜修養，注意飲食並正確投藥。〔註131〕

福原庸次的請辭疾病爲「慢性瘧疾」，由於福原庸次的雙親在 1893 年左右逝世，兄弟五人中有二人在 1920 年左右逝世，但其病症確定無遺傳性因素。總督府澎湖醫院醫師診斷書中謂其「幼時強健，未親藥餌」，1895 年任陸軍省雇員渡臺從事通信職務，約 1913 年開始罹患瘧疾，雖服藥醫治，但服務地點的調動，未能根治。福原庸次「體格強大、營養中等，皮膚略爲蒼白，缺乏彈性。」由於罹患的是慢性瘧疾，不易治癒，須辭去職務並赴「悠悠自適之地，講求專心治療之法。」〔註132〕

速水經憲抵臺前「天賦強壯，內地居住，無罹大病」，但 1895 年 8 月渡臺後的 3～4 年間尚保持健康狀態，1900 年 7 月開始受瘧疾侵襲，一週後無任何症狀。1903～1904 年間復發，幾乎間隔 2～3 個月一次，1909 年 10 月 15 日「惡寒發熱」持續 10 餘小時，接著每日發作，造成全身衰弱，甚感疲倦。

〔註130〕 《臺灣總督府公文類纂》永久保存，第 2343 冊，第 5 號，大正 4 年 5 月 1 日，〈野村孝夫恩給證書下附〉，頁 65。

〔註131〕 《臺灣總督府公文類纂》永久保存，第 2343 冊，第 5 號，大正 4 年 5 月 1 日，〈野村孝夫恩給證書下附〉，頁 66～68。

〔註132〕 《臺灣總督府公文類纂》永久保存，第 3760 冊，第 14 號，大正 13 年 4 月 1 日，〈元府通信書記福原庸次普通恩給証書送付ノ件〉，頁 239～240。

醫師診斷速水經憲體格呈現營養不良狀態，皮膚黃中帶白，眼結膜及口唇黏膜貧血，筋肉羸瘦，舌上有灰白色苔，心音混濁，腹部稍膨滿，顯示脾臟腫大；左側肋骨下方二指幅處按壓有痛感，顯示肝臟亦腫大。醫師中川幸庵（臺灣總督府臺南醫院）診斷為「慢性瘧疾」，建議辭掉工作，專心靜養，並須施以營養補充及「強壯療法」。〔註133〕

圖15　福原庸次因瘧疾所提辭呈

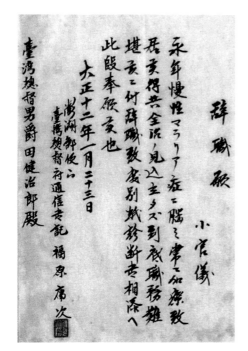

說明：內容謂因長年慢性瘧
　　　疾不堪職務之履
　　　行，檢附醫師診斷書
　　　並辭去職務
資料來源：《臺灣總督府公文
　　　類纂》，檔號：
　　　000103290120138
　　　號。

二、腳氣病

　　1897年，於彰化局任職的成田藤太郎因腳氣病返回日本「轉地治療」，腳氣病造成他的身體「漸次脆弱」，不堪職務，同年10月請辭。請辭的決定因素是醫師診斷出腳氣病併發心臟內膜炎，需「斷然職務並避免身體動搖之件，緩慢治療。」〔註134〕

〔註133〕　《臺灣總督府公文類纂》永久保存，第1604冊，第6號，明治43年4月
　　　　　23日，〈速水經憲恩給證書送付ノ件（臺北廳）〉，頁81～82。
〔註134〕　《臺灣總督府公文類纂》乙種永久保存（進退追加），第234冊，第53號，

　　1913 年 8 月，在新竹局服務的田中三之助，因「腳氣病」造成身體倦怠，食慾不振，胃脹便秘，心動亢進。皮膚蒼白，下肢、下腹與上唇麻痺，下肢水腫，步行困難。心神不安及脈搏過速時會呼吸困難，動作遲緩。病症緩慢累積，加上工作特性，期難治癒，最終不堪職務之履行而請辭。〔註 135〕

　　石井得壽於 1895 年 9 月抵臺時，「身體強健」，1908 年 5 月起罹患腳氣病，約二個月後治癒。但後來每年復發，並從下肢產生氣味，「下腳麻痺，足背浮腫，步行與運動困難，胃部不適，執行業務甚為艱苦。」醫師記錄石井得壽「體格中等，顏貌蒼白稍為浮腫，眼部及口內黏膜貧血，心尖音時有雜音。兩手指末端與大腿三分逼以下麻痺。」罹病因是「土地衛生上不適當」，醫療後為孔「腳氣衝心」（心臟麻痺），「轉地療養為第一良策，目前不堪職務之履行。」〔註 136〕對電報員而言，手與腳的協同動作同樣重要，從醫師診斷書來看，確已不堪職務履行。

三、加答兒

　　日治時期的病名，一種可能在有黏膜組織器官出現的疾病。1905 年 7 月，在澎湖局服務的堀和六因罹患慢性腸加答兒請辭，醫生診斷懷疑是澎湖當地固有的地方病。約一年以前，堀和六輕微腹痛下痢求醫，因怠於治療，羸瘦疲憊，病勢加重。醫師謂堀和六外觀看起來營養頗為不良，顏貌疲倦，皮下組織瘦削，腹部略膨滿，打診有鼓音，患者自述有痛感。每日如廁 4～5 次，便祕苦悶，糞便呈黃色粥狀，時含多量黏液，影響食欲，少量攝取流質食物，食多則心窩苦悶，此病無法短期治癒。〔註 137〕

　　1912 年 10 月，於通信局服務的宮野昇太郎（二級俸），在此之前已返回日本「轉地治療」140 天，後因疾病不堪職務而主動請辭。根據醫師診斷書顯示，宮野昇太郎（時年 39 歲）罹患「右肺尖加答兒兼慢性胃腸加答兒」，致

　　　　明治 30 年 10 月 26 日，〈郵便電信書記成田藤太郎依願免本官〉，頁 243～
　　　　245。

〔註 135〕《臺灣總督府公文類纂》永久保存（進退），第 2194 冊，第 35 號，大正 2
　　　　年 8 月 1 日，〈通信屬田中三之助依願免本官、賞與〉，頁 236～241。

〔註 136〕《臺灣總督府公文類纂》永久保存（進退），第 2067 冊，第 22 號，明治 45
　　　　年 6 月 1 日，〈通信屬石井得壽依願免本官〉，頁 151～152。

〔註 137〕《臺灣總督府公文類纂》永久保存（進退），第 1127 冊，第 13 號，明治 38
　　　　年 8 月 5 日，〈休職通信事務官補堀和六依願免官ノ件〉，頁 59～60。

病因是「繁劇業務及臺灣風土」。而在 1912 年 10 月開立診斷書數年以前，宮野昇太郎腸胃即有警訊，時常腹部脹痛，消化不良，胃酸過剩，排便軟硬不規則，症狀處於一張一弛狀態。1912 年 5 月下旬感冒，咽喉疼痛，高燒 38 度並咳痰，患部轉移到右肺。患病的宮野昇太郎體格中等，營養不良，顏面呈暗褐色，筋肉羸瘦，右肺有水泡音。醫師診斷這是業務造成精神過勞，需要身神安靜的環境養病，給予適當藥物與食物治療。〔註 138〕

　　1900 年 4 月，大津一郎因「慢性胃加答兒」請辭，病史是 1898 年 3 月起染上瘧疾後誘發（醫生診斷病因為臺灣「風土」所致），身體衰弱無法執行職務，胃疾症狀則自 1899 年 10 月開始。醫生處方是進行療養，適當運動與攝取滋養品與健胃強壯劑。〔註 139〕

四、神經衰弱症

　　村上清三郎在辭呈中提到他自 1903 年 5 月開始確定罹患「神經衰弱症」，病勢加劇，不堪職務。〔註 140〕當時他隸屬於安平稅關，被派駐於嘉義廳東石港稅關，根據診斷書顯示，村上清三郎初感間斷性的頭痛頭重、輕度暈眩，接著變成連續性症狀，「心悸亢進，心緒紊亂，憂鬱事物，終夕未眠」。醫師認定治癒不易，需避免繁重業務，轉到山地以圖心神安靜，輔以適當運動，禁食濃茶或苛辣佐料，酒精類尤需嚴禁。〔註 141〕

　　朝岡雄左兄請辭的病因是「腦神經衰弱症」，主訴自 1917 年 12 月中旬開始，感到頭痛、頭重、耳鳴與食慾不振，全身倦怠，情緒波動大，記憶力減退。鐵道部聘任醫師描述朝岡雄左兄「體格中等」，雖無立即危險，但建議離開現職並「轉地靜養」。〔註 142〕

〔註 138〕　《臺灣總督府公文類纂》永久保存（進退），第 2071 冊，第 47 號，大正元年 10 月 1 日，〈宮野昇太郎免通信技手、賞與〉，頁 226～229。

〔註 139〕　《臺灣總督府公文類纂》永久進退保存，第 566 冊，第 44 號，明治 33 年 4月 30 日，〈通信書記大津一郎依願免本官〉，頁 233～234；永久進退保存，第 567 冊，第 3 號，明治 33 年 5 月 1 日，〈大津一郎外十七名郵便電信局長二轉任命令〉，頁 13～21。

〔註 140〕　《臺灣總督府公文類纂》永久保存（進退），第 1017 冊，第 18 號，明治 37年 4 月 2 日，〈稅關監吏村上清三郎外十一名昇級ノ件〉，頁 75、86。

〔註 141〕　《臺灣總督府公文類纂》永久保存（進退），第 1017 冊，第 18 號，明治 37年 4 月 2 日，〈稅關監吏村上清三郎外十一名昇級ノ件〉，頁 87～88。

〔註 142〕　《臺灣總督府公文類纂》永久保存，第 2914 冊，第 18 號，大正 8 年 6 月 1日，〈朝岡雄左兄恩給上申〉，頁 239。

圖 16　小寺銈次郎醫師診斷書

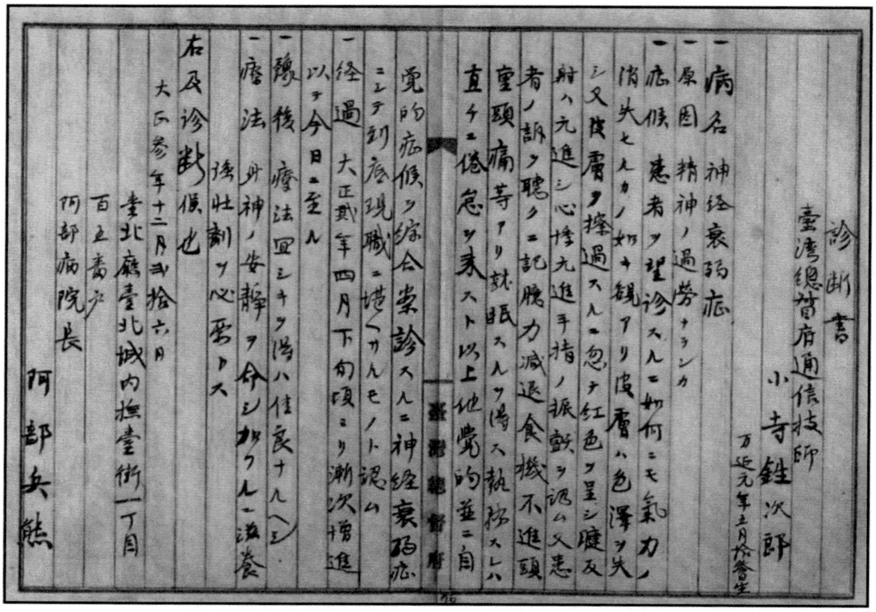
診斷書

臺灣總督府通信技師

小寺銈次郎

一病名　神経衰弱症

一原因　精神ノ過勞ナランカ

一症候　患者ヲ望診スルニ如何ニモ氣力ノ消失セルカノ如キ観アリ皮膚ハ色澤ヲ失シ又皮膚ヲ按過スルニ忽チ紅色ヲ呈シ脈及附ハ亢進シ心悸亢進手指ノ振顫ヲ認ム又患者ノ訴ヲ聴クニ記臆力減退食機不進頭重頭痛等アリ就眠スルヲ得ス執務スレハ直チニ倦怠ヲ来スト以上他覺的並ニ自覺的症候ヲ綜合案診スルニ神経衰弱症ニシテ到底現職ニ堪ヘカルモノト認ム

一経過　大正弐年四月下旬頃ヨリ漸次増進シテ今日ニ至ル

一豫後　療法宜シキヲ得ハ佳良ナルヘシ

一療法　身神ノ安静ヲ命シ加フルニ滋養強壮剤ヲ必要トス

右及診斷候也

大正参年十二月弐拾六日

臺北廳臺北城内撫臺街一丁目

百五番戸

阿部病院長

阿部兵態

說明：通信技手請辭或申請恩給金，都需檢附醫師診斷證明書，通常由通信技手服務地點附近醫院（或診所）之醫師開立。

資料來源：《臺灣總督府公文類纂》永久保存（進退），第 2444 冊，第 3 號，大正 4 年 2 月 1 日，〈府通信技師小寺銈次郎陞等、昇級、賞與、免官ノ件〉，頁 81。

小寺銈次郎請辭的病因為「神經衰弱症」，原因是「精神過勞」，症狀是氣力消失，皮膚失去光澤，按壓呈現紅色，心悸亢進，手指振顫。小寺銈次郎主訴記憶力減退、頭重頭痛難以入眠，工作倦怠。上述症狀從退休前 3 年即開始，症狀漸增。療法需身神安靜並投以滋養強壯劑。〔註 143〕

小　結

本章將通信技手分為「久任基層型」、「特殊事蹟型」、「行政主管型」、「轉換職場型」與「晉升技師型」等五種，便於瞭解通信技手在其事業發展上的異同。

〔註 143〕《臺灣總督府公文類纂》永久保存，第 2345 冊，第 16 號，大正 4 年 7 月 1 日，〈小寺銈次郎恩給證書下附〉，頁 230～231。

　　久任基層的通信技手要渡過總督府中期調降薪資結構的趨勢，未擔任過局長，屬地方據點的資深郵便電信書記，薪資成長幅度較為緩慢。

　　特殊事蹟型除了高原萬三郎是唯一入獄服刑者外，還有唯一因「職務不熱心」遭停職的中川石松。另外有 1902 年被派往臺東，調查連接到屏東山地電報線的宮野昇太郎。此型可看出總督府對違法、「不熱心」的處置，以及在電訊建置的實地調查中，對兵站電信部出身技手的重視。

　　行政主管型的人數雖然較多，但擔任二等局長者，時間多在領臺前幾年，多數則擔任三等局長，持續在基層電訊據點中服務。而真正進入技師階層的，只有速水經憲與小寺銓次郎兩位。

　　轉換職場需具備條件，雖然可避免總督府郵便電信政策的行政調整，但轉換到法院書記、稅關、警政單位或鐵道部技手，職務差異性較大，無法有比較的基準，但也是個別通信技手生涯規劃的選項之一。

　　通信技手較常罹患的疾病有四種，分別為瘧疾、腦神經衰弱、加答兒與腳氣病。瘧疾與領臺初期衛生條件有直接相關，也是通信技手最常罹患疾病之一。腦神經衰弱則為電報產業追求速度下的一種常見疾病，雖不能謂之職業病，但遞信人員不少得到此病。加答兒則為一種症狀，排除遺傳性因素，可能由瘧疾及腦神經衰弱而誘發，當生理的抗壓性降低後，身心互相影響的情況下，不一定只得到一種疾病。瘧疾除惡性外，會長期困擾通信技手的健康狀況，而腦神經衰弱與加答兒（不論發生在身體那個部位），以及腳氣病，都會逐年累積，加上通信技手服務地點在日治初期以不低的頻率進行調動，想要根治並不容易。疾病的因素，是通信技手無法在臺灣久任的重要原因，值得重視。

第五章　電報系統軟、硬體與軔體的標準化

　　電報的建置經驗在日本領臺前已有二十年以上標準化的累積經驗，加上承繼清末的建設基礎。但硬體與軟體的完備，到日治中期仍在持續進行，第一波抵臺的通信技手，已其在日本服務的豐富實務經驗，參與了這個過程，不僅爲軟硬體的標準化有所貢獻，個人也扮演連結軟硬體之間「軔體」的角色。

　　軔體（firmware）是一種置於硬體中的軟體，不屬於全然的軟體與硬體，但卻扮演系統運作中的重要的角色。故用「軔體」的概念來詮釋第一波抵臺通信技手的貢獻，應是恰當的形容。另一個解釋是在日治初期軟、硬體皆不完備的情況下，通信技手效能的發揮，也彌補了軟硬體的不足，讓電報系統能達成預定的效能表現。

第一節　硬體：建物與設備

　　第一波抵臺通信技手在 1896 年 4 月 1 日後多有任職三等局或擔任三等局長者。但爲數眾多的三等局，在法律判例上具有公務員的責任，但實際上卻未有相應視爲公務員的保障。〔註1〕以 1898 年爲例，多數的三等局都只有配置一人，成爲局長的「一人局」。

〔註1〕物好生，〈三等局通信事務員は公務員なるや〉，《臺灣通信協會雜誌》第 15 號，1919 年 8 月，頁 4〜5。

一、三等局的建物標準

多數留在臺灣服務的第一波通信技手，除了擔任各局郵便電信書記外，就是擔任三等局長了。但臺灣三等局舍的建物標準化到 1910 年代後期仍未達到論者的理想標準。地方人士「寄附」者少，泰半的三等局極為「不便不利不完全」，就臺灣人所擁有家屋改造使用，亦有狹隘、附有窗口的土角陋屋，外觀看起來像是「奇怪至極的醜屋」。三等局同樣做為官廳衙署的一部分，建物若警察官吏派出所，加上位置社區的偏僻處，加深一層「不體面」（不體裁），滑稽與不調和，難以一眼識別是私屋還是官署，無法彰顯官廳莊嚴感。另外，在空氣流通、採光與衛生設備上，陰雨天時「室內薄暗，充滿陰濕之氣」；夏季空氣不流通，「宛然釜中」（按：釜為炊具的一種，用以形容夏季三等局室內的悶熱程度）。在這種情況下，難期有愉快心境執行業務，更遑論對健康的影響。〔註2〕

論者還指出日本三等局擇地方具有相當資產與名望者擔任局長，授予局長之榮譽職，降低基層電訊據點的建置成本。臺灣除新庄、龍潭陂局以外局長由區長參事，或官煙、官鹽指定人擔任局長外，多數仍由總督府建置。除可參考日本三等局制度外，亦提出「三等局舍建築組合」的觀念，吸收地方資金挹注三等局軟硬體支出，數年後臺灣三等局建物與設備或能「面目一新」。〔註3〕

隨著時勢的推移，地方小學校、公學校與警察官吏派出所都能因改建而「面目一新」，唯三等局長「陋屋窮居」，對日本統治者而言，是不體面之事。而 1910 年代後期工資、物價跟隨上漲，三等局的改建面臨更窘迫的環境，論者又再次提出「臺灣總督府三等郵便局家屋共同建築組合」的概念，並提出同名的「規約」。依據規約顯示，組合辦公室（事務所）設於臺灣總督府三等局郵便局長協議會內，受通信局長監督，每各認購單位稱為「一口」，每口 100 圓，可分四期繳納。新建局舍申請排定順序由通信局長審定，45坪內建築費上限為 4 千圓，22～25 坪為 1,800～2,200 圓之間。這是利用日治時期「組合」概念來集資，充實地方三等局的構想。〔註4〕在伊東竹二倡

〔註 2〕 TN 生，〈三等局舍建設私議〉，《臺灣通信協會雜誌》第 8 號，1919 年 1 月，頁 2～3。
〔註 3〕 TN 生，〈三等局舍建設私議〉，《臺灣通信協會雜誌》第 8 號，1919 年 1 月，頁 4。
〔註 4〕 伊東竹二，〈局舍改修に關して三等局長各位の贊同を求む〉，《臺灣通信協會

議後，復有 TN 生贊同此議，並認爲是短期改善三等局軟、硬體的「捷徑」，但組合眞正運作後，扣除硬體設備與提高人員物質給與後，是否能產生盈餘並分配，不無疑問。〔註5〕

圖17　日治時期一、二、三等郵便電信局建物外觀

臺南局（一等局）　　　　新竹局（二等局）　　　阿公店局（三等局）

說明：此圖可以明顯看出不同局等的建物規模、占地面積的差異。一、二等局的建物與經費較爲充裕，地方基層的三等局建物則明顯規模小得多。日治初期第一波抵臺通信技手，不少擔任三等局長，其工作環境可想。

資料來源：《臺灣通信協會雜誌》第 3 號（內頁圖片，無頁數）；第 80 號（內頁圖片，無頁數）；第 10 號（內頁圖片，無頁數）。

（一）局舍規模與營運效能的關係

論者指出臺灣的一、二等局建物外觀「宏壯」，可以臺南局與基隆局爲代表，但外觀「宏壯」之餘，內部空間如何配置，空氣流通與採光是否達到最佳的配置？以此標準，臺南局建物過大，人員在其中活動不便。阿猴局與新竹局建物較新，內部構造稍可。而三等局多半以臺灣人家屋爲基礎使用，普遍通弊是採光不足，影響業務運作的效率，最需改善。但總督府無法同時補助所有三等局建物經費，只能徐圖漸進。〔註6〕

（二）電報硬體的安裝位置

由於電報機與音響機（Sounder）的安置忌濕氣，故經過摸索與經驗累積後，若建物條件許可，多將電報機械室置於二樓（含）以上。如 1910 年代的淡水局，電報機械室、電話交換室、測試室、電報事務室皆於二樓，電池則

雜誌》第 9 號，1919 年 2 月，頁 13～14。

〔註5〕TN 生，〈再於三等局舍建築に就て〉，《臺灣通信協會雜誌》第 10 號，1919年 3 月，頁 6～7。

〔註6〕水間位彥，〈本島通信事業立體的側面概觀〉，《臺灣通信協會雜誌》第 1 號，1918 年 6 月，頁 14～15。

置於一樓。〔註7〕

二、海底電纜的穩定性

　　1851 年，第一條海底電纜連接英國與法國，1858 年距離更長、橫跨大西洋連接英國與美國的海底電纜啓用。但因爲技術的因素，一個月後即斷訊，多數時間是故障的。這條線路經過提高導電率（選擇直徑更高的電纜）、提高傳送的電流量後，問題得到改善，並於 1860 年代持續改良，1868 年穩定性才上軌道。〔註8〕這顯示技術的穩定與實用化，需要一段很長的時間。日治時期的臺灣，也面臨這樣的問題與挑戰。

　　領有臺灣之前，日本並沒有太多長途海底電纜敷設的技術與經驗，專業的電纜船舶僅有「明治丸」一艘，供日本各島嶼內海敷設海底電纜使用，而爲了敷設臺灣到九州間海底電纜，才向國外訂購更大型的海底電纜船舶，預計經費 60 萬圓。〔註9〕

（一）淡水局到長崎局海底電纜（海電問題）

　　這條線路是臺灣與日本商業資訊交流的重要線路，但易受天候影響，或船舶經過時將其切斷，穩定性待提升。1903 年電報業務報告中提及這條海底電纜不受理私人電報，如遇緊急況需徵收普通電報 3 倍金額，但因日治初期渡臺日人漸增，臺、日間商業「漸次鄰接」，一條海底電纜頻寬已無法滿足需求，治標之法是增設「二重電信機」，流量增加 1 倍，私人電報可降爲 2 倍金額，並自 1903 年 1 月 1 日實施。1902 年後臺灣治安秩序改善，電報遞送人工費用也跟著調降。費率調降後，電報數增加，營收反而減少，但滿足了社會對電報的需求。〔註10〕

　　治本之道是增加一條通往日本的海底電纜，但因經費龐大，難度等同於臺灣版的「大西洋電纜」，臺灣商界則組織「海電期成同盟會」向總督府請願，增加一條海底電纜以利臺、日間商業機制之運作。故海底纜線連接的不只是

〔註 7〕　〈淡水郵便局概況〉，《臺灣遞信協會雜誌》第 73 號，頁 29。

〔註 8〕　W.H.Rueesl, *The Atlantic Telegraph* Gloucestershire: Nonsuch Publishing, 2005, 107-108.；David Mercer, *The Telephone*: *The Life Story of a Technology*, 16-19；〔德〕彼德・博夏德（Peter Borscheid）著、佟文斌等譯，《爲什麼我們越來越快》，頁 75。

〔註 9〕　〈海底電線敷設船の新造〉，《讀賣新聞》第 6422 號，明治 28 年 6 月 15 日，5 版。

〔註 10〕　通信局，《臺灣通信事務成績》第 9 編（1903 年度），頁 162～163。

電報機械，而是揹負兩地社會輿論與商業利益的期望，後來衍生出所謂的「海電問題」，反映日治初期對於電訊需求的成長速度。

（二）淡水到連往中國的川石山線

本線爲沈葆禎於 1887 年建置的海底電纜，長度 170 浬，受牡丹社事件之影響，由英國人提供技術支援，主要用於軍事用途。〔註11〕該線於 1900 年由日本政府買收，並提升及硬體規格，利於臺灣與大陸每年 6～9 月間的茶葉交易。〔註12〕

1905 年 4 月該線斷線，同月 10 日總督府派遣技師小寺銈次郎（早年擔任兵站電信部技手）與二名技手，配合海軍支援之士官兵 5 名，搭乘民用船舶「須磨丸」從基隆出海，10～11 日找不到海底電纜，待滿潮時再搜索，12 日飄雨，海上風浪增大，一度尋獲電纜並綁上浮標，但因潮流過速，船舶操作困難，電纜在船尾地方強烈擺動而斷裂，失去縱跡，只能於該地投下浮標定位，海上位於淡水沙崙外海 1.5 浬，13 日屢次用各種抓勾都無法找到電纜，船舶放出小船搜尋浮標位置，幾次嘗試都失敗，還造成船舶右舷轉輪破損。15 日，該線斷裂地點距離去年「伊吹丸」維修地點不過 50～60 尺，爲免固定地方因海流造成與海床岩石的磨擦，會在電纜以錨鎖固定其走向，減少故障機率。而接近淡水 2 浬海底因泥沙量多，不易搜尋到電纜，最後發現斷裂點不只一處。16 日，海上風浪過大，船舶因無法作業返回淡水。期間小寺銈次郎不斷尋找各種材料與可能的解決方法，17 日，爲了要去除海草並搜索電纜，另派 2 名潛水夫隨船出海，並在海上逐段測試電纜，縮小搜尋範圍，直到 22 日才將問題解決，以二心入電纜更換破損部分。小寺銈太郎表示自己的嘗試一再失敗，海軍派遣人員始終熱心幫忙，部分人員手部還受傷，但在船長與乘員共同努力下，終能完成任務。〔註13〕

三、建立「國用線」標準

野戰時期留給郵便局約 746 公里的野戰電報線，而「野戰線」是一種有

〔註11〕藤崎濟之助，《臺灣史と樺山大將》，頁 861。

〔註12〕通信局，《臺灣通信事務成績》第 6 編（1900 年度），頁 91～92。

〔註13〕《臺灣總督府公文類纂》十五年保存，第 4680 冊，第 28 號，明治 38 年 7 月 1 日，通信技師小寺銈次郎外三名臺灣清國間海底電線障　修理完了復命書ノ件〉，頁 212～219。

橡膠絕緣的被覆線，比起架空裸線更耐用，但因為架設方式簡便，多未使用固定電桿，約一年餘絕緣層破損後造成漏電，難以長期使用。1896 年 7 月開始，由臺北運送 2 千根電桿往中南部，派遣人員施工及分段派駐巡線人員，以數年時間分段汰換為「國用線」。國用線標準規格因為有電桿架設，較為耐用而穩固，這是兩種線路規格的最大差異。〔註 14〕

表 21　國用電信線與警察電話線規格標準比較表

項　　目	郵　局　規　格	警　察　規　格
電桿	長 7.26 公尺	長 5.5 公尺
礙子	二重礙子	二重礙子
腕木	寬 72.7 公分	初期 72 公分 後期 60 公分
線材	初期：8 號鐵線	初期到中期：鐵線 中期到後期：部分銅線
電桿平均距離	65.4 公尺	理論相同，但平均為 100 餘公尺

資料來源：通信局，《臺灣通信事務成績》明治 28 年度至 41 年度，第四編（1898 年度），頁 54。

　　日治初期的「國用電信線」標準零件規格為：電桿長 7.26 公尺（2 丈 4 尺）、二重礙子、72.7 公分腕木（24 吋）、線材為 8 號鐵線、電桿平均接線距離為 65.4 公尺（36 間），兩端各設置一部摩爾斯電報機（或電話機）。〔註 15〕將國用電信線與警用電話線規格標準製成如「表 21」發現，國用電信線使用的材料較佳，這還不包含警用電話電桿約 1/3 是就地取材的雜木或杉木。

　　在日本電報線材規格的歷史發展趨勢中，初始即以 8 號鐵線為標準，其後因各地三等局快速增加，為求普設電報網，1886 年起降低規格使用 11 號鐵線，只在特殊需要的場合，使用 8 號鐵線。8 號鐵線又稱為 400 磅鐵線，線材直徑為 0.43 公分；11 號鐵線又稱為 200 磅鐵線，直徑為 0.30 公分。兩種鐵線

〔註 14〕通信局，《臺灣通信事務成績》明治 28 年度至 41 年度（藏於國立臺灣圖書館，無版權頁），頁 14～15。

〔註 15〕《臺灣總督府民政事務成績提要》第 4 編，明治 31 年度分，頁 228～229；通信局，《臺灣通信事務成績》明治 28 年度至 41 年度，第四編（1898 年度），頁 54。

抗拉力、電阻值皆相差一倍。〔註16〕8 號鐵線爲「國用線」施工標準，於 1895
～1896 年間陸續完成各段舊線改爲「國用線」工程，顯示日治初期臺灣總督
府對於電訊規格的要求與重視。

　　另一種施工規格爲「兵站線」，線材規格爲 13 號銅製裸線。〔註17〕史料
中只能覓得 12 號銅線（又稱 200 磅硬銅線），直徑 0.284 公分，抗拉力與 11
號鐵線同，但阻抗最低。這種線材日本在 1890 年才使用，主要用於電話與長
距離。抗拉力只有 8 號鐵線的一半，可謂各有優缺點。〔註18〕

第二節　軟體：制度與編制

　　西方國家起步早，電報、電報與郵務各自發展，整合度低，在兼併中也
未有一元化的組織運作；臺灣則將電報、電話與郵務統一於郵便電信局的機
制，是日治時期的遞信省的政策及臺灣特殊時空環境下的產物。而臺灣郵政
經過領臺 10 年，就已經發展到「不但不讓內地，而且進步不少。」〔註19〕

一、郵便電信局官制

　　1895 年 5 月底近衛師團登陸臺灣，1896 年 4 月 1 日總督府即發布〈郵便
及電信局官制〉，將臺北、臺中、臺南設定爲一等局（當時全臺共有 20 個局），
二等局陸續發布，並要求全島各局業務依現況運作。〔註20〕

　　1896 年 4 月 1 日實施的敕令〈臺灣總督府郵便及電信局官制〉。第 1 條：
臺灣總督府郵便及電信局屬臺灣總督管理，掌理郵便電信業務；第 2 條：縣廳
所在地設一等郵便電信局，廳及支廳所在地或其它樞要之地設二等郵便電信
局。臺灣總督府認爲必要之地得設立二等局、二等電信局或郵便及電信支局；

〔註16〕時吉殘月，〈趣味としての電信（三）〉，《臺灣遞信協會雜誌》第 20 號，1920
　　　　年 1 月，頁 23。

〔註17〕藤井恭敬，《臺灣郵政史》（臺北：臺灣總督府民政部通信局，1918 年 2 月發
　　　　行），頁 269。

〔註18〕時吉殘月，〈趣味としての電信（三）〉，《臺灣遞信協會雜誌》第 20 號，1920
　　　　年 1 月，頁 24。

〔註19〕〈郵便配達檢印規程〉，《漢文臺灣日日新報》第 2626 號，明治 40 年 2 月 5
　　　　日，2 版。

〔註20〕《臺灣總督府公文類纂》甲種永久保存，第 3 冊，第 9 號，明治 29 年 4 月 1
　　　　日，〈郵便電信局官制發布二付通達〉，頁 61～65。

第 3 條：一等郵便電信局名稱、位置及其管轄區域另依別表訂定。二等郵便電信局、二等郵便局或二等電信局名稱、位置及管轄區域由臺灣總督訂定之；第 4 條：一等郵便電信局長於委任權內及管轄區域內監督二等郵便電信局（含以下）業務；第 5 條：一等郵便電信局、二等郵便電信局、二等郵便局及二等電信局置局長、郵便電信書記、郵便電信書記補、通譯生；第 6 條：一等郵便電信於長屬奏任，承臺灣總督或（註：後「臺灣總督」四字刪除）民政局長之命綜理局中全般事務；第 7 條：二等郵便電信局長為奏任或判任，判任局長得由郵便電信書記兼任，歸所屬一等郵便電信局長指揮監督，掌理局務；第 8 條：二等郵便電信局長、二等電信局長屬判任，由郵便電信書記兼任，承上官指揮，掌理局務；第 9 條：郵便電信書記屬判任，承上官指揮監督，從事局務；第 10 條：郵便電信書記補屬判任，受上官指揮監督，協助書記事務。通譯生為判任，受上官指揮監督，從事通譯事務；第 11 條：一等郵便電信局長及奏任二等郵便電信局長，編制數為 17 人；第 12 條：郵便電信書記各局編制數共 365 人；第 13 條：郵便電信書記補各局編制數共 95 名；第 14 條：通譯生各局編制數共 34 人；第 15 條：本令自 1896 年 4 月 1 日起施行。〔註 21〕

　　當時擬案中的一等局有臺北、臺中、臺南、臺東與宜蘭五局，這是一個地域上比較均衡的分布，但臺東與宜蘭後來未成為一等局。〔註 22〕

　　1896 年 7 月，全臺各局郵便電信書記編制人數如「表 22」所示。全臺郵便電信書記共 331 名，其中通常事務員 206 名，電信事務員 125 名；約每 1.6 名通常事務員，配置 1 名電信事務員。而 1896 年 7 月的編制調整，最大變化是將基隆局與宜蘭局編制數互換，更加重視基隆局的位階，擴充該局的人事編制。另一個變化是臺北局通常事務員從原本的 26 名增加到 36 名，基隆局從 15 名增加到 17 名，臺中局從 14 名增加到 17 名，臺南從 19 名增加到 23 名。增加的多是重要局或一等局。〔註 23〕

　　而到 1896 年底，通信技手保守估計還有 27 名在擔任郵便電信書記工作，占電信事務員編制數的 22%，已經居於少數。

〔註 21〕《臺灣總督府公文類纂》甲種永久保存，第 2 冊，第 9 號，明治 29 年 1 月 1 日，〈臺灣總督府郵便及電信局官制〉，頁 125～126。

〔註 22〕《臺灣總督府公文類纂》甲種永久保存，第 2 冊，第 9 號，明治 29 年 1 月 1 日，〈臺灣總督府郵便及電信局官制〉，頁 127。

〔註 23〕《臺灣總督府公文類纂》甲種永久保存，第 59 冊，第 57 號，明治 29 年 8 月 8 日，〈郵便電信局定員制定ノ件〉，頁 309～312。

表 22　全臺各局郵便電信書記編制數（1896 年 7 月）

項 次	局　名	通常事務員	電 信 事 務 員	計
1	臺北局	26	31（不含預備員 44 名）	57
2	臺中局	14	4	18
3	臺南局	19	15	34
4	基隆局	8 改成 15	5 改成 10	25
5	宜蘭局	15 改成 8	10 改成 5	13
6	淡水局	7	4	11
7	新竹局	8	5	13
8	苗栗局	5	2	7
9	雲林局	5	2	7
10	埔里社局	7	2	9
11	鹿港局	6	3	9
12	嘉義局	8	3	11
13	鳳山局	8	3	11
14	恒春局	6	2	8
15	澎湖局	6	3	9
16	打狗局	6	4（含預備員 1 名）	10
17	卑南局	5	4	9
18	桃仔園局	5	2	7
19	大嵙崁局	3	0	3
20	後龍局	5	2	7
21	彰化局	7	7（含預備員 1 名）	14
22	大甲局	6	2	8
23	北斗局	5	2	7
24	新營廳局	5	2	7
25	阿公店局	5	2	7
26	枋寮局	3	2	5
27	蘇澳局	3	2	5
28	計	206	125	331（含預備 364）

說明：臺北、臺中與臺南各有 3 名通譯生。

資料來源：《臺灣總督府公文類纂》甲種永久保存，第 59 冊，第 57 號，明治 29 年 8 月 8 日，〈郵便電信局定員制定ノ件〉，頁 309～310。

一等局長俸給最高等官三等（含）以下，二等局長爲高等官六等（含）以下。各級俸等如「表 23」。兵站電信部的通信技手如大濱砂等，其年俸超過 1 千圓，實質收入已接高等官六等的敍薪。

表 23　臺灣總督府郵便電信局長俸等

高 等 官 等	俸 級	年俸（金額）	備 註
三等	一級俸	2000 圓	一等局長俸等上限
四等	二級俸	1800 圓	
五等	三級俸	1600 圓	
	四級俸	1400 圓	
六等	五級俸	1200 圓	二等局長俸等上限
	六級俸	1000 圓	
七等	七級俸	900 圓	
	八級俸	800 圓	
八等	九級俸	700 圓	
	十級俸	600 圓	

資料來源：《臺灣總督府公文類纂》甲種永久保存，第 2 冊，第 9 號，明治 29 年 1 月 1 日，〈臺灣總督府郵便及電信局官制〉，頁 134。

1895 年 4 月 1 日，新制透過電報發給各所，各地郵便局與電信通信所人員、物料一併移撥，業務同前辦理。該日共有 17 個二等局，3 個一等局，合計 20 個據點。〔註24〕

1896 年 5 月 1 日，陸軍局郵便部與電信部人員、設備線路等移撥民政局，民政局野戰郵便與軍方電報業務也一併由民政局所屬各郵局承接，並通知在臺所有駐軍。〔註25〕

英國與美國因電報應用較早，不僅促成郵務擴展，電報與郵務還互爲增進。〔註26〕日治時期臺灣郵局則將電報業務分屬郵務課與電信課掌理。

1896 年 5 月 2 日發布二等郵便局及支局位置與名稱，但確定地點與業務還需進一步實地調查。根據史料顯示，二等局計有基隆、宜蘭、淡水、新竹、

〔註24〕《臺灣總督府公文類纂》甲種永久保存，第 3 冊，第 9 號，明治 29 年 4 月 1 日，〈郵便電信局官制發布二付通達〉，頁 61、64～65。
〔註25〕《臺灣總督府公文類纂》乙種永久保存，第 12 冊，第 9 號，明治 29 年 5 月 1 日，〈郵便及電信部員ヲ民政局二引繼ノ件〉，頁 67～68。
〔註26〕David Mercer, *The Telephone: The Life Story of a Technology*, 5.

苗栗、鹿港、埔里社、雲林、嘉義、鳳山、打狗、恆春、卑南、澎湖島、蘇澳、金包里、桃仔園、大料崁、後龍、大甲、彰化、阿公店、枋寮、臺北局大稻埕支局、臺南局安平支局等共計 25 個局（臺東局刪除）。〔註 27〕合一個月前發布的三個一等局在內，全臺共有 28 個郵局據點，這也是日治初期郵局的基本規模，並辦理郵務及電報業務，發展到日治後期全臺已有 200 餘個電報據點。

二、郵便電信局之權責

（一）郵便電信局局長的權責

1896 年 6 月 22 日公布〈臺灣總督府一等郵便電信局長職務規程〉與〈臺灣總督府二等郵便及電信局長職務規程〉，請參閱「表 24」。〔註 28〕而比較一、二等局長之權責與範圍發現，二等局實為基層電報的執行業務單位，局長僅有少部分權限。一等局的臺北、臺中與臺南局局長得有緊急處分與變更路線、時間之權限，三個一等局分別扮演臺灣北、中、南三區域內的電報中心與行政指導地位。而從垂直組織的層級而言，初期是分為一等局、二等局及支局等三個層級。中期以後逐漸加入電信出張所、電信辦理所，形成「三等五級」的業務架構。

（二）郵便電信局分課規程

1896 年 6 月總督府再發布〈臺灣總督府一等郵便電信局分課規程〉，規定一等局分為「庶務課」、「郵便課」、「電信課」與「會計課」。庶務課負則電報統計與報告，還兼掌人事與公文書類；郵便課遞信電報，電信課負責通信業務監督與電報收發事宜，會計課則為當時各機關普遍存在的獨立單位。各課課長以郵便或電信書記擔任（第 2 條）。同日公布的〈臺灣總督府二等郵便及電信局分課規程〉規定二等局設郵便、電信與會計三課，無一等局之庶務課，各課課長亦由郵便電信書記充之，二等局各課分工為一等局各課分工的「縮小版」，業務隸屬，差異不大。〔註 29〕

〔註 27〕通信局，《臺灣通信事務成績》明治 28 年度至 41 年度，頁 2～4；《臺灣總督府公文類纂》甲種永久保存，第 55 冊，第 18 號，明治 29 年 5 月 2 日，〈臺灣總督府二等郵便電信局及支局名稱位置設定ノ件、全上追加ノ件〉，頁 164～171。

〔註 28〕《臺灣總督府公文類纂》甲種永久保存，第 57 冊，第 31 號，明治 29 年 6 月 22 日，〈一、二等郵便電信局長職務章程制定ノ件〉，頁 206～209。

〔註 29〕《臺灣總督府公文類纂》甲種永久保存，第 57 冊，第 34 號，明治 29 年 6 月

表 24 臺灣總督府一、二等郵便電信局長職務規程暨支局規程

臺灣總督府一等郵便電信局長職務規程	臺灣總督府二等郵便及電信局長職務章程
一等郵便電信局長主管之事務為整理及部下職員之監督。	二等郵便電信局長主管之事務為整理及部下職員之監督。
一等郵便電信局長管轄區內擔任下列事項：	二等郵便及電信局長除另有規則訂定外，專決實施下列事項：
郵局及電信局所事務之監督。	對局員服務之指導
郵局及電信局開廢變更之調查。	日薪 70 錢至月俸 20 圓之間雇員、備員之晉用與解職
郵務線路開廢與變更，電報區域之遞信調查。	局員與其父母看護與轉地治療申請之核示
郵務、電報整理與遞送人員之編制數。	郵票與信封廢置變更事宜。
郵局遞送小包之調查	二等郵便及電信局長得隸屬一等郵便電信局長核可之處務章程訂定
匯兌與儲金之收取	二等郵便及電信局長認定特殊專決事項，需以書面得隸屬一等郵便電信局長之核可。
匯兌資金之交付	**臺灣總督府郵便及電信支局規程**
替換資金之請求	郵便及電信支局長與局員由本局長從局員中任命。
一等郵便電信局長於管轄區域內核決下列事項：	郵便及電信支局長主掌業務整理與部下職員之監督。
局員服務指定事項	郵便及電信支局其轄區、郵務及電報事務辦理內容由所轄一等郵便電信局長訂定之。
日薪 70 錢至月俸 20 圓之間雇員、備員之晉用與解職	郵便及電信支局長得所隸屬一等郵便電信局長核可，得訂定分科及處務規程。
局員與二等郵便電信局長之父母看護與轉地治療申請之核示。	
局員與二等局長之任命	
郵票與信封廢置變更事宜	
局員及二等電信局員管轄範區域內人員及臨時派遣	
災變時依情況訂定臨時郵務線路與遞送種類、時差變更等事宜。	
緊急時郵務線路及時間變更事宜	
毀損物品之補償	
一等郵便電信局長得民政局長核可之處務規程訂定	
一等郵便電信局長認定特殊專決事項，需以書面意見經民政局長核可。	

資料來源：《臺灣總督府公文類纂》甲種永久保存，第 57 冊，第 31 號，明治 29 年 6 月 22 日，〈一、二等郵便電信局長職務章程制定ノ件〉，頁 206～209；甲種永久保存，第 57 冊，第 32 號，明治 29 年 6 月 22 日，〈郵便及電信支局規程制定ノ件〉，頁 211。

24 日，〈郵便繼替所規程制定ノ件〉，頁 215～218。

（三）臺北局處務規程

各局處務規程法源來自一、二等局長職務規程，而最早也最詳盡的是 1896
年 7 月臺北局公布的〈臺北郵便電信局處務規程〉，首先各課下又分各掛，並
設掛長，電信課則置「技術主員」2 名，為臺北局通信技術業務相關之「主幹」
（第 2 條）。涉及電報從業人員之人事、出勤由庶務課文書掛負責（第 3 條第
3、6 款）；電報節點之開設、郵差（遞送集配人）等由郵便課監理掛負責（第
4 條）；而該課通信掛管理電報收送、電報機械管理、線路故障與傳遞延遲原
因之調查；同課檢查掛負責電報內容檢查、線路故障公告、電報書面與中繼
書面與封緘；歐文掛所有海外電報（包含臺灣東部電報）及資料製表、故障
處理；受配掛負責電報配送等。〔註 30〕由臺北局電報內部分工而論，電報為
主要業務之分，既集中於通信課，也牽涉到其它課（掛）之業務，分工十分
詳細。另外，一等局局長還負責郵務與電報犯罪事實中證據收集、指揮及告
發之工作。〔註 31〕

圖 18　電報收發相關原件保存箱規格與樣式

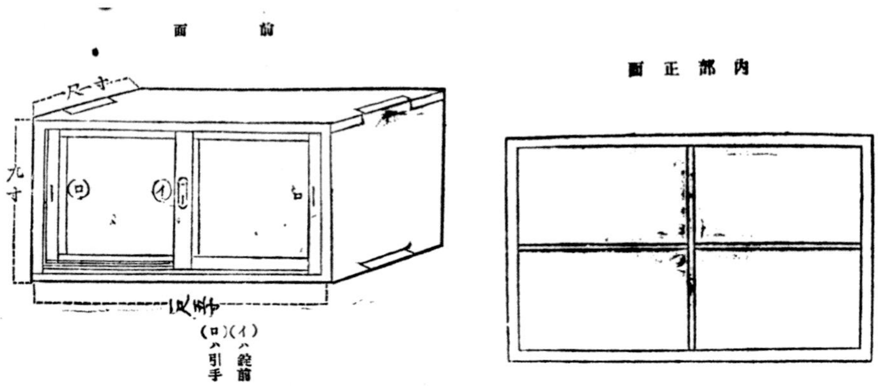

説明：依規定電報收發使用相關原件都需保存，另外形成龐大的書類稽核工作。多
　　　個保存箱還可彼此排列推疊。

資料來源：臺灣總督府民政部通信局，《臺灣現行通信法規（上）》（臺北：該局，
　　　　　1906 年 10 月發行），頁 438～439。

〔註 30〕《臺灣總督府公文類纂》甲種永久保存，第 57 冊，第 35 號，明治 29 年 8 月
　　　　1 日，〈臺北郵便電信局處務規程認可ノ件〉，頁 220～227。
〔註 31〕《臺灣總督府公文類纂》甲種永久保存，第 364 冊，第 16 號，明治 32 年 5
　　　　月 12 日，〈訓令第一四一號郵便、小包郵便、郵便為替、郵便貯金、電信電
　　　　話ニ關スル犯罪事件處理手續〉，頁 233。

（四）電報原件保管方式標準化

電報的收發、續傳都有原件需保存，以往都置於各局書箱，到 1904 年才統一的保存方式。保存目的是為了保護原件內容的隱私，防止竊盜、火災等。電報保存箱正面寬度 45 公分，深度 33 公分，高度 27 公分，內分四格存放原件。正面則有左右各一片推拉板以進行保存箱的開關。〔註 32〕

（五）各種略號的訂定

電報系統的運作有賴龐大編碼工作的完成，並需要社會參與者的配合，整體系統運作才能順暢。電報略號有分為單位略號、官職略號、慣用語略號、地點略號與其它（前置符號、添送符號與時間符號）。加上片假名、英文、數字、標點符號，以及電報紙上至少十個標準欄位，傳送速度要求區分等，共同組織一個龐大複雜的編碼系統。日治初期臨時臺灣兵站電信部的電報編碼工作是日治初期電報系統最早的編碼經驗，早於鐵道部的電報相關規定（最早於 1900 年），具有特殊的歷史意義。〔註 33〕

圖 19　臺南局轄區內各局電報略號表

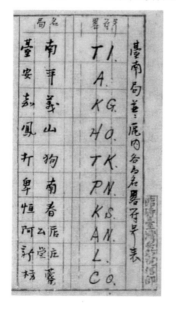

說明：日治初期，臺南局轄內各局電報略號仍延用兵站電信部時期所訂略號，在圖片右下角，還可看到「臨時臺灣兵站電信部」字樣即為證明。

資料來源：《臺灣總督府公文類纂》甲種永久保存，第 69 冊，第 9 號，明治 29 年 12 月 10 日，〈島內各局電信符號〉，頁 74。

〔註 32〕臺灣總督府民政部通信局，《臺灣現行通信法規（上）》（臺北：該局，1906 年 10 月發行），頁 438～439。

〔註 33〕鐵道部關於電報作業規定，請參閱：臺灣總督府鐵道部編纂，《臺灣鐵道法規》第三編營業（臺北：該部，1914 年 4 月發行），頁 299、305～306。

　　略號的目的在增加傳送速度與提升穩定性，日軍登陸時，各電信通信所就訂有略號，並一直延用到 1896 年 12 月才重新制定。延用期間，各所略號「便宜制定」，1896 年 4 月 1 日改為郵便電信局官制後，各局仍延用野戰通信時期略號，但線路逐漸改修與增加，原有略號無法滿足需求，反而釀生不便。〔註34〕

表 25　臺灣各郵便電信局略號修訂前後比較表（1896 年 12 月）

一等局	局　名	略　號 （1896 年 11 月調查）	修訂略號 （1896 年 12 月）	備　考
臺北局	大稻埕支局	TP	TP	
	基隆	KE	KE	
	宜蘭	GN	（GG）	
	蘇澳	SO	SO	
	淡水	HB	HB	
	桃仔園	AO	AO	
	新竹	SC	SC	
	臺北	S	（TA）	
臺中局	臺中	WN	WN	
	彰化	SK	（SH）	
	鹿港	RO	（RK）	
	埔里社	HO	（HR）	
	苗栗	BO	BO	
	北斗	DV	DV	
	雲林	H	（HT）	
	大甲	3	（SM）	
	後龍	2	（KO）	
臺南局	臺南	TI	TI	臺南局轄下各局延用臨時臺灣兵站電信部時期之略號
	安平	A	（AP）	
	嘉義	KG	KG	
	鳳山	HO	HO	
	打狗	TK	TK	

〔註34〕《臺灣總督府公文類纂》甲種永久保存，第 69 冊，第 9 號，明治 29 年 12 月 10 日，〈島內各局電信符號〉，頁 71。

卑南	PN	臺東 PN
恒春	KS	KS
阿公店	AN	AN
新營庄	L	（AI）
枋寮	CO	CO
澎湖島		PE（新增）

資料來源：《臺灣總督府公文類纂》甲種永久保存，第 69 冊，第 9 號，明治 29 年 12 月 10 日，〈島內各局電信符號〉，頁 71～72、74、78、82、85。

1896 年 4 月 1 日實行郵便電信局官制後，電報據點剩下 28 處，約較前一年減少 2/5 的據點數（請參閱「表 25」）。略號由三個一等局自行呈報，其中臺南局完全延用臨時臺灣兵站電信部時期略號，僅修訂安平與新營庄兩個據點略號。臺中局轄區內修訂六處據點略號為最多，臺北局也修訂兩處。修訂原則為將數字或一個英文字母的略號統一修訂為二個英文字母區別，如大甲本來略號為數字「3」，後龍為數字「2」；分別修訂為「SM」與「KO」。其次，略號訂定原則以日文發音、英文拼音及好記易用為主。如鹿港略號原為「RO」改為「RK」，埔里社由「HO」改為「HR」，以及臺北「S」改為「TA」為主。

1905 年又更訂一次個局略號，據點已增至 82 個。〔註35〕各局略號從「臨時臺灣兵站電信部」時期即有之，因革損益，據點變動即進行修訂，以提高運作效能。

（六）〈臺灣飛信辦理心得〉

電報取代文書的部分在於過程而非終端，譬如訊息最終是以書面呈現，但過程可透過電報加速傳遞速度，但不能完全取代書面（書類）的效力。為此，1895 年 9 月總督府仍訂定〈臺灣飛信辦理心得〉，傳送非常緊急之書面資料，飛信可向區域內野戰郵便局或兵站司令部各據點提出，選擇「腳力強壯腳夫，不分晝夜風雨遞送」，飛信放入「硬質料紙封筒，放入布袋，或揹或掛於腰腹，綁縛堅固」。〔註36〕飛信在各站傳遞都有接收與傳送時間，送達也有書面記錄。這一點與電報相同，雖然訊息傳送的速度加快了，但書面記錄的方式還是相同，甚至因為速度加快，書類工作更為繁複，延遲或突發狀況都

〔註35〕臺灣總督府民政部通信局，《臺灣現行通信法規（下）》（臺北：該局，1906 年 10 月發行），頁 1630～1631。

〔註36〕《臺灣總督府公文類纂》甲種永久保存，第 10 冊，第 8 號，明治 29 年 9 月 25 日，〈臺灣飛信取扱心得〉，頁 56～57。

需載諸書面。但飛信有電報沒有的變數，例如腳夫於鐵路可達路段可乘火車，若有危險可請求兵站司令部派護衛兵協助。

第三節　軔體：人力與文化

電報與電話不同，電報操作人員需經過較長期的養成訓練，Yakup Bektas 研究指出 19 世紀中葉開始，奧圖曼帝國引進英國電報系統後，因應業務成立「中央電報局」，其人員雖經培訓，仍不能完全勝任「土耳其語」、英語及法語混合的電報編碼（訓期二年）。而當時該局也是帝國境內唯一可以公開學習外國語言的地方，因引進電報故，間接帶動了民眾學習外語及電報事務之風氣。〔註37〕顯見電報職員的專業養成，不若想像中容易。

（一）「幕後藍領技術」的討論

西方學者認為女性電話接線生與電報員的工作是「低技術、低薪資」的工作，或稱為電報業中「幕後的藍領技術」，女性電訊人員的表現不是一種技術，而是性別傾向自然的呈現。其次，造成這樣的結果，是因為女性的低薪吸引電報公司僱用女性，還是女性被期望在「低薪低技術」的工作範疇。〔註38〕但同樣的工作，男性也擔任電報員的職務，這超越性別的層面，同樣的工作，性別角度無法解釋男性具備技能，是否也是男性傾向的呈現？應該討論的是電報員工作本身是否能被稱為具備技術、知識與技能的工作，性別角度無法涵蓋工作內容本身。而對於不同性別擔任電訊基層技術工作的刻板印象，無法周延解釋歷史背景的脈絡，這部分需要史料，而非從既有研究歸納或討論得到滿意的解答。

而從明治時期或日治時期史料中發現性別議題是存在的，但不在於西方學術爭論的女性電報員是否具備技術問題，而是男、女性電報員的養成過程有別，職務稱謂殊異。明治維新後工部（或遞信省）培養的電報人材稱為通信技手，具有小、中等學校文憑，修業期間學習科目眾多，基礎與專業教育養成期超過 10 年，且由外勤技手工作開始，歷練數年後才擔任通信書記，負責電報業務。其次，對非英語系地區而言，電報是西方傳入的通訊科技，對

〔註37〕 Yakup Bektas, "Cultural Constructions of Ottoman Telegraphy, 1847-1880," 687-688, 690.

〔註38〕 Alison Adam, "Women as Knowledge Workers: From the Telegraph to the Computer," In *Work and Life in the Global Economy: A Gendered Analysis of Service Work*, ed.Debra Howcroft and Helen Richardson, 18, 23.NY: Palgrave Macmillan, 2010.

日本人而言英文是外國語（稱爲英學），電報也有英語的國外電報，故西方女性電報員初次從業年齡可能爲 14～16 歲，這在明治時期比較少見，多半是在 25～30 歲以後。故電報研究的性別議題顯示，非英語系國家有其獨特的發展模式。

對於電報從業者的「技術」定義問題，論者以爲電報技術同一般技藝的技巧，隨練習程度而進步。學習者常接近通信機，就像音樂家與其樂器相處一般，可達到巧妙操作的境界。〔註39〕

（二）性別議題在電報與電話產業的差異

與其討論電報員工作中技術與知識的「定義」，不如回歸到史料中驗證技術與知識之「實質」，還原技術的細節，並驗證性別差異的優位解釋是不是一種「錯覺」。西方國家雖然引進電報時間較早，但因普遍用於鐵路、商業，故同質性高，加上缺乏對東亞國家電報的關注，故某些解釋與答案，在西方電報使用經驗者無法取得共識，例如電報部門中的性別議題，在東亞國家的電報歷程中，可能不是一個議題；或可參照臺灣電報的發展，提供另一種思考。

另外，在臺灣電話發展領域中，接線生的性別由初期男性很快轉變爲女性，因爲男性易與客戶發生言語衝突、接線錯誤率高，女性則反之。這在西方主要國家如美國，初期男性接線生被認爲是「肆無忌憚」、「吵雜」、「粗心」，並由女性接線生取而代之。不同的國家，相同的時空，對接線生的性別差異與工作表現卻有著相同的觀察，這是明顯的性別議題，電話接線生的忙碌情形被比喻爲相當今日的「機場航管室」，電話比電報更造就一群「技術工作者」。〔註40〕但在電報，因爲電報員不會與用戶直接接觸，而且美國的女性電報員只占 25%，臺灣則 90%以上電話接線生是女性，電報產業的女性議題，在日治初期的實際在職人數很少，日治中期有討論的空間，但初期電報員全爲男性，加上臺灣引進的時空環境，似無女性電報員議題的存在。

論者還指出在鐵路電報運作上，女性多擔任電報員（Telegraph Operators），男性多擔任調度員（Dispatcher），但也少數女性調度員，且服資年資達 40 年，到 1905 年才退休。而女性電報員工作的空間是狹小且陰暗，

〔註39〕鈴木忠次郎，〈通信從事員養成に就いて〉，《臺灣通信協會雜誌》第 4 號，1918 年 9 月，頁 16。

〔註40〕Ibid., 24.

但有一個窗戶可以看到外面火車進出動態，多數車站都只有配置一位電報員，故同時要負責電報設備的檢修工作。女性電報員的工作場所，像是一個「空間牢籠」，加上科層組織的束縛，女性電報員在牢籠中工作與生活，被研究者用來類比於韋伯 1930 年提出理性「iron cage」的概念。〔註41〕這種將電報室空間與性別結合的「牢籠」觀點，與日治時期第一批抵臺的通信技手工作型態差異很大，他們也常在「牢籠」之外進行外勤的工作。這個電報空間性質的議題，在 1900 年後才開始浮現。但討論的方式是如何引進資源並改善設備，而無性別與牢籠的討論。

（四）性別與空間場域

19 世紀中葉開始進入美國電報界的女性電報員，有機會與男性取得同工同酬及職場競爭的機會。而在 1875 年「西方聯盟電報公司（Western Union）的電報室 150 名電報員中，有 60 位是女性。在男女同一辦公場所中，電報室出現吸引人目光的裝飾，有一面牆漆成紫丁香色，天花板有淺黃色、藍色與金色的雅緻框格，甚至有淋浴間。〔註42〕

（五）電報機的改良

由於傳統摩爾斯電報機是以垂直下上操作，靠的是電報員靈敏的手指活動，高速運作時易造成手腕僵硬的職業病，1904 年改良爲水平方向操作的發報機，其低靈敏度可降低錯誤率，增加高速傳輸的便利性。電報員接收時會同步謄寫在紙本（同時根據經驗與內容判斷內容正確與否進進行除錯工作），再將副本交付郵差送達收件者，正本留存。1890 年打字機引進電報部門，消解了電報員的書寫技術，收件人收到的不是各電報員的「眞跡」，而是打字機同樣字型大小的打字紙。1915 年，初期的電傳設備又開始取代打字機，但這個共存時期很長，約到 1970 年代後，打字機才逐漸消失。初任的電報員要能承受在高速時間壓力下進行發收動作，要同時謄寫、除錯與計算字數，初次坐上電報檯的電報員都會有一段適應期，以免過度緊張；熟練的電報員姓名縮寫則爲社區所共悉。〔註43〕

〔註41〕Ibid., 26; Thomas C.Jepsen *My Sisters Telegraphic*: *Women in theTelegraph Office, 1846-1950*, 12-24.

〔註42〕Thomas C.Jepsen *My Sisters Telegraphic*: *Women in theTelegraph Office, 1846-1950*, 28-29.

〔註43〕Ibid., 12-24.

（六）勞動條件

1880 年代，美國電報員每天工作 10 小時，除短暫休息外，每 7 小時可休息 90 分鐘，並進行換班。這樣的工時型態成為後來勞工運動的爭議點，男性電報員每週工時 54 小時，女性電報員爭取每週 48 小時的工時。另外在汽車普及的 1910 年代中期以前，女性電報員不會被要求上夜班。1900 年的英國女性電報員上班時間為早上 8 時至晚上 9 時，法國巴黎為早上 7 時至晚上 9 時，德國柏林則是到晚上 10 時，歐洲唯一沒有限制女性電報員工作的國家只有荷蘭。而當西方於 1910～1915 年立法限制女性工時，比起在鐵路部門工作，女性電報員的工時相對較短。〔註 44〕臺灣電報人員的勞動條件，兵站電信部時期，幾無明確規範。

（七）速度病毒

論者以為電報能促進資訊傳送的速度要放在一個近世不斷加速的科技與技術脈絡中考察，因為自 19 世紀末開始，神經衰弱的人越來越多，「電力問世後，人們成為它的奴僕，……強迫人們用最快的速度工作，壓力之大可想而知。」大量書籍、藥品圍繞神經衰弱、焦慮等展開論述，是社會文明進步所導致的「時代病」。根據統計發現，印刷人員、鐵路工作人員與接線生最容易得到速度病毒的侵害，工作壓力也最大。〔註 45〕

電訊快速發展的 19～20 世紀迄今，西方與日本的研究都顯示女性電報員的手腕，女性電話接線生的腦神經衰弱都與社會日漸追求「速度」有正相關。而日治時期的女性電話接線生多數多在 1～3 年內離開職場，警用電話工手也有不少罹患腦神經衰弱、痔瘡等疾病，本書研究的通信技手亦有瘧疾與腦神經衰弱的病症。論者指出工業革命以來，「速度」本身就是被歌頌的價值，更多、更快的思維將人視為機器。但人不是機器，被迫去適應不斷加快的節奏，故速度是一種「病毒」，並向全世界擴散，迄今仍是我們持續追求的目標。〔註 46〕

〔註 44〕 Ibid., 30-32.
〔註 45〕 〔德〕彼德・博夏德（Peter Borscheid）著、佟文斌等譯，《為什麼我們越來越快》，頁 82。
〔註 46〕 論者指出這種「速度病毒」對交通、通訊從業者有顯著的傷害，請參閱：〔德〕彼德・博夏德（Peter Borscheid）著、佟文斌等譯，《為什麼我們越來越快》，頁 82。

表26　美國電報員人數及男、女性別比（1870～1960年）

時　　間	男性電報員	女性電報員	合　計	男性%	女性%
1870	7961	355	8316	96%	4%
1880	21678	1131	22809	95%	5%
1890	43740	8474	52214	84%	16%
1900	48623	7229	55852	87%	13%
1910	61734	8219	69953	88%	12%
1920	62574	16860	79434	79%	21%
1930	51699	16122	67821	76%	24%
1940	31554	8228	39782	79%	21%
1950	27090	7290	34380	79%	21%
1960	15980	4496	20476	78%	22%

資料來源：Thomas C.Jepsen My Sisters Telegraphic: Women in theTelegraph Office, 1846-1950, 53.

　　電傳設備能直接印出接收訊息，不再需要電報員的身體技術。1917年，第一批因為電傳設備失業的電報員稱電傳設備為「有效率的機械撒旦」。1917年，電報員的極速每分鐘能傳送60封電報，而電傳設備能達到173封，機器是人工的近3倍。不願失業的電報員，只能接受更低的薪資。〔註47〕但在日治初期的臺灣，薪資結構的調整是基於成本考量，而未有新設備與新技術的出現。換言之，沒有設備挑戰人力的問題，只有人力調整制度的實例。

　　電報的發展高峰在1920～1930年代，但美國女性走入職場高峰是1910年代，當時美國女性僱員有130餘萬人，同期女性電報員8,219人，女醫師有9,015人，女律師有558人。但1920年代女性電報員增加到16,860人。〔註48〕另就「表26」顯示，美國電報員人數高峰也是1920～1930年代，全國電報員在1920年達到79,434人，其中女性有16,860人，占21%。最高是1930年的24%。顯示女性電報員既在所有女性工作者形成一個特殊技術群體，也是電報部門內女性的專業群體。

（八）臺灣通信技術生的養成

　　日治初期的電訊專業人員不足，這從1895～1896年間野戰電信與非常通信所缺乏電訊人員的情況即可瞭解。是以總督府於第一階段的軍事行動稍歇

〔註47〕Thomas C.Jepsen *My Sisters Telegraphic: Women in theTelegraph Office, 1846-1950*, 34-35.

〔註48〕Ibid., 53.

後的 1898 年 8 月以訓令 217 號公布〈臺灣總督府電氣通信技術傳習生養成規則〉，是為日治時期自主培育電訊基層技術人員的開始。

總督府在研議的內容中指出，電氣通信技術依使用通信機械種類不同而異，實務上的訓練若未達一定水準無法操作微妙的機械，而訓練非朝夕之功。遞信省各種訓練機關經過數年的培育，畢業生尚只能供應需求之半。1898 年總督府轄下有 40 餘個電報節點，擔任基層技術人員多由遞信省培育，而於遞信省所屬機關服務之薪俸高於臺灣總督府，不利於臺灣電報發展所需吸納之人才。加之同年度遞信省業務大幅擴展，增加 600 餘名電信書記，供需尚不能滿足。本府陸續增加三等局，在監督與技術及有限預算內，成立獨立機關，自行培養電信技術人員，並由通信課掌理。〔註49〕

與此同時，總督府頒布〈臺灣總督府電氣通信技術傳習生養成規程〉，全文共 22 條。該規程目的在提供電報事務從業人員（第 1 條），畢業生有服務二年之義務（第 2 條），報考年齡為 15～25 歲之間，無兵役義務，經體檢合格，品行方正，並經入學考試合格者（第 4 條）。錄取者若曾違反電信規定等不得入學（第 5 條），錄取者需繳交履歷書及連帶保證人保證書（第 6 條），考試科目與考試內容由通信課長訂定（第 7 條）。考試科目為讀書（漢文）、作文（普通記事與論說文）、筆蹟（楷行書）、算術（四則運算）、英語（單字、發音、翻譯與書寫）（第 8 條）。修習科目為「電氣通信技術」、「電信及電話概要」、「電信法規」與「英語」（第 10 條）。修業年限為 6 個月，每週授課時數 38 小時，但需要時得予增減（第 11 條）。就學期間所需學習器具與設備由總督府提供，其餘自備（第 12 條），另修業期間每日支領公費 20 錢（第 13 條），修業期間若若品行不良、學習怠惰無法矯正，以及罹病預期無法康復者需辦理退學（第 14 條）。第 15～16 條規定其它退學條件與規定。第 17～18 條規定保證人需具備住居地與繳稅、財產與遞補相關規定。畢業考試方面，需經通信課電務掛主席試驗主任 5 年以上經驗三名考試，通過者由通信課長授予畢業證書（第 20 條）。未未通過畢業考試者得再學習，再經一次考試未通過者予以退學（第 21 條），學習期間學力優等者可抵免部分科目之學習，但仍需通過考試（第 22 條）。〔註50〕

〔註49〕《臺灣總督府公文類纂》甲種永久保存，第 258 冊，第 30 號，明治 31 年 8月 11 日，〈訓令二一七號電氣通信技術傳習生養成規則〉，頁 278～282。
〔註50〕《臺灣總督府公文類纂》甲種永久保存，第 258 冊，第 30 號，明治 31 年 8月 11 日，〈訓令二一七號電氣通信技術傳習生養成規則〉，頁 283～287。

　　另根據〈臺灣總督府電氣通信技術傳習生養成手續〉規定，學習科目「電氣技術」包含透過摩爾斯印字機電報收發（每週 16 小時）、「英文」（每週 11 小時）、「電信及電話學」（電信及電話學概要）（每週 5 小時）及「電信法規」（日本國與外國電信法規）（每週 6 小時）。從科目配置而言，實務操作是最重要的，其次為英文。入學考試由通信課電務掛主辦，成績經通信課長審查後通知考生（第 7 條）。〔註51〕

表 27　「臺灣總督府電氣通信技術傳習生」入學考試與畢業考試科目表

入 學 考 試 （學科）		畢 業 考 試	
考試科目	考 試 內 容	考試科目	考 試 內 容
讀書	漢字與歷史平、片假名	電報發送	日文 130 字加上英文 25 個單字，同樣需於 3 分鐘內完成
作文	普通書信與紀事各一題		
算術	四則運算二題		
筆蹟	10 字以內楷、行書書寫	電報接收	日文 100 字及英文 20 個單字，3 分鐘內完成
英文	讀法、翻譯、單字、書寫	電信法規	國內外電報法規出四題，作答時間 1 小時
入學考試 （術科）			
電報發送	日文片假名（含數字）30 字加上英文 10 個單字，並以摩爾斯印字機，在 3 分鐘內傳送完畢	電信與電話	通信器的調整方法與實地操作，約 20 分鐘
電報接收	與發送相同，需於 3 分鐘內將接受內容由紙張印出		
入學考試 （其它）			
體檢	以醫師為之，檢查項目為體格、視力與聽力	英語	英文以 45 個單字組成之文章，考其發音與翻譯，時間 1 小時

資料來源：《臺灣總督府公文類纂》甲種永久保存，第 258 冊，第 30 號，明治 31 年 8 月 11 日，〈訓令二一七號電氣通信技術傳習生養成規則〉，頁 294～295。

　　「表 27」為入學考試與畢業考試科目與內容，基本上體格必須健全，而且因負責電報收發，還要「耳聰目明」，會四則運算及粗曉英文與作文，有一

〔註51〕《臺灣總督府公文類纂》甲種永久保存，第 258 冊，第 30 號，明治 31 年 8 月 11 日，〈訓令二一七號電氣通信技術傳習生養成規則〉，頁 294～295。

定的難度。而且加考術科，以電報收發為主，故對有相關經驗之考生較為有利，而錄取者經半年學習後，日文五十音電報發送速度為入學標準的 4 倍，接收速度為 3 倍。故以基層通訊技術人員進入門檻而言，外勤電話技術人員不需經過筆試與術科考試，可以從工手、工夫、工夫見習逐層歷練，也不需要筆試與半年的修業年限，相對電報基層技術人員的學力（包含學、術科）要求較高。而從課程設計、入學、畢業考試科目來看，大體是偏重在電報實際操作與收發速度。

而依規定第 15 條，畢業考試每科總分 20 分，依傳送與接收錯字扣分，日文每字 1 分，英文每個單字 2 分，英文扣分比重還比日文高。英語也是依錯誤數採扣分制，畢業依規定授予「電氣通信技術畢業證書」（終業証書）。〔註52〕

再依〈臺灣總督府電氣通信助手採用規則〉，這個職務定義為一、二等局通信事務補助，身分為雇員或傭員，必需得到總督府通信課或東京郵便電信學校授予之畢業證書或同等以上學術程度為限。而總督府自辦傳習生畢業後亦可參加考試，其中電報接收與發送時機都是三分鐘，比的是速度與正確率。成績由各局局長評定並加註意見，經通信課長核定名次後通知各局局長（第 6 條）。〔註53〕一位入學到畢業、正式擔任電報技術人員，至少需經過入學、畢業與就職等 3 次考試方能脫穎而出。

1907 年通信生再分為甲、乙兩科，甲科招就現職通信官吏中選拔錄取，乙科為通信官吏中未來升遷有望者，學習更高階的學識與技術，並需至日本遞信省受訓。〔註54〕

（九）美國電報體系的職務分工

美國電報人力資源歷經長期運作，依據電報員收發字數高低最多分為四級，第一級需達到每分鐘無錯誤傳送 30～40 字，加上 5 年經歷後可擔任第一級電報員，調至交通與商業發達的地區服務，雖然薪資較多，但工作無聊且乏味，在快節奏電報收發中，只有短暫的休息。第二級需達到每分鐘 10～20 字，並容許少數字母的錯誤，分配到發收私人電報或地區交通，多數女

〔註52〕《臺灣總督府公文類纂》甲種永久保存，第 258 冊，第 30 號，明治 31 年 8 月 11 日，〈訓令二一七號電氣通信技術傳習生養成規則〉，頁 296。

〔註53〕《臺灣總督府公文類纂》甲種永久保存，第 258 冊，第 30 號，明治 31 年 8 月 11 日，〈訓令二一七號電氣通信技術傳習生養成規則〉，頁 297～299。

〔註54〕通信局，《臺灣通信事務成績》第 12 編（1906 年度），頁 240～241。

性電報員屬於此級。美國電報組織除前述電報員與調度員之外，另有「書記」（Clerk）一職，負責收件並決定發送給那一位電報員發送，也負責將接收電報發送給郵差遞送。最終端的職務是郵差（Messenger），負責將電報紙本收送客戶，大部分都是年輕男性擔任，少部分爲女性。〔註55〕

　　電報不只是人力資源或加速資訊傳送的工具，更重要是提供社會更多人自由選擇處理資訊的方式。中世紀歐洲要傳送數百哩的訊息要先找到會書寫文字的人，其次是遞送的人力，1840 年英國開始有低廉的郵務，1870 年代海底電纜的完成，過去數週（月）才能傳達的訊息，因電報縮短爲數小時或更短。〔註56〕電報引進臺灣後，從政府機關間逐漸對社會開放，成爲商人、國家及人與人之間訊息交換的工具。

　　臺灣因情況特殊，日本適應的遞信相關規定，會經總督府簡化或調整，以府令或訓令形式公布，俾符臺灣電報發展的實況。

　　19 世中葉以後，奧圖曼帝國陸續引進英國電報機械，並受法國與德國電報系統滲入的影響，衍生出維修設備與混合組裝的風格，電報局的建築也有東、西方交流的樣式，民間相繼成立培訓簡易電報人材的機構，電報成爲一門專業的科學。〔註57〕在 Yakup Bektas 論文的最後一段提出發人省思的觀點，電報由西方引進伊斯蘭的世界，是西方文明最強有力的傳播代理，他國文化因引進電報而產生質變的過程被西方視爲「自然的結果」，英國則透過電報產業的輸出，取得他國商機與政治控制；蘇丹則透過電報加強地方與資源的掌控，雙方各取所需。但對部分伊斯蘭世界人士而言，電報是「異教徒的裝置」、「將蘇丹聲音由某地傳送另一地的工具」，破壞神聖的秩序，是宗教的墮落，污染全世界每一角落。當 1874 年美國傳教士到達奧圖曼帝國時，說電報將整個帝國運作的像一部機器，一種前所未有的政治權力分工。〔註58〕研究者多將西方引進之通訊工具傾向單面向的描述，而 Yakup Bektas 的研究，提醒研究者進行多元思考的可能。

〔註55〕Thomas C.Jepsen *My Sisters Telegraphic*: *Women in theTelegraph Office, 1846-1950*, 24-25.

〔註56〕Alison Adam, "Women as Knowledge Workers: From the Telegraph to the Computer," In *Work and Life in the Global Economy*: *A Gendered Analysis of Service Work*, ed.Debra Howcroft and Helen Richardson, 22.NY: Palgrave Macmillan, 2010.

〔註57〕Yakup Bektas, "Cultural Constructions of Ottoman Telegraphy, 1847-1880," 688-690.

〔註58〕Ibid., 691-696.

圖 20　日治時期電報用紙（送達紙）

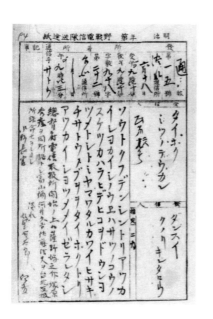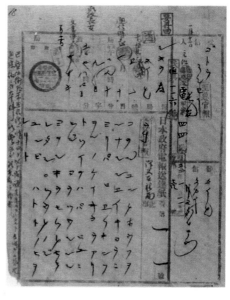

資料來源：圖左：《臺灣總督府公文類纂》乙種永久保存（進退），第 42 冊，第 39
號，明治 28 年 6 月 19 日，〈薩野好之助外四名電信取扱所詰任命〉，頁
96。圖右：《臺灣總督府公文類纂》甲種永久保存，第 368 冊，第 1 號，
明治 32 年 1 月 10 日，〈告示第三號〔臺東廳〕巴塱伍衞二非常通信所
開設、告示第九○號同上廢止〉，頁 18。

（十）電報用紙的格式與欄位

對於電報發收兩端的細節，一般是印象大於實質，但在《臺灣總督府公
文類纂》中經常有電報用紙的原件，在決策與交涉過程中，電報往往比書面
文件先送達對方，且具有準公文書之效力。是以不瞭解電報的細節，也難以
掌握決策程序運作的實質。

電報用紙是收件人（或單位）會收到電報的最終呈現（請參「圖 20」），
電報用紙會載明發送局、接收局、發送者姓名、接收者姓名、兩各節點或多
個節點之接收與發送時間、承辦人姓名等基本欄位，以便稽考。電報內容則
爲無標點符號區隔之片假名文字，多半有文字說明或由收件人自行閱讀（中
期以後再轉書面譯本遞送）。基本上，日治時期電報用紙的版面構成差異不
大，「圖 20」左爲「野戰電信隊」使用之電報用紙，可以看出於 1895 年 6 月
18 日晚上 9 點 10 分由淡水發往臺北，臺北接收時間爲晚上 9 點 23 分，故這

封電報的傳送時間為 13 分鐘。承辦人為佐藤信夫，接收這封電報時於總督府任職，後加入野戰電信隊，並成為該隊唯一在戰鬥中殉職的通信工手。

小　結

　　兵站電信部完成了 1895～1896 年間的重要「標準化」工作，第一是確保通往中國大陸海底電纜的運作，讓臺灣軍事行動能與日本大本營保持聯繫。第二是通信技手多於標準化不足的三等局服務，確保基層電訊據點的維持。第三是將領臺初期的主要電報線路，由軍用線提升到「國用線」標準，利於後續硬體設備的深化。而當 1896 年 4 月 1 日郵便電信局官制施行後，兵站電信部的任務即告結束，通信技手或擔任三等局長，一、二等局之郵便電信書記，包含初期很偏僻的二等局長，以及初期尚未上軌道的一等局，利用其豐富的實務經驗，協助臺灣郵便電信制度的深化，迨至 1898 年時，相關規程陸續發布，初步的標準化雛型已經完成。

結　論

　　第一波抵臺的 98 名通信技手的價值在於其處於專業的最高峰，在 1895
～1896 年間陸續抵臺，而不是一次到位；是動態的配置而不是如文本靜態的
呈現。而且「兵站電信部」與「野戰電信隊」之間成員視其專長與實務經驗，
進行局部的調動。

　　他們的工作環境是「右手按鍵，左手持銃」，等於是「武裝化的電訊人員」。
他們用豐富的實務與無可取代的專業服務，工作風險的報償是較高的薪資，
健康的耗損換得加算的年資，犧牲的是初期遠離家鄉，失去與家人共處的機
會，一人在臺工作，依任務需要調動地點。

　　抵臺通信技手在日本平均有 11.7 年的工作資歷，初次進入職場年齡為 20.6
歲，屬於熟練的基層電訊技術及業務人員。通信技手多半畢業自日本的修技
校，少部分在日本就擔任過二、三等局長，具備廣泛業務的熟悉與獨立作業
的能力，是「臺灣戰役」中寶貴的經驗資產。

　　抵臺後有 20 位擔任過郵便電信局長，但多數在基層的三等局，平均抵臺
年齡為 31.7 歲，離開臺灣平均年齡為 41.3 歲，平均每人在臺灣服務 9.6 年，
這等於把通信技手生涯中最富思辨與處理事物、技術各方面最純熟的十年付
出於臺灣。

　　98 名通信技手在 1896 年 4 月 1 日「郵便電信局官制」實施後，因為電報
運作在收支上無法平衡，先以充實一、二等局為主，三等局建置密度不足，
故三等局面臨的是「錢少、人少、事多」的局面。但在多名通信技手都兼任
日治初期地方基層的三等局長來看，其豐富的資歷，業務的熟悉，足以確保
三等局的運作，總督府也善用了第一批抵臺通信技手的專長強項。另一方面，

1896 年 4 月 1 日起，電報業務雖由軍政轉移到民政，但到 1902 年為止，各地仍有中、小股不等的「土匪」與「游擊隊」需要「討伐」，故總督府提供軍方「非常通信所」的申請制度，亦可視為日治初期軍政與民政之間的協調，並未因電報體系由軍政轉民政而進入另一個發展階段。而過早發布的「郵便電信局官制」在當時臺灣社會秩序的實況下，尚不具備完整的運作能力。而這種非常通信所不在既有的電報據點，而是 1895 年「電信通信所」的變形，由鄰近的電報據點派 1～2 人支援開所與收發電報，這份工作也都有通信技手參與的記錄。98 名通信技手在「電信通信所」、「三等局」到「非常通信所」的需求滿足上，足以被重新記錄，並賦予詮釋。

98 名通信技手在 1895～1896 年服務時，電報的硬體建置不夠完善，各項相關制度亦在修訂中，靠的是高素質的電報人力，彌補並結合軟、硬體的落差，達成戰鬥通訊的任務。再從每名通信技手的背景而論，組織高層有戰爭的勝負，但對基層人員而言，被日軍殺害的清朝非武裝士兵、民眾，在北返日本醫護船甲板上的日軍屍體，與罹病死亡的通信技手之間，則無敵我之別。因為在若干程度上，他們面臨的境遇是相同的。

兵站電信部完成了 1895～1896 年間的重要「標準化」工作，第一是確保通往中國大陸海底電纜的運作，讓臺灣軍事行動能與日本大本營保持聯繫。第二是通信技手多於標準化不足的三等局服務，確保基層電訊據點的維持。第三是將領臺初期的主要電報線路，由軍用線提升到「國用線」標準，利於後續硬體設備的深化。而當 1896 年 4 月 1 日郵便電信局官制施行後，兵站電信部的任務即告結束，通信技手或擔任三等局長，一、二等局之郵便電信書記，包含初期很偏僻的二等局長，以及初期尚未上軌道的一等局，利用其豐富的實務經驗，協助臺灣郵便電信制度的深化，迨至 1898 年時，相關規程陸續發布，初步的標準化雛型已經完成。

西方的電報研究將性別與薪資結合，產生女性電報從業員「低技術低薪資」的研究論點。但以臺灣歷史經驗而論，技術無所謂高低，以能滿足使用需求、目的為優先。迄日治中期為止，女性未如西方經驗中擔任電報員的工作，電報運作的性別議題與該地區（國家）文化較有直接關係。薪資的部分與性別有關，更與營運的成本控制有關，故以日治初期的經驗而言，薪資、性別與技術的議題，分開觀察亦有其研究意義。

兵站電信部與 98 名通信技手參與日治初期「臺灣戰役」與郵便制度初創

的歷史，除了不該被遺忘之外，更應被重新挖掘，賦予詮釋，補充日治前期
電報發展最前端的「一段空白」。

附錄 臨時臺灣兵站電信部通信技手一覽表

項次	姓　名	服　務　摘　要
1	小寺鉎次郎	一、籍貫：三重縣士族 二、初入職場年齡：21 歲（1881 年） 三、抵臺前工作年資：14 年 四、抵臺前經歷：工部技手見習、技手、郵電電信書記、技手、二等電信局長、藤枝電信局長 五、抵臺後經歷：郵便電信書技手、技師、臺北局、臺南局建築課長、「蕃地電信電話囑託」、民政部通信局工務課通信技師 六、抵（離）臺年齡：33～53 歲（1895 年 7 月 25 日～1915 年） 七、離退原因：因病請辭（過勞導致腦神經衰弱） 八、在臺服務年資：20 年 九、獎懲記錄：1895 從軍記章，1896 年 6 月勳八等瑞寶章及獎金 50 圓，1907 年因參與日俄戰爭勳五等瑞寶章及獎金 350 圓 十、家庭狀況：二子一女
2	堀川義治	一、籍貫：大阪府平民 二、初入職場年齡：23 歲（1882 年） 三、抵臺前工作年資：13 年 四、抵臺前經歷：工部九等技手、小樽電信分局、大津電信分局技手、高麗橋電信支局長兼郵便書記、大阪郵便電信局電信課管理係長，並兼任電氣通信技術傳習生試驗委員、書記補採用試驗委員、統計委員 五、抵臺後經歷：二等郵便電信局長、基隆電信通信所所長、苗栗郵便電信局長 六、抵（離）臺年齡：36～38 歲（1895 年 7 月 25 日～1897 年） 七、離退原因：自行請辭 八、在臺服務年資：3 年 九、獎懲記錄：勳八等白色桐葉章、從七位勳八等 十、家庭狀況：一子四女

3	小倉銀次郎	一、籍貫： 二、初入職場年齡： 三、抵臺前工作年資： 四、抵臺前經歷： 五、抵臺後經歷：澎湖局長、鳳山局長 六、抵（離）臺年齡： 七、離退原因： 八、在臺服務年資： 九、獎懲記錄： 十、家庭狀況：
4	朝見小三郎	一、籍貫： 二、初入職場年齡：18 歲（1879 年） 三、抵臺前工作年資：16 年 四、抵臺前經歷：工部十等技手、郵便電信局支局長、高崎郵便電信局長、律師考試及格、橫濱郵便電信局電信書記 五、抵臺後經歷：臨時臺灣兵站電信部通信技手、總督府法院與法院雲林支部書記 六、抵（離）臺年齡：34～37 歲（1895 年 7 月 25 日～1898 年） 七、離退原因：自行請辭 八、在臺服務年資：3 年（其中電信部服務不到 1 年） 九、獎懲記錄：1893 年未經主管同意離開駐地參加律師考試，罰俸 1/10 十、家庭狀況：一子二女（長女過繼他人，餘皆於 1895 年死亡）
5	大津一郎	一、籍貫：群馬縣士族 二、初入職場年齡：18 歲（1883 年） 三、抵臺前工作年資：12 年 四、抵臺前經歷：工部技手、遞信技手、郵便電信局技手、郵便電信書記 五、抵臺後經歷：臺南通信所員、澎湖局、艋舺支局長、臺北局通信書記、淡水局通信書記、臺北局三角湧出張所臨時勤務、三角湧局（三等局）局長 六、抵（離）臺年齡：30～35 歲（1895 年 9 月 9 日～1900 年 4 月 30 日） 七、離退原因：慢性胃加答兒病 八、在臺服務年資：5 年 九、獎懲記錄：1897 年 7 月在澎湖局內因少徵電報費 5 錢，受總督府書面「譴責」 十、家庭狀況：

6	高原萬三郎	一、籍貫：東京府士族（1859 年 7 月 11 日生） 二、初入職場年齡：19 歲（1878 年） 三、抵臺前工作年資：17 年 四、抵臺前經歷：東京郵便電信學校畢業、工部技手見習、東京郵便電信局技手、電信書記、警視廳技手 五、抵臺後經歷：臨時兵站電信部、臺北局電信書記、基隆局郵便電信書記（四級俸）、共用物品保管主任、電信課長、該局三等局開始事務調查委員、該局電氣通信技術員採用試驗委員、公差前往金包里局、公差前往基龍到蘇澳沿線各局。瑞芳局長 六、抵（離）臺年齡：36 歲（1895 年 9 月 8 日） 七、離退原因：1902 年 10 月 9 日遭逮捕，瑞芳局長任內竊取金錢，判刑八年，並於 1910 年 10 月假釋出獄。 八、在臺服務年資：7 年（1895～1902 年） 九、獎懲記錄：勳八等白色桐葉章，獎金 100 圓 十、家庭狀況：育有五男四女，抵臺服務初期，未有生育子女記錄
7	白井由美治	一、籍貫：香川縣平民（1873 年 12 月 17 日生） 二、初入職場年齡：19 歲（1892 年） 三、抵臺前工作年資：3 年 四、抵臺前經歷：大阪郵便局電氣通信技術員、九龜郵便電信局、多度津郵便電信局、1895 年 1 月陸軍省雇員 五、抵臺後經歷：第一獨立野戰電信隊、獨立野戰電信隊通信技手、臨時臺灣兵站電信部通信技手、總督府通信書記、淡水局、打狗局、打狗局電信掛主任、打狗局金櫃帳簿檢查員、關帝廟局（三等局）局長、阿里港（三等局）局長（四級俸） 六、抵（離）臺年齡： 七、離退原因：死亡（1902 年 5 月 28 日） 八、在臺服務年資：7 年 九、獎懲記錄：勳八等白色桐葉章 十、家庭狀況：一男（時 16 歲未成年，由母親行使監護權）
8	佐枝種處	一、籍貫：愛知縣士族（1871 年 3 月 11 日生） 二、初入職場年齡：22 歲（1893 年） 三、抵臺前工作年資：2 年 四、抵臺前經歷：法院（裁判所）豐橋裁判所出張所雇員、日本鐵道會社上野車站 五、抵臺後經歷：1895 年 1 月陸軍省雇員，第一獨立野戰電信隊、郵便電信書記、後龍郵便電信局通信掛、臺中局、彰化局、臺北局電信課通信掛、大稻埕支局、屏東萬丹局（三等局）局長（五級俸） 六、抵（離）臺年齡：24 歲（1895 年 8 月 18 日） 七、離退原因：自行請辭 八、在臺服務年資：7 年 九、獎懲記錄：陸軍記章、勳八等白色桐葉章，獎金 50 圓 十、家庭狀況：

9	渡邊三知雄	一、籍貫：德島縣士族
		二、初入職場年齡：21歲（1875年）
		三、抵臺前工作年資：20年
		四、抵臺前經歷：工部十等技手、品川警察署電信局技手、稻荷山電信分局長、郵便電信書記、通信書記、撫養電信局長、神戶郵便電信局、熊本郵便電信局
		五、抵臺後經歷：臨時兵站電信部（技手）、新竹通信所員、新店街通信所長、臺北局、北斗局電信課長
		六、抵（離）臺年齡：41～44歲（1895年8月～1898年5月）
		七、離退原因：瘧疾、腸黏膜發炎
		八、在臺服務年資：3年
		九、獎懲記錄：
		十、家庭狀況：二男四女
10	九里金太郎	一、籍貫：
		二、初入職場年齡：
		三、抵臺前工作年資：
		四、抵臺前經歷：
		五、抵臺後經歷：臨時兵站電信部通信技手、淡水局長
		六、抵（離）臺年齡：
		七、離退原因：1896年8月10日於故鄉三重縣過世
		八、在臺服務年資：
		九、獎懲記錄：
		十、家庭狀況：
11	速水經憲	一、籍貫：東京市士族
		二、初入職場年齡：22歲（1879年）
		三、抵臺前工作年資：16年
		四、抵臺前經歷：電信寮修技生、工部十等技手、三等電信分局長、日本釧路電信局長
		五、抵臺後經歷：臨時兵站電信部通信技手、淡水局長代理、基隆局長、臺北電話交換局長、臺南局長、總督府電氣通信技術傳習生師資（兼）、總督府通信事務官補（技師）、總督府通信事務官。日東製冰會社臺灣支店長。
		六、抵（離）臺年齡：38～52歲（1895年8月10日～1909年11月26日）
		七、離退原因：慢性瘧疾復發不堪職務
		八、在臺服務年資：14年
		九、獎懲記錄：
		十、家庭狀況：五男三女

12	內田甲一郎	一、籍貫： 二、初入職場年齡： 三、抵臺前工作年資： 四、抵臺前經歷： 五、抵臺後經歷：臨時兵站電信部通信技手、鹿港局、新竹局郵便電信書記、臺南局長 六、抵（離）臺年齡： 七、離退原因：1897 年 10 月因家庭因素留職 八、在臺服務年資： 九、獎懲記錄： 十、家庭狀況：
13	片山節中	一、籍貫： 二、初入職場年齡： 三、抵臺前工作年資： 四、抵臺前經歷： 五、抵臺後經歷：臨時兵站電信部通信技手、枋寮局長、彰化局長 六、抵（離）臺年齡： 七、離退原因： 八、在臺服務年資： 九、獎懲記錄： 十、家庭狀況：
14	土屋鏡五郎	一、籍貫： 二、初入職場年齡： 三、抵臺前工作年資： 四、抵臺前經歷： 五、抵臺後經歷：臨時兵站電信部通信技手、基隆局、總督府技手。於基隆局服務期間參與海底電纜工程。 六、抵（離）臺年齡： 七、離退原因： 八、在臺服務年資： 九、獎懲記錄： 十、家庭狀況：
15	水神助吉	一、籍貫：石川縣平民 二、初入職場年齡：22 歲（1879 年） 三、抵臺前工作年資：16 年 四、抵臺前經歷：工部十等技手、豐橋電信局、郵便電信書記、名古屋郵便電信局 五、抵臺後經歷：臨時兵站電信部通信技手、中壢通信所長、加入南進軍、阿公店通信所長、臺灣總督府郵便電信書記、鳳山局（三等局）、枋寮局（三等局）長

		六、抵（離）臺年齡：33～36 歲（1895 年 7 月 9 日～1898 年 8 月）（留職）
		七、離退原因：1901 年 1 月病危升二級俸
		八、在臺服務年資：3 年
		九、獎懲記錄：臺灣戰役獎金 40 圓、從軍記章
		十、家庭狀況：一女
16	大濱砂	一、籍貫：靜岡縣士族
		二、初入職場年齡：20 歲（1877 年）
		三、抵臺前工作年資：18 年
		四、抵臺前經歷：工部十等技手、日本橋電信支局技術主任、靜岡電信局長、郵便電信書記、第三期東京郵便電信學校科別募集生試驗委員、金澤郵便電信局電信課長、出席二等局長會議
		五、抵臺後經歷：總督府雇員、工兵部、淡水通信所長、臨時兵站電信部、考察福建省及川石山電報業務、打狗兵站電信通信所長
		六、抵（離）臺年齡：38～41 歲（1895 年 08 月 13 日～1898 年）
		七、離退原因：因應總督府「官制改革」請求恩給金並請辭
		八、在臺服務年資：3 年
		九、獎懲記錄：在日本獲敘勳八等賜瑞寶章。「臺灣戰役」得從軍記章，敘勳七等青色桐葉章，獎金 100 圓，敘從七位。服務期間兩次請假返鄉照顧母親
		十、家庭狀況：沒有子女
17	薩野好之助	一、籍貫：
		二、初入職場年齡：
		三、抵臺前工作年資：臨時兵站電信部通信技手
		四、抵臺前經歷：
		五、抵臺後經歷：
		六、抵（離）臺年齡：
		七、離退原因：病死
		八、在臺服務年資：
		九、獎懲記錄：
		十、家庭狀況：
18	堀和六	一、籍貫：
		二、初入職場年齡：
		三、抵臺前工作年資：
		四、抵臺前經歷：
		五、抵臺後經歷：臨時兵站電信部通信技手、通信事務官補、澎湖局長
		六、抵（離）臺年齡：37～47 歲（1895～1905 年）
		七、離退原因：慢性加答兒，先停職，後無法短期治癒而請辭
		八、在臺服務年資：10 年
		九、獎懲記錄：
		十、家庭狀況：

19	小張雅之輔	一、籍貫： 二、初入職場年齡： 三、抵臺前工作年資： 四、抵臺前經歷： 五、抵臺後經歷：臨時兵站電信部通信技手、新竹局、鹿港局郵便電信書記 六、抵（離）臺年齡： 七、離退原因： 八、在臺服務年資： 九、獎懲記錄： 十、家庭狀況：
20	西本荒次郎	一、籍貫：東京府士族 二、初入職場年齡：25 歲（1882 年） 三、抵臺前工作年資：13 年 四、抵臺前經歷：電信修技校、工部十等技手、警視廳長崎電信分局、日本橋電信分局、深川電信分局電信書記、二等電信局長、本鄉支局電信主任、郵便電信書記、東京郵便電信局電信書記 五、抵臺後經歷：總督府雇員、淡水通信所、海山口通信所長、大湖口通信所長、臨時臺灣兵戰電信部、彰化通信所員、總督府郵便電信書記、彰化郵便電信局、該局電信課長 六、抵（離）臺年齡：38～41 歲（1895 年 8 月 12 日～1898 年 3 月） 七、離退原因：自行請辭 八、在臺服務年資：3 年 九、獎懲記錄：「臺灣戰役」從軍記章、獎金 40 圓 十、家庭狀況：一女、母親、無妻子記錄
21	忠隈正二	一、籍貫： 二、初入職場年齡： 三、抵臺前工作年資： 四、抵臺前經歷： 五、抵臺後經歷：淡水局郵便電信書記、通信部郵便電信書記、通信課鐵道掛財務官吏 六、抵（離）臺年齡：1895 年～1898 年 5 月 七、離退原因：留職 八、在臺服務年資：3 年 九、獎懲記錄： 十、家庭狀況：
22	原上鼎司	一、籍貫：東京市士族 二、初入職場年齡：17 歲（1885 年） 三、抵臺前工作年資：10 年 四、抵臺前經歷：工部十等技手、電信書記、郵便電信書記 五、抵臺後經歷：總督府雇員、基隆郵便電信書記、彰化局長、臺北局、臺北電話交換局技手、臺北電話交換局基隆支局長、通信課鐵道掛財務官吏、電信建築事務監督

		六、抵（離）臺年齡：27～36 歲（1895 年 8 月 16 日～1904 年 5 月） 七、離退原因：虐疾需歸國治療請辭 八、在臺服務年資：9 年 九、獎懲記錄：1898 年參與臺中、雲林地區電話設備與線路架設工程 十、家庭狀況：1901 年 2 月結婚，無生育記錄
23	桑島持弘	一、籍貫：東京府士族 二、初入職場年齡：26 歲（1882 年） 三、抵臺前工作年資：13 年 四、抵臺前經歷：工部省電信局修技生、日本橋分局、八各川警察署電信分局、工部十等技手、岐阜電信分局、電信書記、郵便電信書記、岐阜郵便電信局電信課電務掛長、八等技手、同局庶務掛長與通信掛長、同局電氣通信技術傳習生試驗委員、同局財務官吏 五、抵臺後經歷：總督府雇員、彰化通信所員、大甲通信所長、總督府郵便電信書記、大甲局電信課長 六、抵（離）臺年齡：39～42 歲（1895 年 8 月 3 日～1898 年 8 月 31 日） 七、離退原因：自行請辭 八、在臺服務年資：3 年 九、獎懲記錄：「臺灣戰役」獎金 40 圓 十、家庭狀況：
24	松岡龜雄	一、籍貫： 二、初入職場年齡： 三、抵臺前工作年資： 四、抵臺前經歷： 五、抵臺後經歷：郵便電信書記（二級俸）、臺北局大稻埕郵便電信支局、臺中局電信課長 六、抵（離）臺年齡： 七、離退原因： 八、在臺服務年資： 九、獎懲記錄：1897 年 10 月 15 日誤讀電報接收內容受書面譴責 十、家庭狀況：
25	山內貞彥	一、籍貫： 二、初入職場年齡： 三、抵臺前工作年資： 四、抵臺前經歷： 五、抵臺後經歷：臨時兵站電信部通信技手、通信部郵便電信書記、臺北局、臺中局郵便電信書記 六、抵（離）臺年齡： 七、離退原因： 八、在臺服務年資： 九、獎懲記錄： 十、家庭狀況：

26	下山鉞次郎	一、籍貫： 二、初入職場年齡： 三、抵臺前工作年資： 四、抵臺前經歷： 五、抵臺後經歷：臨時兵站電信部通信技手、總督府郵便電信書記 六、抵（離）臺年齡： 七、離退原因：重症申請留職，1896 年 8 月請辭獲准 八、在臺服務年資： 九、獎懲記錄： 十、家庭狀況：
27	近藤米次	一、籍貫： 二、初入職場年齡： 三、抵臺前工作年資： 四、抵臺前經歷： 五、抵臺後經歷：臨時兵站電信部通信技手 六、抵（離）臺年齡： 七、離退原因：1896 年 10 月轉往日本任職 八、在臺服務年資：1 年 九、獎懲記錄： 十、家庭狀況：
28	山崎養磨	一、籍貫： 二、初入職場年齡： 三、抵臺前工作年資： 四、抵臺前經歷： 五、抵臺後經歷：臨時兵站電信部通信技手、總督府郵便電信書記 六、抵（離）臺年齡： 七、離退原因： 八、在臺服務年資： 九、獎懲記錄：勳八等 十、家庭狀況：
29	宇原整三	一、籍貫：山口縣士族 二、初入職場年齡：20 歲（1879 年） 三、抵臺前工作年資：16 年 四、抵臺前經歷：電信局修技校畢業、宮內省電信分局助手、工部十等技手、電報音響機技術一級考試及格。服務過本鄉分局、日本橋分局、小田原分局、久留米分局、小倉電信分局、赤間關郵便電信局、長崎郵便電信局、伊萬里電信局。抵臺前為八等技手（判任官八級中等俸） 五、抵臺後經歷：總督府雇員、臨時兵站電信部、臺灣總督府郵便電信書記（五級俸）、臺北郵便電信局、頂雙溪通信所、基隆郵便電信局、大稻埕支局電信課受配掛長、籌備大湖口非常通信所準備工作 六、抵（離）臺年齡：36～40 歲（1895 年 8 月～1899 年 4 月 9 日）

		七、離退原因：主動請辭 八、在臺服務年資：4 年 九、獎懲記錄：「臺灣戰役」從軍記章、獎金 30 圓 十、家庭狀況：一男一女、加上父親、妻子與養妹共六人
30	岡田健吉	一、籍貫： 一、初入職場年齡： 二、抵臺前工作年資： 三、抵臺前經歷： 二、抵臺後經歷：臺灣總督府郵便電信書記、新竹局、臺北局、大科崁局、彰化局 四、抵（離）臺年齡： 五、離退原因：家庭因素請辭（1898 年 3 月） 六、在臺服務年資： 七、獎懲記錄： 八、家庭狀況：
31	籐原義武	一、籍貫： 二、初入職場年齡： 三、抵臺前工作年資： 四、抵臺前經歷：1895 年 1 月陸軍省雇員 五、抵臺後經歷：第一獨立野戰電信隊、臺灣總督府郵便電信書記、臺北局、景尾局 六、抵（離）臺年齡： 七、離退原因： 八、在臺服務年資： 九、獎懲記錄： 十、家庭狀況：
32	佐藤信夫	一、籍貫： 二、初入職場年齡： 三、抵臺前工作年資： 四、抵臺前經歷： 五、抵臺後經歷： 六、抵（離）臺年齡： 七、離退原因：戰死 八、在臺服務年資： 九、獎懲記錄： 十、家庭狀況：
33	綿谷鎗次郎	一、籍貫：東京府平民 二、初入職場年齡： 三、抵臺前工作年資： 四、抵臺前經歷：1895 年 1 月陸軍省雇員 五、抵臺後經歷：第一獨立野戰電信隊、野戰電信隊建築部長、臺灣總督府郵便電信書記、雲林局、彰化局、新竹局、臺南局（臺灣總督府一等局技手）、臺北局（一等局技手）、警用電話電務工手。

		六、抵（離）臺年齡： 七、離退原因： 八、在臺服務年資： 九、獎懲記錄： 十、家庭狀況：
34	宮野昇太郎	一、籍貫：靜岡縣 二、初入職場年齡： 三、抵臺前工作年資： 四、抵臺前經歷： 五、抵臺後經歷：總督府通信書記、郵便通信書記（七級俸），服務於臺北局、通信局（兼），1900 年改任一等局郵便電信技手、通信技手。 六、抵（離）臺年齡： 七、離退原因：右肺尖加答兒兼慢性腸胃加答兒，1912 年 5 月起返回日本「轉地治療」，同年 10 月請辭（請辭前二級俸晉升一級俸）。 八、在臺服務年資：17 年 九、獎懲記錄：1902 年調查臺東到屏東電報線路建置「橫斷旅行」並有調查報告書（復命書）。 十、家庭狀況：
35	成田藤太郎	一、籍貫：東京 二、初入職場年齡： 三、抵臺前工作年資： 四、抵臺前經歷：1895 年 1 月陸軍省雇員 五、抵臺後經歷：第一獨立野戰電信隊、臺中局郵便電信書記、彰化局郵便電信書記 六、抵（離）臺年齡： 七、離退原因：腳氣病併發心臟內膜炎，轉地治療後請辭（1897 年 10月請辭） 八、在臺服務年資：3 年 九、獎懲記錄：1897 年 4 月因將匯兌電報原書遺失受書面譴責 十、家庭狀況：
36	梯三男	一、籍貫：福井縣士族 二、初入職場年齡：20 歲（1882 年） 三、抵臺前工作年資：13 年 四、抵臺前經歷：工部十等技手、九等技手、八等技手、郵便電信書記（1893 年） 五、抵臺後經歷：總督府雇員（月俸 30 圓）、獨立野戰電信隊、鹽水港獨立野戰電信隊通信所長（南部電信隊）、臺灣總督府郵便電信書記 六、抵（離）臺年齡：33 歲～34 歲（1895 年 8 月 31 日～1896 年 8 月11 日） 七、離退原因：因病先申請留職，後請辭並申請恩給金 八、在臺服務年資：2 年 九、獎懲記錄：「臺灣戰役」授勳八等瑞寶章、獎金 50 圓 十、家庭狀況：

37	渡邊卯三郎	一、籍貫： 二、初入職場年齡： 三、抵臺前工作年資： 四、抵臺前經歷： 五、抵臺後經歷：臨時兵站電信部通信技手、公學校教諭、澎湖小池角 　　公學校校長（1912 年 8 月，六級俸） 六、抵（離）臺年齡： 七、離退原因：腸窒扶斯（傷寒）病危（1912 年 11 月） 八、在臺服務年資：17 年 九、獎懲記錄： 十、家庭狀況：
38	木下可松	一、籍貫：金澤市人 二、初入職場年齡： 三、抵臺前工作年資： 四、抵臺前經歷： 五、抵臺後經歷：總督府郵便電信書記、服務於大甲郵便電信局 六、抵（離）臺年齡： 七、離退原因：腦充血症轉地治療（1897 年 4 月） 八、在臺服務年資：3 年 九、獎懲記錄： 十、家庭狀況：
39	市川三作	一、籍貫：靜岡縣士族 二、初入職場年齡：21 歲（1882 年） 三、抵臺前工作年資：13 年 四、抵臺前經歷：修技校畢業、工部技手見習、十等到八等技手、仙臺 　　分局、青森分局、東京電信局、松山電信局、電信書記、郵便電信 　　書記、第一軍兵站部 五、抵臺後經歷：陸軍省雇員、獨立野戰電信隊、臺灣總督府郵便電信 　　書記、北斗局、臺北局、澎湖局、璞石閣郵便電信局（二等局）局 　　長 六、抵（離）臺年齡：34～38 歲（1895 年 8 月 16 日～1899 年 5 月） 七、離退原因：留職後請辭，並申請恩給金異動 八、在臺服務年資：4 年 九、獎懲記錄：參與甲午戰爭得從軍記章，參與「臺灣戰役」獲勳八等 　　白色桐葉章，獎金二次共 130 圓 十、家庭狀況：與兄、母及嫂嫂同住，育有二女，離臺時分別為 9 歲及 　　3 歲，參與「臺灣戰役」及在臺服務期間，未有生育子女記錄。
40	山田誠道	一、籍貫： 二、初入職場年齡： 三、抵臺前工作年資： 四、抵臺前經歷： 五、抵臺後經歷：臺灣總督府技手（1898 年，五級俸）、臺灣總督府國

		語學校電信科教務「囑託」（1900 年 10 月） 六、抵（離）臺年齡： 七、離退原因： 八、在臺服務年資： 九、獎懲記錄： 十、家庭狀況：
41	栗原德太郎	一、籍貫： 二、初入職場年齡： 三、抵臺前工作年資： 四、抵臺前經歷： 五、抵臺後經歷：臺中局電信書記，臺南局電信書記（1901 年 1 月） 六、抵（離）臺年齡： 七、離退原因： 八、在臺服務年資： 九、獎懲記錄： 十、家庭狀況：
42	佐藤鐵彌	一、籍貫： 二、初入職場年齡： 三、抵臺前工作年資： 四、抵臺前經歷： 五、抵臺後經歷：臺南局郵便電信書記（1897 年）、打狗局、基隆局郵便電信書記 六、抵（離）臺年齡： 七、離退原因：遭基隆局建議總督府停職處分 八、在臺服務年資：4 年 九、獎懲記錄：基隆局服務期間，「素行屢受戒諭，未有改善之狀」，遭停職（1899 年 3 月）。 十、家庭狀況：
43	篠田馬太郎	一、籍貫：福岡縣士族（1872 年 5 月 11 日生） 二、初入職場年齡：22 歲（1894 年） 三、抵臺前工作年資：1 年 四、抵臺前經歷：郵便電信書記補 五、抵臺後經歷：陸軍省雇員，加入南進軍進攻臺南。1895 年 10 月抵臺，12 月奉命開設枋寮所，並於恒春、臺南、東港、打狗與蕃薯寮等地調動。臺灣總督府郵便電信書記、恒春局、噍吧哖郵便電信局長、玉井郵便局長 六、抵（離）臺年齡：23 歲（1895 年 10 月 3 日） 七、離退原因：自行請辭（1935 年），1941 年 2 月在玉井過世（69 歲）。 八、在臺服務年資：40 年 九、獎懲記錄：「臺灣戰役」從軍記章、獎金 30 圓，勳六等瑞寶章 十、家庭狀況：

44	中川石松	一、籍貫： 二、初入職場年齡： 三、抵臺前工作年資： 四、抵臺前經歷： 五、抵臺後經歷：臺灣總督府郵便電信書記、新竹局電信係長（五級俸）、枋寮局長、石光見局長 六、抵（離）臺年齡： 七、離退原因：1901 年 1 月曾以遺傳性痔核請辭未果。石光見局長任內「職務不熱心」遭停職（1904 年 7 月） 八、在臺服務年資：9 年 九、獎懲記錄：4 次譴責、1 次停職 十、家庭狀況：
45	村上清三郎	一、籍貫：東京府平民 二、初入職場年齡：24 歲（1894 年 12 月） 三、抵臺前工作年資：1 年 四、抵臺前經歷：陸軍省雇員、陸軍省電信隊技手、東京郵便電信學校代訓三個月，並取得電氣通信技術結業證書 五、抵臺後經歷：臨時南部兵站電信部（1895 年 3 月）、臺灣總督府郵便電信局書記、臺北通信所、出差臺東、枋寮。臺東局電信課、巴塱伍衛非常通信所長、臺東局電信課受配掛長、枋寮局雇員、臺灣總督府稅關吏（嘉義東石港稅關） 六、抵（離）臺年齡：25～34 歲（1895 年 3 月 24 日～1904 年 3 月） 七、離退原因：神經衰弱症（1904 年 3 月請辭） 八、在臺服務年資：9 年，未達申請恩給最低年資 九、獎懲記錄：大阪尋常中學校畢業、「臺灣戰役」從軍記章 十、家庭狀況：
46	田中三之助	一、籍貫：東京人（1871 年 8 月 7 日生） 二、初入職場年齡：23 歲（1894 年） 三、抵臺前工作年資：1 年 四、抵臺前經歷：陸軍省雇員，甲午戰爭時參與中國戰場戰役 五、抵臺後經歷：臨時臺灣兵站電信部通信技手（1896 年 3 月 20 日）、臺灣總督府郵便電信書記、總督府通信書記、臺南局、嘉義局（參與該局電話業務）、新竹局。 六、抵（離）臺年齡：25～42 歲（1896 年 3 月 20 日～1913 年 8 月請辭） 七、離退原因：腳氣病不堪職務，請辭並申請恩給 八、在臺服務年資：17 年 九、獎懲記錄：因參與「臺灣戰役」後期，無勳獎記錄 十、家庭狀況：育有一子五女，單身赴臺工作，居住於新竹局宿舍

47	高島坦	一、籍貫： 二、初入職場年齡： 三、抵臺前工作年資： 四、抵臺前經歷： 五、抵臺後經歷：彰化局通信書記 六、抵（離）臺年齡： 七、離退原因：因病返回日本「轉地治療」，臺中局評估短期無法恢復，處以「留職」。 八、在臺服務年資：3 年 九、獎懲記錄：遺失續傳匯兌電報原件受「訓告」（1897 年 4 月 22 日） 十、家庭狀況：
48	綠川休一	一、籍貫： 二、初入職場年齡： 三、抵臺前工作年資： 四、抵臺前經歷： 五、抵臺後經歷：澎湖局郵便電信書記、臺北局郵便電信書記、桃仔園局長暫理（1898 年 6 月）、行政調整編制縮編留職（1898 年 7 月，加發二個月薪俸為慰勞金） 六、抵（離）臺年齡： 七、離退原因： 八、在臺服務年資： 九、獎懲記錄： 十、家庭狀況：
49	田浦勇	一、籍貫：東京府士族（1859 年 2 月 2 日生） 二、初入職場年齡：23 歲（1882 年） 三、抵臺前工作年資：13 年 四、抵臺前經歷：十等技手、日本橋分局、靜岡分局、名古屋分局、龜山分局。九等技手、東京中央局、深川分局、福島郵便電信局長（三等局，後調整為二等局）。八等技手、東京中央局、宮內省電信辦理所。 五、抵臺後經歷：總督府雇員、臨時臺灣兵站電信部、基隆通信所員、南進軍、臺南通信所員、恒春通信所長、臺灣總督府郵便電信書記（三級俸）、恒春局電信課長、該局代理局長。 六、抵（離）臺年齡：36〜39 歲（1895 年 10 月 26 日〜1898 年 6 月請辭並申請恩給） 七、離退原因：行政調整，主動請辭 八、在臺服務年資：3 年 九、獎懲記錄：代理恒春局長期間未依規定處理郵務，受書面「譴責」（1897 年）。「臺灣戰役」從軍記章，獎金 40 圓。 十、家庭狀況：37 歲結婚（1896 年 3 月），未有生育子女記錄

50	富山禎五郎	一、籍貫：鹿兒島縣士族
		二、初入職場年齡：24 歲（1883 年，工部十等技手）
		三、抵臺前工作年資：12 年（1883～1895 年）
		四、抵臺前經歷：工部十等技手、中央局、上尾鐵道電信辦理所、東京府廳電信分局、熊本電信局、佐賀電信局、久留米郵便電信局。九等技手、三池電信局、久留米局電信掛長。
		五、抵臺後經歷：陸軍省雇員（月俸 30 圓）、臨時臺灣兵站電信部、臺北通信所員（10 月 20 日）、安平兵站電信通信所（11 月 7 日）、蘇澳兵站電信通信所長（1896 年 1 月 18 日）、臺灣總督府郵便電信書記（三級俸）、埔里社郵便電信局、該局長代理、赴北港開設非常通信所（8 月 18 日）、埔里局電信課長（9 月 5 日）。
		六、抵（離）臺年齡：36～39 歲（1895 年 10 月 20 日～1898 年 6 月）
		七、離退原因：先是瘧疾返日本自宅「轉地治療」，因無短暫治癒可能，主動請辭並申請恩給（1898 年 6 月）
		八、在臺服務年資：3 年
		九、獎懲記錄：「臺灣戰役」獎金 40 圓
		十、家庭狀況：二男二女，皆於抵臺前出生，1895 年 10 月時皆年幼。
51	磯矢脩治	一、籍貫：
		二、初入職場年齡：
		三、抵臺前工作年資：
		四、抵臺前經歷：
		五、抵臺後經歷：臺北郵便電信局大稻埕支局郵便電信書記（1897 年 1 月）、基隆局郵便電信書記（1897 年 6 月，三級俸）
		六、抵（離）臺年齡：
		七、離退原因：
		八、在臺服務年資：
		九、獎懲記錄：匯兌電報誤植數字與金額，受書面譴責（1897 年 1 月）
		十、家庭狀況：
52	左近允尚義	一、籍貫：
		二、初入職場年齡：
		三、抵臺前工作年資：
		四、抵臺前經歷：
		五、抵臺後經歷：淡水電信通信所員（1896 年 5 月 11 日）
		六、抵（離）臺年齡：
		七、離退原因：因病留職返回日本，1897 年 2 月重任遞信省郵便電信書記。
		八、在臺服務年資：
		九、獎懲記錄：
		十、家庭狀況：

53	早瀬已熊	一、籍貫：東京府士族 二、初入職場年齡：14 歲（1883 年） 三、抵臺前工作年資：12 年 四、抵臺前經歷：工部十等技手（1883 年 11 月）、赤間關分局。遞信九等技手（1888 年 3 月）、東京郵便電信局、郵便電信書記 五、抵臺後經歷：陸軍省雇員（月俸 30 圓）、臨時臺灣兵站電信部、嘉義兵站電信通信所長（1895 年 10 月 23 日）、臺南電信通信所（1896 年 1 月 10 日）。臺灣總督府郵便電信書記（三級俸）、臺南郵便電信局、臺北局、臺東局、臺灣總督府通信事務官補（高等官）、臺東局長、基隆局長 六、抵（離）臺年齡：26～42 歲（1895 年 10 月 17 日～1911 年 10 月） 七、離退原因：總督府依文官分限令停職，後主動請辭並申請恩給（1911 年 10 月） 八、在臺服務年資：16 年 九、獎懲記錄：「臺灣戰役」從軍記章、獎金 40 圓。日俄戰爭敘勳六等、頒旭日章 十、家庭狀況：與兄長 1 人、弟弟 1 人同一戶，育有三男，全戶三個家庭共計 18 人。
54	小林於菟次郎	一、籍貫：東京府士族（1866 年 1 月 19 日生） 二、初入職場年齡：17 歲（1883 年） 三、抵臺前工作年資：12 年 四、抵臺前經歷：工部十等技手、郡山分局、仙台分局。九等技手、宮古電信分局、能代電信局長、郵便電信書記、宮古電信局長 五、抵臺後經歷：陸軍省雇員、臨時臺灣兵站電信部、臺南通信所、臺北通信所、苗栗電信通信所長、臺灣總督府郵便電信書記、苗栗局電信課長、代理局長；臺中電信課長、代理局長、北斗局長（二等局）、埔里社局長、瑞芳局長、金瓜石郵便局長 六、抵（離）臺年齡：29～47 歲（1895 年 10 月 21 日～1913 年 7 月） 七、離退原因：因病請辭（感冒引起疼痛身體性轉移，不堪職務，請辭並申請恩給，其後仍有在臺服務記錄，1902 年 11 月） 八、在臺服務年資：18 年 九、獎懲記錄：從軍記章、獎金 40 圓 十、家庭狀況：三男二女，皆於抵臺前出生，抵臺後未有生育記錄
55	寺田正忠	一、籍貫：東京市士族（1857 年 6 月 28 日） 二、初入職場年齡：22 歲（1879 年） 三、抵臺前工作年資：16 年 四、抵臺前經歷：工部十等技手、九等技手、八等技手、電信書記、郵便電信書記、七等技手 五、抵臺後經歷：陸軍省雇員、總督府郵便電信書記、澎湖局郵便電信書記 六、抵（離）臺年齡：38～39 歲（1895 年 10 月 3 日～1896 年 12 月） 七、離退原因：因病不堪職務請辭，並申請恩給金 八、在臺服務年資：2 年 九、獎懲記錄： 十、家庭狀況：二男二女，皆於抵臺以前出生

56	塚原秀彥	一、籍貫： 二、初入職場年齡： 三、抵臺前工作年資： 四、抵臺前經歷： 五、抵臺後經歷：雲林局通信書記（五級俸） 六、抵（離）臺年齡： 七、離退原因：因肺病重症返回日本，入住東京北里醫院治療（轉地治療）。1898 年 8 月因行政改革，雲林局通信書記編制從 8 名縮爲 7 名，同年 11 月總督府命塚原秀彥「留職」。 八、在臺服務年資：3 年 九、獎懲記錄： 十、家庭狀況：
57	西鄉直介	一、籍貫： 二、初入職場年齡： 三、抵臺前工作年資： 四、抵臺前經歷： 五、抵臺後經歷： 六、抵（離）臺年齡： 七、離退原因：1897 年 1 月罹患「肺尖加答兒」並轉地治療，同年 4 月歸任，臺北局評估短期仍無法勝任職務，命其留職。 八、在臺服務年資： 九、獎懲記錄： 十、家庭狀況：
58	富山彌	一、籍貫： 二、初入職場年齡： 三、抵臺前工作年資： 四、抵臺前經歷： 五、抵臺後經歷：獨立野戰電信隊、總督府郵便電信書記 六、抵（離）臺年齡：1895 年 6 月 23 日～1898 年 5 月 七、離退原因：自行請辭 八、在臺服務年資：3 年 九、獎懲記錄： 十、家庭狀況：
59	吉田格永	一、籍貫： 二、初入職場年齡： 三、抵臺前工作年資： 四、抵臺前經歷： 五、抵臺後經歷：打狗局、臺北局、新竹局 六、抵（離）臺年齡： 七、離退原因： 八、在臺服務年資： 九、獎懲記錄：1896 年 10 月於打狗局服務不慎毀損郵票，事後試圖遮掩，書面譴責並罰月俸 2/10 十、家庭狀況：

60	中田昌幸	一、籍貫：石川縣平民（1860 年 5 月 23 日生） 二、初入職場年齡：22 歲（1882 年，工部十等技手） 三、抵臺前工作年資：13 年 四、抵臺前經歷：十等技九、九等技手、兼電信書記、中野郵便電信局、金澤郵便電信局、富山郵便電信局、東岩瀨郵便電信局 五、抵臺後經歷：陸軍省雇員、獨立野戰電信隊補充員、彰化所所員、永靖街通信所、臨時臺灣兵站電信部、南進軍、枋寮通信所長、郵便電信書記（五級俸） 六、抵（離）臺年齡：35～37 歲（1895 年 8 月 15 日～1897 年 2 月） 七、離退原因：先遭停職，後以瘄疾請辭，並申請恩給金 八、在臺服務年資：2 年（1895～1897 年） 九、獎懲記錄：「臺灣戰役」獎金 40 圓 十、家庭狀況：與妻、母同住，無子女生育記錄
61	池田平一郎	一、籍貫：愛知縣人（1869 年 4 月生） 二、初入職場年齡：16 歲（1885 年，工部十等技手） 三、抵臺前工作年資：10 年 四、抵臺前經歷：十等技手、兼電信書記、遞信技手、通信技手 五、抵臺後經歷：總督府雇員、兵站電信部、臺灣總督府郵便電信書記、臺北局大稻埕支局 六、抵（離）臺年齡：26～35 歲（1895 年 8 月～1904 年 4 月） 七、離退原因：因行政業務調整命其停職滿三年，於 1904 年依服務滿十五年申請恩給並請辭。 八、在臺服務年資：9 年（含三年停職） 九、獎懲記錄：無 十、家庭狀況：無
62	加島安信	一、籍貫：1866 年 11 月生 二、初入職場年齡：16 歲（1882 年） 三、抵臺前工作年資：13 年 四、抵臺前經歷：工部十等技手、遞信九等技手 五、抵臺後經歷：獨立野戰電信隊、臺灣總督府郵便電信書記、通信書記、 六、抵（離）臺年齡： 七、離退原因：1904 年申請恩給，1906 年 10 月編制縮減被命休職。 八、在臺服務年資：11 年（1895～1906 年 10 月） 九、獎懲記錄：勳八等 十、家庭狀況：
63	山本半次郎	一、籍貫： 二、初入職場年齡： 三、抵臺前工作年資： 四、抵臺前經歷： 五、抵臺後經歷：獨立野戰電信隊、淡水局郵便電信書記（1896 年）、

		兼該局會計官吏（1900 年 11 月）、通信局電務課通信技手（兼） 六、抵（離）臺年齡： 七、離退原因： 八、在臺服務年資： 九、獎懲記錄：1902 年 10 月，負責臺北、桃仔園、中壢、新竹四局特別電話機械安裝與測試，並找出最經濟的方式。 十、家庭狀況：
64	野村孝夫	一、籍貫：長野縣士族（1877 年 11 月 15 日生） 二、初入職場年齡： 三、抵臺前工作年資： 四、抵臺前經歷：1895 年 1 月 21 日受雇陸軍省擔任雇員 五、抵臺後經歷：1985 年（18 歲）獨立野戰電信隊，同年 12 月入兵站電信部，後送並重返職場，郵便電信書記（1896 年七級俸）、阿公店局、臺南局、1897 年六級俸、通信屬、1915 年通信書記（三級俸） 六、抵（離）臺年齡：18～38 歲（1895 年 1 月～1915 年 2 月） 七、離退原因：瘧疾（1915 年 2 月因病請辭，並返回日本） 八、在臺服務年資：20 年（1895 年 1 月～1915 年 2 月） 九、獎懲記錄：勳八等、勳七等 十、家庭狀況：二男一女，結婚與生育子女皆在抵臺之後
65	牛尾太郎	一、籍貫： 二、初入職場年齡： 三、抵臺前工作年資： 四、抵臺前經歷： 五、抵臺後經歷：獨立野戰電信隊通信技手、頭圍非常通信所、臺北局 六、抵（離）臺年齡： 七、離退原因：1897 年 6 月留職並返日，任職警政單位 八、在臺服務年資： 九、獎懲記錄： 十、家庭狀況：
66	下川助定	一、籍貫： 二、初入職場年齡： 三、抵臺前工作年資： 四、抵臺前經歷： 五、抵臺後經歷：獨立野戰通信隊通信技手、打狗局郵便電信書記、阿公店局 六、抵（離）臺年齡： 七、離退原因： 八、在臺服務年資： 九、獎懲記錄： 十、家庭狀況：

67	朝岡雄左兄	一、籍貫：東京市士族（1865 年 7 月 28 日生） 二、初入職場年齡： 三、抵臺前工作年資： 四、抵臺前經歷： 五、抵臺後經歷：獨立野戰電信隊技手、鐵道部技手（1905 年 9 月轉任，七級俸），1918 年晉二級俸。 六、抵（離）臺年齡：30～53 歲（1895～1918 年） 七、離退原因：腦神經衰弱症 八、在臺服務年資：23 年 九、獎懲記錄：「臺灣戰役」有功，勳八等瑞寶章 十、家庭狀況：1897 年返日結婚，育有三子一女，可能舉家遷臺居住。
68	山善桂介	一、籍貫： 二、初入職場年齡： 三、抵臺前工作年資： 四、抵臺前經歷： 五、抵臺後經歷：野戰電信隊通信技手、鳳山局郵便電信書記（1896 年） 六、抵（離）臺年齡： 七、離退原因： 八、在臺服務年資： 九、獎懲記錄：一年內受二次譴責，一次告誡 十、家庭狀況：
69	石井得壽	一、籍貫：東京府平民（1866 年 1 月 3 日生） 二、初入職場年齡： 三、抵臺前工作年資： 四、抵臺前經歷： 五、抵臺後經歷：獨立野戰電信隊（雇員月俸 15 圓）、兵站電信部、郵便電信書記（1896 年 4 月，七級俸），六級俸（1897 年 8 月）、鳳山局、彰化局、臺中局、通信屬、嘉義局、淡水局、 六、抵（離）臺年齡：29～46 歲（1895 年 8 月 31 日～1912 年 12 月） 七、離退原因：腳氣病不堪職務請辭，1912 年 8 月申請恩給金 八、在臺服務年資：17 年（1895～1912 年） 九、獎懲記錄：「臺灣戰役」勳八等瑞寶章、獎金 35 圓 十、家庭狀況：戶籍謄本未有妻子記錄，二子皆於 1895 年出
70	福原庸次	一、籍貫：山口縣士族（1873 年 10 月 8 日生） 二、初入職場年齡： 三、抵臺前工作年資： 四、抵臺前經歷： 五、抵臺後經歷：總督府郵便電信書記（1896 年，六級俸）、通信書記補、通信書記、通信屬、六級俸（1920 年）、五級俸（1921 年），四級俸（1923 年）、嘉義局、臺東局、澎湖局、澎湖局長事務辦理、屏東局、內埔局長（三等局長）

| | | 六、抵（離）臺年齡：
七、離退原因：慢性瘧疾請辭並申請恩給金（1924 年 1 月）
八、在臺服務年資：29 年（1895～1924 年）
九、獎懲記錄：參與「臺灣戰役」勳八等瑞寶章、從軍記章、獎金 50 圓
十、家庭狀況：無婚姻記錄，亦無生育子女記錄，家族共 15 人一共居同一戶籍 |

資料來源：

1. 福原庸次：《臺灣總督府公文類纂》永久保存，第 3760 冊，第 14 號，大正 13 年 4 月 1 日，〈元府通信書記福原庸次普通恩給証書送付ノ件〉，頁 226～240。

2. 石井得壽：《臺灣總督府公文類纂》永久保存，第 2092 冊，第 10 號，大正 2 年 2 月 1 日，〈宜蘭廳石井得壽恩給証書送付〉，頁 159～165。

3. 山善桂介：《臺灣總督府公文類纂》乙種永久保存，第 146 冊，第 39 號，明治 30 年 10 月 7 日，〈郵便電信書記三善桂介譴責〉，頁 417～418。

4. 朝岡雄左兄：《臺灣總督府公文類纂》永久保存，第 2914 冊，第 18 號，大正 8 年 6 月 1 日，〈朝岡雄左兄恩給上申〉，頁 230～239。

5. 下川助定：《臺灣總督府公文類纂》永久保存（進退），第 113 冊，第 18 號，明治 29 年 11 月 12 日，〈郵便電信書記野村孝夫外二名〔下川助定、渡邊錄藏〕所屬命令ノ件〉，頁 56。

6. 牛尾太郎：《臺灣總督府公文類纂》乙種永久保存（進退追加），第 226 冊，第 35 號，明治 30 年 6 月 25 日，〈非職郵便電信書記牛尾太郎採用方ニ付警視廳へ回答〉，頁 274。

7. 野村孝夫：《臺灣總督府公文類纂》永久保存，第 2343 冊，第 5 號，大正 4 年 5 月 1 日，〈野村孝夫恩給證書下附〉，頁 59～64。

8. 山本半次郎：《臺灣總督府公文類纂》永久保存（進退），第 106 冊，第 3 號，明治 29 年 6 月 15 日，〈郵便電信書記忠限正二外二名〔山本半次郎、松岡正夫〕所屬命令ノ件〉，頁 14；十五年追加，第 4629 冊，第 1 號，明治 33 年 11 月 1 日，〈出納官吏山本半次郎身元保證金免除認可〉，頁 4～5；十五年保存，第 4703 冊，第 16 號，明治 35 年 10 月 1 日，〈電話特別信號法實地試驗ノ為新竹へ出張屬山本半次郎外一名復命書〉，頁 14～16。

9. 加島安信：《臺灣總督府公文類纂》永久保存（進退），第 1239 冊，第 1 號，明治 39 年 12 月 1 日，〈通信書記加島安信休職ノ件〉，頁 8；永久保存，第 939 冊，第 1 號，明治 37 年 7 月 1 日，〈元通信書記加島安信恩給取調上履歷ニ關シ遞信大臣秘書官へ照會ノ件〉，頁 5、9；永久保存（進退），第 1022 冊，第

64 號，明治 37 年 7 月 12 日，〈加島安信總督府通信書記ニ任セラル〉，頁 221。

10. 小寺銓次郎：《臺灣總督府公文類纂》永久保存，第 2345 冊，第 16 號，大正 4 年 7 月 1 日，〈小寺銓次郎恩給證書下附〉，頁 222～229。

11. 堀川義治：《臺灣總督府公文類纂》乙種永久保存（進退追加），第 223 冊，第 52 號，明治 30 年 4 月 19 日，〈牟田豐外三名〔堀川義治、佐野正師、古谷孝治〕非職〉，頁 301；乙種永久保存，第 264 冊，第 1 號，明治 31 年 4 月 16 日，〈堀川義治へ恩給証書下付〉，頁 3～10。

12. 小倉銀次郎：《臺灣總督府公文類纂》乙種永久保存（進退追加），第 229 冊，第 22 號，明治 30 年 9 月 16 日，〈石津彥之進外數名任官〉，頁 114。

13. 朝見小三郎：《臺灣總督府公文類纂》乙種永久保存，第 46 冊，第 24 號，明治 28 年 12 月 13 日，〈朝見小三郎雇員命免〉，頁 132；乙種永久保存，第 263 冊，第 5 號，明治 31 年 1 月 12 日，〈朝見小三郎へ恩給証書下付〉，頁 50～52。

14. 大津一郎：《臺灣總督府公文類纂》永久進退保存，第 566 冊，第 44 號，明治 33 年 4 月 30 日，〈通信書記大津一郎依願免本官〉，頁 233～234；永久進退保存，第 567 冊，第 3 號，明治 33 年 5 月 1 日，〈大津一郎外十七名郵便電信局長ニ轉任命令〉，頁 13～21；永久進退保存，第 687 冊，第 55 號，明治 34 年 5 月 1 日，〈三角湧三等郵便電信局長大津一郎總督府三等郵便電信局長ニ任シ深坑郵便電信局長ニ任命セラル〉，頁 219。

15. 高原萬三郎：《臺灣總督府公文類纂》乙種永久保存（進退追加），第 567 冊，第 3 號，明治 33 年 5 月 1 日，〈大津一郎外十七名郵便電信局長ニ轉任命令〉，頁 32～36；乙種永久保存（進退），第 206 冊，第 12 號，明治 30 年 5 月 20 日，〈郵便電信書記高原萬三郎外三名基隆郵便電信局及臺北郵便電信局勤務〉，頁 46；永久進退保存，第 566 冊，第 45 號，明治 33 年 4 月 30 日，〈通信書記高原萬三郎依願免本官〉，頁 237～239；十五年保存，第 5303 冊，第 3 號，明治 43 年 12 月 1 日，〈受刑者高原萬三郎假出獄許可ノ件（臺北監獄）〉，頁 68～70、72～78、80～83、91、105～106。

16. 白井由美治：《臺灣總督府公文類纂》乙種永久保存（進退追加），第 567 冊，第 3 號，明治 33 年 5 月 1 日，〈大津一郎外十七名郵便電信局長ニ轉任命令〉，頁 72～75。

17. 佐枝種處：《臺灣總督府公文類纂》乙種永久保存（進退追加），第 567 冊，第 3 號，明治 33 年 5 月 1 日，〈大津一郎外十七名郵便電信局長ニ轉任命令〉，頁 80～83；乙種永久保存（進退），第 208 冊，第 33 號，明治 30 年 7 月 31 日，〈郵便電信書記佐枝種處彰化郵便電信局勤務同中材孝次郎後壠郵便電信局勤務〉，頁 178～179；永久進退保存，第 574 冊，第 77 號，明治 33 年 9 月 21 日，〈佐

枝種處三等郵便電信局長ニ任ス〉，頁 305；十五年保存，第 4772 冊，第 5 號，明治 36 年 2 月 1 日，〈元萬丹郵便電信局長佐枝種處身元擔保金還付ノ件〉，頁 44～46。

18. 渡邊三知雄：《臺灣總督府公文類纂》永久保存（追加），第 221 冊，第 5 號，明治 30 年 12 月 14 日，〈渡邊三知雄敘勳方ニ付照復ノ件（臺灣事務局）〉，頁 80。

19. 九里金太郎：《臺灣總督府公文類纂》永久保存（進退），第 109 冊，第 99 號，明治 29 年 8 月 28 日，〈郵便電信書記速水經憲淡水局長代理ノ件〉，頁 251。

20. 速水經憲：《臺灣總督府公文類纂》永久保存，第 1604 冊，第 6 號，明治 43 年 4 月 23 日，〈速水經憲恩給證書送付ノ件（臺北廳）〉，頁 71～72、77～79；永久保存（追加），第 561 冊，第 14 號，明治 33 年 3 月 27 日，〈技手速水經憲外三名慰勞金給與ノ件〉，頁 118～119；永久進退保存，第 688 冊，第 2 號，明治 3 年 5 月 7 日，〈臺灣總督府技手兼總督府屬速水經憲總督府電話交換局技師兼總督府技師ニ任シ臺北電話交換局長ヲ命ス〉，頁 14。

21. 內田甲一郎：《臺灣總督府公文類纂》乙種永久保存（進退追加），第 234 冊，第 51 號，明治 30 年 10 月 25 日，〈郵便電信書記內田甲一郎外一名轉勤〉，頁 238。

22. 片山節中：《臺灣總督府公文類纂》乙種永久保存（進退追加），第 236 冊，第 51 號，明治 30 年 12 月 7 日，〈郵便電信書記中島正佐非職ヲ命シ片山節中枋寮郵便電信局長ヲ命ス〉，頁 173。

23. 土屋鏡五郎：《臺灣總督府公文類纂》乙種永久保存（進退），第 206 冊，第 51 號，明治 30 年 5 月 29 日，〈屬土屋鏡五郎郵便電信書記ニ任シ二級俸基隆郵便電信局勤務〉，頁 227；乙種永久保存（進退追加），第 236 冊，第 16 號，明治 30 年 11 月 27 日，〈郵便電信書記土屋鏡五郎〉，頁 49；乙種永久保存（進退追加），第 339 冊，第 55 號，明治 31 年 4 月 18 日，〈技手兼屬土屋鏡五郎依願免本官並兼官〉，頁 49。

24. 水神助吉：《臺灣總督府公文類纂》乙種永久保存，第 373 冊，第 14 號，明治 32 年 3 月 14 日，〈元非職郵便電信書記水神助吉恩給請求〉，頁 194～199；永久進退保存，第 683 冊，第 21 號，明治 34 年 1 月 11 日，〈〔枋寮郵便電信局長〕三等郵便電信局長水神助吉手當增給〉，頁 69。

25. 大濱砂：《臺灣總督府公文類纂》乙種永久保存，第 265 冊，第 19 號，明治 31 年 7 月 16 日，〈大濱砂ヘ恩給証書下付〉，頁 335～346。

26. 薩野好之助：《臺灣總督府公文類纂》乙種永久保存（進退），第 42 冊，第 39 號，明治 28 年 6 月 19 日，〈薩野好之助外四名電信取扱所詰任命〉，頁 95。

27. 堀和六：《臺灣總督府公文類纂》永久保存（進退），第 1030 冊，第 48 號，明治 37 年 11 月 6 日，〈通信事務官補堀和六体職ヲ命セラル〉，頁 184；永久保存（進

退），第 1127 冊，第 13 號，明治 38 年 8 月 5 日，〈休職通信事務官補堀和六依
願免官ノ件〉，頁 59～60。

28. 小張雅之輔：《臺灣總督府公文類纂》乙種永久保存（進退），第 193 冊，第 22
號，明治 30 年 1 月 19 日，〈郵便電信書記內田甲一郎新竹郵便電信局勤務ヲ小
張雅之輔鹿港郵便電信局勤務〉，頁 90。

29. 西本荒次郎：《臺灣總督府公文類纂》乙種永久保存，第 266 冊，第 4 號，明治
31 年 4 月 29 日，〈西本荒次郎ヘ恩給証書下付〉，頁 50～57、59、66。

30. 忠隈正二：《臺灣總督府公文類纂》永久保存（進退），第 106 冊，第 3 號，明治
29 年 6 月 15 日，〈郵便電信書記忠隈正二外二名〔山本半次郎、松岡正夫〕所
屬命令ノ件〉，頁 14；永久保存（進退），第 205 冊，第 37 號，明治 30 年 5 月
15 日，〈郵便電信書記勳八等忠隈正二民政局屬ニ任シ四級俸通信部勤務〉，頁
142；乙種永久保存（進退追加），第 232 冊，第 94 號，明治 30 年 9 月 16 日，〈屬
忠隈正二外數名昇級〉，頁 361；15 年保存，第 4565 冊，第 64 號，明治 31 年 2
月 1 日，〈屬忠隈正二外數名昇級〉，頁 220～221、225。

31. 原上鼎司：《臺灣總督府公文類纂》乙種永久保存（進退追加），第 343 冊，第
86 號，明治 31 年 8 月 20 日，〈二等郵電局長原上鼎司一等局技手任命〉，頁 269
～270；乙種永久保存（進退追加），第 345 冊，第 18 號，明治 31 年 1 月 1 日，
〈一等郵便電信局技手原上鼎司外一名兼務命免〉，頁 107；乙種永久保存（進
退追加），第 336 冊，第 47 號，明治 31 年 1 月 20 日，〈郵便電信書記原上鼎司
轉勤〉，頁 161；永久進退保存，第 571 冊，第 12 號，明治 33 年 7 月 11 日，〈一
等郵便電信局技手原上鼎司電話交換局技手兼任〉，頁 69。

32. 桑島持弘：《臺灣總督府公文類纂》乙種永久保存，第 264 冊，第 2 號，明治 31
年 4 月 25 日，〈桑島持弘ヘ恩給証書下付〉，頁 17～21、27、32。

33. 松岡龜雄：《臺灣總督府公文類纂》乙種永久保存，第 146 冊，第 35 號，明治
30 年 8 月 26 日，〈郵便電信書記松岡龜雄譴責〉，頁 385～386；乙種永久保存（進
退追加），第 337 冊，第 31 號，明治 31 年 2 月 21 日，〈郵便電信書記松岡龜雄
轉勤ヲ命ス〉，頁 83。

34. 山內貞彥：《臺灣總督府公文類纂》永久保存（進退），第 109 冊，第 10 號，明
治 29 年 8 月 3 日，〈郵便電信書記山內貞彥兼民政局屬ヲ免シ所屬命令ノ件〉，
頁 26；永久保存（進退），第 114 冊，第 34 號，明治 29 年 12 月 7 日，〈郵便電
信山內貞彥所屬命令ノ件〉，頁 110。

35. 下山鉞次郎：《臺灣總督府公文類纂》永久保存（進退），第 107 冊，第 2 號，明
治 29 年 7 月 4 日，〈下山鉞次郎郵便電信書記任命非職ノ件〉，頁 9～10；永久

保存（進退），第 109 冊，第 38 號，明治 29 年 8 月 11 日，〈非職郵便電信書記梯三男外一名〔下山鐵次郎〕諭旨免官ノ件〔弘田清次非職ノ件〕〉，頁 85。

36. 近藤米次：《臺灣總督府公文類纂》永久保存（追加），第 116 冊，第 75 號，明治 29 年 9 月 26 日，〈近藤米次遞信省ニ採用差支ナシ〉，頁 217～218。

37. 山崎養麿：《臺灣總督府公文類纂》乙種永久保存，第 373 冊，第 3 號，明治 3 年 2 月 2 日，〈元非職郵便電信書記山崎養麿增加恩給請求〉，頁 47、55～64。

38. 宇原整三：《臺灣總督府公文類纂》乙種永久保存，第 377 冊，第 3 號，明治 3 年 4 月 20 日，〈元非職通信書記宇原整三恩給請求〉，頁 41、44～45。

39. 岡田健吉：《臺灣總督府公文類纂》永久保存（進退），第 109 冊，第 106 號，明治 29 年 8 月 10 日，〈郵便電信書記岡田健吉外二名〔兒玉鉦次郎、市川三作〕所屬ノ件〉，頁 267；乙種永久保存（進退），第 195 冊，第 9 號，明治 30 年 2 月 12 日，〈郵便電信書記岡田健吉大嵙崁郵便電信局勤務郵便電信書記山本金章後壠郵便電信局勤務〉，頁 43；乙種永久保存（進退追加），第 338 冊，第 92 號，明治 31 年 4 月 5 日，〈郵便電信書記岡田健吉依願免本官〉，頁 314～315。

40. 籐原義武：《臺灣總督府公文類纂》永久保存（進退），第 111 冊，第 54 號，明治 29 年 10 月 19 日，〈篠原義武外二名〔棚橋鍋四郎、外間現孝〕郵便電信書記任命又ハ所屬命令ノ件〉，頁 169；乙種永久保存（進退追加），第 230 冊，第 3 號，明治 30 年 8 月 24 日，〈郵便電信書記篠原義武外數名轉勤〉，頁 199。

41. 宮野昇太郎：《臺灣總督府公文類纂》永久保存（進退），第 338 冊，第 60 號，明治 31 年 3 月 28 日，〈宮野昇太郎郵便電信書記任命〉，頁 225；永久進退保存，第 574 冊，第 5 號，明治 33 年 8 月 30 日，〈宮野昇太郎一等郵便電信局技手ニ任ス〉，頁 25～26；永久保存（進退），第 2071 冊，第 47 號，大正元年 10 月 日，〈宮野昇太郎免通信技手、賞與〉，頁 226～229。

42. 成田藤太郎：《臺灣總督府公文類纂》乙種永久保存（進退），第 47 冊，第 79 號，明治 28 年 8 月 18 日，〈成田藤太郎外七名增給〉，頁 192、194～195；乙種永久保存（進退），第 193 冊，第 21 號，明治 30 年 1 月 19 日，〈郵便電信書記成田藤太郎彰化郵便電信局勤務郵便電信書記野瀨氏勝臺中郵便電信局勤務〉，頁 88；乙種永久保存，第 146 冊，第 26 號，明治 30 年 6 月 25 日，〈郵便電信書記橋本良五、成田藤太郎、高島垣譴責〉，頁 282、286；乙種永久保存（進退追加），第 234 冊，第 53 號，明治 30 年 10 月 26 日，〈郵便電信書記成田藤太郎依願免本官〉，頁 243～245。

43. 梯三男：《臺灣總督府公文類纂》十五年保存，第 4550 冊，第 16 號，明治 29 年 9 月 1 日，〈元郵便電信書記梯三男恩給請求書却下ニ關スル件〉，頁 263～265、275。

44. 渡邊卯三郎：《臺灣總督府公文類纂》永久保存（進退），第 4550 冊，第 16 號，大正元年 8 月 1 日，〈公學校教諭渡邊卯三郎命小池角公學校長〉，頁 463～464；永久保存（進退），第 2073 冊，第 67 號，大正元年 11 月 1 日，〈公學校教諭渡邊卯三郎賞與ノ件〉，頁 303～304。

45. 木下可松：《臺灣總督府公文類纂》乙種永久保存（進退），第 207 冊，第 56 號，明治 30 年 6 月 26 日，〈郵便電信書記木下可松非職新井莊藏郵便電信書記ニ任シ八級俸大甲郵便電信〉，頁 202～203。

46. 市川三作：《臺灣總督府公文類纂》乙種永久保存，第 375 冊，第 23 號，明治 32 年 8 月 23 日，〈元非職郵便電信書記市川三作增加恩給請求〉，頁 395～404、411；永久保存（進退），第 114 冊，第 96 號，明治 29 年 12 月 28 日，〈郵便電信書記宮地良致外二名〔永沼悟平、市川三作〕非職又ハ所屬命令ノ件〉，頁 287。

47. 山田誠道：《臺灣總督府公文類纂》乙種永久保存（進退追加），第 339 冊，第 59 號，明治 31 年 4 月 18 日，〈屬山田誠道技手兼屬任命〉，頁 213～214；永久進退保存，第 576 冊，第 60 號，明治 33 年 10 月 30 日，〈山田誠道外二名國語學校教務囑託〉，頁 232。

48. 栗原德太郎：《臺灣總督府公文類纂》永久進退保存，第 683 冊，第 52 號，明治 34 年 1 月 22 日，〈通信書記栗原德太郎臺南郵便電信局勤務ヲ命ス〉，頁 167～168。

49. 佐藤鐵彌：《臺灣總督府公文類纂》永久保存（追加），第 211 冊，第 14 號，明治 30 年 1 月 8 日，〈〔臺南郵便電信局書記〕佐藤鐵彌〔打狗郵便電信局書記越智十造〕轉勤上申〉，頁 87；乙種永久保存（進退追加），第 339 冊，第 9 號，明治 31 年 4 月 6 日，〈郵便電信書記佐藤鐵彌外五名轉勤〉，頁 33；永久進退保存，第 453 冊，第 59 號，明治 32 年 3 月 16 日，〈通信書記佐藤鐵彌非職ヲ命ス〉，頁 183～184。

50. 篠田馬太郎：《臺灣總督府公文類纂》甲種永久保存，第 10084 冊，第 3 號，昭和 10 年 10 月 1 日，〈篠田馬太郎高等官六等待遇〉，頁 32～39。〈遞郵人物評論〉，《臺灣遞信協會雜誌》第 45 期，1923 年 4 月，頁 72。

51. 中川石松：《臺灣總督府公文類纂》永久進退保存，第 683 冊，第 57 號，明治 34 年 1 月 27 日，〈〔新竹郵便電信局勤務〕通信書記中川石松昇級及依願免官〉，頁 184～189；永久進退保存，第 683 冊，第 61 號，明治 34 年 1 月 26 日，〈中川石松三等郵便電信局長ニ任〔シ枋寮郵便電信局長ヲ命ス〕〉，頁 200；第 1024 冊，第 8 號，明治 37 年 8 月 1 日，〈三等郵便電信局長中川石松休職ヲ命セラレ戶川爲吉同局長ニ任セラル〉，頁 37～38。

52. 村上清三郎：《臺灣總督府公文類纂》永久進退保存，第 458 冊，第 13 號，明治 32 年 5 月 20 日，〈村上清三郎外四名任稅關監吏補〉，頁 53～54；永久保存（進退），第 1017 冊，第 18 號，明治 37 年 4 月 2 日，〈稅關監吏村上清三郎外十一名昇級ノ件〉，頁 75、86～88。

53. 田中三之助：《臺灣總督府公文類纂》永久保存（進退），第 1015 冊，第 82 號，明治 37 年 3 月 31 日，〈通信書記田中三之助臺南郵便電信局兼勤ヲ命セラル〉，頁 261～262；永久保存（進退），第 2194 冊，第 35 號，大正 2 年 8 月 1 日，〈通信屬田中三之助依願免本官、賞與〉，頁 236～237。

54. 高島坦：《臺灣總督府公文類纂》乙種永久保存（進退追加），第 342 冊，第 10 號，明治 31 年 7 月 30 日，〈通信書記高島坦非職ヲ命ス〉，頁 335；乙種永久保存，第 146 冊，第 26 號，明治 30 年 6 月 25 日，〈郵便電信書記橋本良五、成田藤太郎、高島垣譴責〉，頁 282～283、285。

55. 綠川休一：《臺灣總督府公文類纂》乙種永久保存（進退），第 210 冊，第 32 號，明治 30 年 8 月 4 日，〈郵便電信書記尾辻次郎澎湖島郵便電信局勤務同綠川休一臺北郵便電信局勤務〉，頁 134～135；乙種永久保存（進退），第 341 冊，第 1 號，明治 31 年 6 月 18 日，〈郵便電信書記綠川休一外六名郵便局長事務取扱命令〉，頁 69～70；乙種永久保存（進退追加），第 343 冊，第 10 號，明治 31 年 月 31 日，〈通信書記綠川休一外十九名非職並ニ慰勞金給與〉，頁 32～34。

56. 田浦勇：《臺灣總督府公文類纂》乙種永久保存，第 374 冊，第 6 號，明治 32 年 5 月 9 日，〈元非職郵便電信書記田浦勇恩給請求〉，頁 105～119、125；乙種永久保存，第 146 冊，第 16 號，明治 30 年 3 月 1 日，〈郵便電信書記中澤彌一郎、田浦勇譴責澤田卓爾誡告〉，頁 150～151。

57. 富山禎五郎：《臺灣總督府公文類纂》乙種永久保存，第 266 冊，第 17 號，明治 31 年 8 月 21 日，〈富山禎五郎へ恩給証書下付〉，頁 357～360、365～366；乙種永久保存，第 199 冊，第 20 號，明治 30 年 4 月 7 日，〈郵便電信書記富山禎五郎非職ヲ命ス〉，頁 122～124。

58. 磯矢脩治：《臺灣總督府公文類纂》乙種永久保存，第 146 冊，第 8 號，明治 30 年 10 月 5 日，〈郵便電信書記磯矢脩治譴責、小山六左衛門警告〉，頁 67～69；乙種永久保存（進退），第 202 冊，第 12 號，明治 30 年 6 月 4 日，〈郵便電信書記磯矢脩治基隆郵便電信局勤務〉，頁 65。

59. 左近允尚義：《臺灣總督府公文類纂》永久保存（進退），第 104 冊，第 26 號，明治 29 年 5 月 12 日，〈雇員電信吏左近允尚義勤務命令ノ件〉，頁 174；乙種永久保存（進退），第 204 冊，第 8 號，明治 30 年 3 月 10 日，〈非職郵便電信書記左近允尚義採用差支ナキ旨遞信省秘書課長へ回答〉，頁 28～29。

60. 早瀨已熊：《臺灣總督府公文類纂》永久保存（追加），第 1897 冊，第 24 號，明治 44 年 12 月 21 日，〈早瀨已熊恩給證書送付（東京府）〉，頁 210～222。

61. 小林於菟次郎：《臺灣總督府公文類纂》永久保存，第 811 冊，第 1 號，明治 36 年 12 月 8 日，〈元非職郵便電信局書記小林於菟次郎恩給請求ノ件〉，頁 13～17、32；十五年保存，第 4772 冊，第 3 號，明治 36 年 1 月 1 日，〈瑞芳郵便電信局長通信書記小林於菟次郎身元擔保金納付ニ關スル件〉，頁 19；永久保存（進退），第 2193 冊，第 54 號，大正 2 年 7 月 1 日，〈三等郵便局長小林於菟次郎金瓜石郵便局長ヲ命ス〉，頁 139。

62. 寺田正忠：《臺灣總督府公文類纂》乙種永久保存，第 149 冊，第 12 號，明治 30 年 10 月 2 日，〈寺田正忠恩給請求〔及下付〕〉，頁 249、252～253；永久保存（進退），第 114 冊，第 97 號，明治 29 年 12 月 25 日，〈郵便電信書記寺田正忠免官ノ件〉，頁 289～290。

63. 塚原秀彥：《臺灣總督府公文類纂》乙種永久保存（進退追加），第 346 冊，第 72 號，明治 31 年 11 月 15 日，〈通信書記塚原秀彥非職〉，頁 272～273。

64. 西鄉直介：《臺灣總督府公文類纂》乙種永久保存（進退），第 200 冊，第 30 號，明治 30 年 4 月 15 日，〈郵便電信書記西鄉直介郵便電信書記宮地正彰非職ヲ命ス〉，頁 103～104。

65. 富山彌：《臺灣總督府公文類纂》乙種永久保存，第 373 冊，第 14 號，明治 32 年 3 月 14 日，〈富山彌外四名電信隊補員任命〉，頁 130；乙種永久保存（進退追加），第 340 冊，第 80 號，明治 31 年 5 月 31 日，〈非職郵便電信書記富山彌依願免本官〉，頁 275。

66. 中田昌幸：《臺灣總督府公文類纂》乙種永久保存，第 264 冊，第 9 號，明治 31 年 5 月 14 日，〈中田昌幸ヘ恩給証書下付〉，頁 198～201、204；乙種永久保存（進退），第 195 冊，第 24 號，明治 30 年 2 月 19 日，〈非職郵便電信書記中田昌幸依願免本官〉，頁 114；永久保存（進退），第 113 冊，第 15 號，明治 29 年 11 月 13 日，〈郵便電信書記中田昌幸非職ノ件〉，頁 48。

67. 池田平一郎：《臺灣總督府公文類纂》永久保存（進退），第 940 冊，第 18 號，明治 37 年 11 月 2 日，〈元通信書記池田平一郎ヘ恩給證書送付ノ件〉，頁 265～266；永久保存（進退），第 110 冊，第 54 號，明治 29 年 9 月 14 日，〈非職郵便電信書記池田平一郎復職並青木宣通外七名郵便電信書記國語學校助教諭公醫又ハ雇任免ノ件〉，頁 147；乙種永久保存（進退追加），第 230 冊，第 61 號，明治 30 年 8 月 31 日，〈郵便電信書記池田平一郎外數名昇級〉，頁 354～355；永久進退保存，第 687 冊，第 52 號，明治 34 年 5 月 1 日，〈通信書記池田平一郎外六名昇級及休職ヲ命ス〉，頁 210。

徵引書目

依編著者姓名筆劃排序（未註明收藏單位者皆爲國立臺灣圖書館收藏史料）

一、檔　案

1. 《臺灣總督府公文類纂》（國史館臺灣文獻館）。
2. 《臺灣總督府府報》。
3. 《臺灣總督府（民政）事務成績提要》。
4. 《臺灣日日新報》。
5. 《讀賣新聞》
6. 《臺灣新報》。
7. 《漢文臺灣日日新報》。
8. 《臺灣總督府及所屬官署職員錄》。
9. 臺灣總督府官房文書課，《臺灣總督府統計書》1899～1942 年度。
10. 《臺灣遞信協會雜誌》
11. 《臺灣通信協會雜誌》
12. 《臺灣時報》
13. 《臺灣史料稿本》

二、專　書

1. 上村知清，《米國旅行案內》，東京：日米圖書出版社，1921 年 10 月發行。
2. 西林忠俊編，《日本人とてれふぉん》，東京：NTT 出版株式會社，1990 年 11 月 5 刷。
3. 吉見俊哉，《「聲」の資本主義》，東京都：講談社，1995 年 5 月第一刷。

4. 吉見俊哉、若林幹夫、水越伸，《メディアとしての電話》，東京都：弘文堂，2001 年 6 月初版 5 刷。

5. 杉山靖憲，《臺灣歷代總督之治績》，東京：帝國地方行政學會，大正 11 年 5 月三版發行。

6. 邵汝峰等主編，《現代通信網概論》，北京：北京師範大學出版社，2009 年 8 月第 1 版第 1 次印刷。

7. 派特里斯・費里奇（Patrice Flichy）著、劉大明譯，《現代資訊交流史：公共空間和私人生活》，北京：中國人民大學出版社，2008 年 4 月第一次印刷）。

8. 森重秋藏，《臺灣交通常識講座》，臺北：臺灣交通問題研究會，1933 年 12 月發行。

9. 馬凌等編，《電信營運系統管理》，北京：電子工業出版社，2010 年 2 月第一次印刷。

10. 基隆郵便電信局，《明治三十六年度基隆郵便電信局統計書》，臺北：該局，1905 年 2 月印行。

11. 彭英等編，《現代通訊技術概論》，北京：人民郵電出版社，2010 年 9 月第 1 版。

12. 〔德〕彼德・博夏德（Peter Borscheid）著、佟文斌等譯，《爲什麼我們越來越快》，北京：中國人民大學出版社，2009 年 9 月第 1 次印刷。

13. 臺灣總督府，《臺灣總督府法規提要》，臺北：該府，1914 年 1 月。

14. 通信局，《臺灣通信事務成績》明治 28 年度至 41 年度，藏於國立臺灣圖書館，無版權頁。

15. 臺灣總督府交通局遞信部，《遞信志（通信篇）》，臺北：該部，1928 年 9 月發行。

16. 臺灣總督府民政局通信部，《臺灣野戰郵便電信署史》，臺北：該部，1897 年 10 月印行。

17. 臺灣總督府民政部通信課，《臺灣總督府通信要覽》，臺北：該課，1901 年 11 月印行。

18. 臺灣總督府民政部通信局，《臺灣總督府通信要覽》明治 40 年，臺北：該局，1907 年 3 月發行。

19. 臺灣總督府民政部通信局，《臺灣通信事務成績》，臺北：該局，1909 年 12 月印行。

20. 臺灣總督府民政部通信局，《臺灣現行通信法規（上）》，臺北：該局，1906 年 10 月發行。

21. 臺灣總督府交通局，《臺灣總督府遞信統計要覽》，臺北：該局，1938 年 1 月發行。

22. 藤崎濟之助，《臺灣史と樺山大將》，東京：電新堂，1926 年 12 月發行。

三、技術手冊

1. 王志鈞等編，《實用電線電纜手冊》，上海：上海科學技術出版社，2007 年 9 月第 2 次印刷。

2. 邱立功主編，《實用電工材料手冊》，上海：上海科學技術出版社，2010 年 6 月第 1 次印刷。

3. 程欣欽，《電工工作法》，臺北：華聯出版社，1976 年 8 月出版。

4. 劉光源主編，《實用維修電工手冊》，上海：上海科學技術出版社，2010 年 9 月第 3 版。

四、西文部分

1. Alison Adam, "Women as Knowledge Workers: From the Telegraph to the Computer," In *Work and Life in the Global Economy*: *A Gendered Analysis of Service Work*, ed.Debra Howcroft and Helen Richardson, 15-32.NY: Palgrave Macmillan, 2010.

2. Ralph O. Meyer, *Old-time Telephone:Design, History, and Restoration.* Atglen: Schiffer Publishing, 2005.

3. Richard Mountjoy, *One hundred years of Bell telephones.*Atglen: Schiffer Publishing, 1995.

4. Colin Chant, *Science, Technology and Everyday Life, 1870-1950.* NY: Routledge, 1990.

5. David Mercer, *The Telephone*: *The Life Story of a Technology.* Westport: Greenwood Press, 2006.

6. Samuel Willard Crompton, *Alexander Graham Bell and the telephone*: *the invention that changedcommunication.* NY: Chelsea House, 2009.

7. Tarek N.Saadawi and Mostafa H.Ammar with Ahmed El Hakeem, *Fundamentals of Telecommunication Networks.*NY: John Wiley & Song, 1994.

8. Thomas C. Jepsen *My Sisters Telegraphic*: *Women in theTelegraph Office, 1846-1950.* Ohio: Ohio University Press, 2000.

9. W. H. Rueesl, *The Atlantic Telegraph* Gloucestershire: Nonsuch Publishing, 2005.

10. Yakup Bektas, "Cultural Constructions of Ottoman Telegraphy, 1847-1880."*Technology and Culture*, 41（October 2000）: 669-696.

11. Zhou Yougming, *Historicizing Online Politics: Telegraphy, the Internet, and Political Participation in China.*Stanford: Stanford University Press, 2006.